SPÉCIAL BAC

Conçu par les correcteurs du Bac

Français

1res toutes séries

Christine Seutin
Professeur agrégé de Lettres modernes au lycée
Coordinatrice de l'ouvrage

Éric Le Grandic
Professeur agrégé de Lettres modernes au lycée

Pascale Miclot
Professeur agrégé de Lettres classiques au lycée

Jacqueline Zorlu
Professeur agrégé de Lettres classiques au lycée

MAGNARD

Mode d'emploi

- 9 chapitres pour traiter **toutes les notions** du programme.
- **Pour chaque chapitre :**

COURS

Des contenus **complets, structurés et clairs**, avec des **encadrés** pour aller plus loin et des **schémas-bilans** pour retenir l'essentiel.

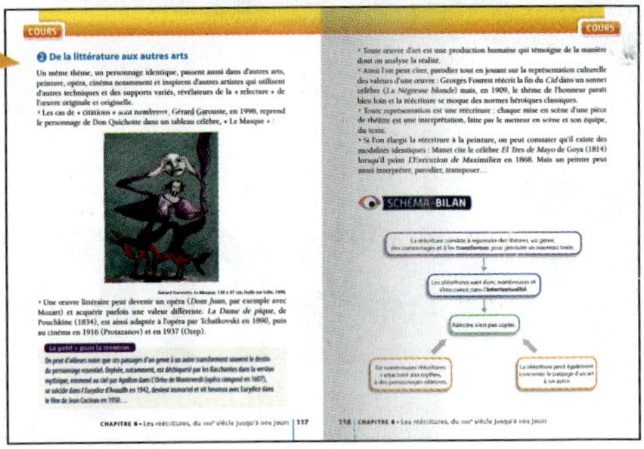

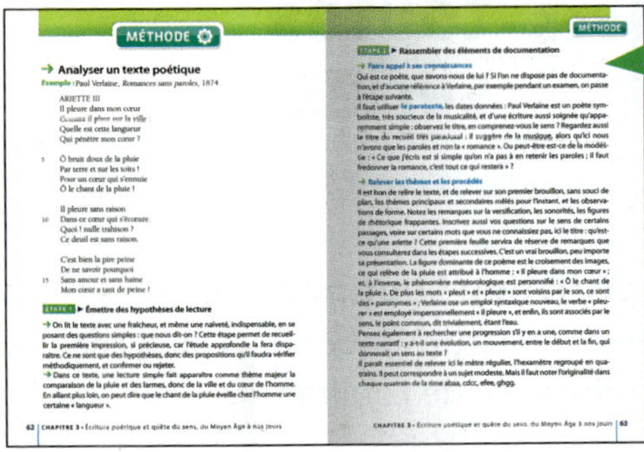

MÉTHODE

Des exemples concrets et **commentés pas à pas** pour maîtriser **tous les savoir-faire**.

ENTRAÎNEMENT

Des **QCM** + des **exercices progressifs** + des **sujets du Bac** pour s'entraîner et être prêt pour le jour J !

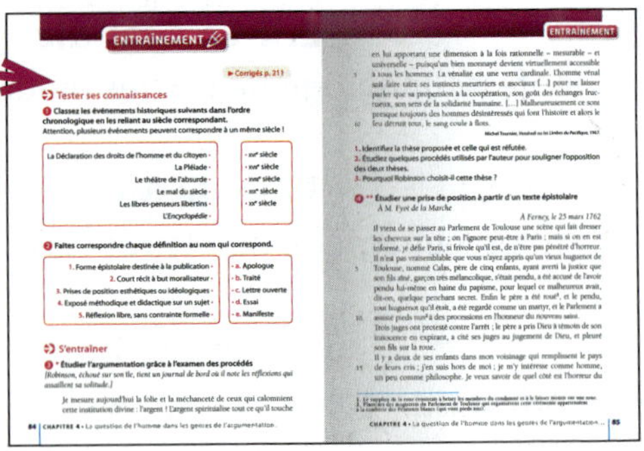

- Tous les **corrigés** des exercices et des sujets en fin d'ouvrage, ainsi que le sujet 2013 conforme au nouveau programme et un lexique des notions incontournables en annexes.

Sommaire

Description de l'épreuve

Nature de l'épreuve écrite

• La durée de l'épreuve est de **4 heures**.

• L'épreuve porte sur un **corpus de deux à cinq textes**.
Elle se compose :
– d'**une à deux questions** posées sur le corpus ;
– d'un **travail d'écriture**, à choisir parmi trois types proposés.

• Les travaux d'écriture proposés sont les suivants :
– le **commentaire de texte** ;
– la **dissertation** ;
– l'**écriture d'invention**.
En séries technologiques, des axes de lecture sont proposés pour le commentaire de texte.

• **Calcul des points :**
– les questions sont notées sur 4 points en séries générales et 6 points en séries technologiques ;
– le travail d'écriture est noté sur 16 points en séries générales et 14 points en séries technologiques.

Nature de l'épreuve orale

• La durée de l'épreuve est de **20 minutes**.

• L'épreuve se compose de deux parties :
– l'**exposé** ;
– l'**entretien**.

• L'**exposé**, noté sur **10 points**, dure une dizaine de minutes, pendant lesquelles vous devrez : introduire brièvement l'extrait sur lequel porte l'épreuve, puis le lire, puis reprendre la question, annoncer vos axes de lecture, expliquer le passage, et enfin conclure.

• L'**entretien**, noté sur **10 points**, et qui dure également une dizaine de minutes, consiste en une discussion avec l'examinateur sur la séquence dont le texte étudié est extrait.

CHAPITRE

1

Le personnage de roman

I Une première approche

Le personnage de roman est un être fictif, émanant de l'imagination du romancier, même s'il peut imiter fidèlement des individus réels, aussi bien dans leur psychologie que dans leur environnement historique et social. C'est un être fictif parce qu'il est une composante d'une œuvre par définition fictionnelle : le roman.

II Le personnage comme composante essentielle du roman

1 Narrateur et personnage distincts

Le narrateur et le personnage sont fréquemment distincts.

Ce premier cas se rencontre très souvent dans le roman du XIXe siècle. Ex. : dans *Le Père Goriot* de Balzac, un narrateur invisible raconte les vies de plusieurs personnages habitant la pension Vauquer. Mais il peut aussi être le narrateur de ce qu'il a vécu ou de ce qu'il vit.

Notions

Narrateur et personnage

Le **personnage de roman** prend place dans une **histoire** et dans un **décor**.
Il est très souvent **présenté par un narrateur qui parle de lui à la 3e personne** et raconte ses aventures.

2 Narrateur-personnage

Un narrateur raconte *a posteriori* les aventures qu'il a vécues. Sous une même identité fictive sont réunis un personnage et un narrateur. Celui-ci analyse son passé. Le roman du XVIIIe siècle, parce qu'il se déguise sous l'artifice des mémoires, fournit de très nombreux exemples. Ex. : le roman de l'abbé Prévost, communément appelé *Manon Lescaut*, a pour titre exact : *Histoire du chevalier des Grieux et de Manon Lescaut*. Cette « histoire » est insérée dans les *Mémoires d'un homme de qualité*. Les deux protagonistes ont un statut très différent : l'héroïne, Manon Lescaut, ne se raconte pas, elle est le personnage de l'histoire racontée par son amant. Des Grieux, lui, est personnage et narrateur : il relate à « l'homme de qualité » ses infortunes avec Manon. Le tableau suivant explique le système de narration présent dans tout le roman :

Narrateur 1 : l'homme de qualité (rédigeant ses « mémoires »).	Personnages : l'homme de qualité (témoin) + Des Grieux + Manon.
Narrateur 2 : le chevalier des Grieux.	Personnages principaux : Manon + Des Grieux.

III Présentation du personnage : comment le lecteur prend-il connaissance du personnage ?

1 Présentation complète

Les premières pages du roman peuvent être consacrées à une présentation complète du ou des personnages principaux par un narrateur omniscient. Sont alors donnés soit par un narrateur extérieur, soit par le personnage lui-même, le nom, l'apparence physique et vestimentaire, des éléments de son caractère, ou encore des informations sur son passé et sa situation actuelle. Ex. : après une présentation du contexte historique (d'une huitaine de pages), *La Princesse de Clèves* de Mme de La Fayette offre un portrait de l'héroïne éponyme, insistant sur sa beauté et sa haute naissance : « Il parut alors une beauté à la cour, qui attira les yeux de tout le monde [...] ».

2 Présentation partielle

Le romancier peut préférer distiller des informations partielles en début de roman, tenir le lecteur en haleine quant aux intentions et aux actions des personnages. C'est notamment le cas lorsque le roman s'ouvre au cœur de l'action, avec un début « in medias res ». Ex. : l'incipit de *La Condition humaine*, d'André Malraux.

IV Un ancrage dans le réel

Le personnage est toujours situé dans une réalité spatiale et temporelle plus ou moins dépeinte.

1 Traitement du passé et de la psychologie

Le personnage peut faire l'objet d'un traitement précis et singulier, être doté d'un passé évoqué ponctuellement grâce à des analepses (ou retours en arrière, par rapport au récit d'une action), d'une psychologie qui s'élabore au fil de scènes révélatrices.

2 Principal ou secondaire ?

Il est aussi au centre d'un schéma actanciel, au sens où sa quête rencontre des obstacles, des adjuvants (personnages ou événements favorables), ou encore des opposants. Tel est le traitement des personnages principaux. Au contraire, il peut apparaître brièvement, ou rester constamment au second plan.

3 Le personnage, représentant de la société

À partir du XVIIIe siècle, mais plus encore au XIXe siècle, le personnage de roman ne prend de valeur que dans une vaste représentation réaliste de la société. Même doté d'une histoire et de sentiments personnels, il est d'abord le représentant d'une classe et d'une époque. Ex. : Zola, *Les Rougon-Macquart, histoire naturelle et sociale sous le Second Empire*. Dans ce cycle romanesque,

Zola entend représenter l'ensemble de la société française à travers plusieurs générations d'une même famille.
De plus, le destin des personnages principaux illustre, selon la doctrine naturaliste, la thèse de l'hérédité déterminant les pathologies et les comportements.

Le petit + pour la mention

À partir du XVIIIe siècle, le roman progressant vers le **réalisme**, le personnage sert toujours à dépeindre les relations entre l'individu et la société.

V Personnage et société

On peut étudier le personnage de roman en fonction de la posture qu'il adopte face à une société précise.

1 Subir et témoigner

Le personnage de roman éveille la compassion du lecteur lorsqu'il est frappé par une forme d'injustice, d'arbitraire, ou qu'il est entravé dans sa liberté, contrarié dans ses projets. Ex. : *La Religieuse* de Diderot. L'héroïne, Suzanne Simonin, raconte comment elle est placée contre son gré dans un couvent, ses parents ne voulant pas payer une dot pour son mariage, et quelles contraintes elle doit subir. Son histoire se lit comme une dénonciation du sort réservé aux jeunes filles par leurs familles, et des mœurs régnant dans les couvents.

2 Réussir

La fiction romanesque raconte comment un individu parvient à gravir les échelons de la société, à acquérir la fortune, la reconnaissance.
Ex. 1 : la société, telle que la peint Balzac dans *La Comédie humaine*, est vue comme un lieu d'affrontements où les sentiments nobles n'ont guère leur place. *Le Père Goriot* est le roman de l'apprentissage d'Eugène de Rastignac. Du sacrifice du père Goriot pour ses filles, le jeune provincial apprend que la réussite impose la dureté et le cynisme. S'il a résisté aux tentations incarnées par Vautrin, Eugène lance finalement un défi à la société parisienne. On prend connaissance de sa belle ascension dans des romans ultérieurs.

Ex. 2 : ce que narre Maupassant dans *Bel-Ami*, c'est encore une réussite, l'ascension sociale de Georges Duroy, qui a pour lui un physique avantageux et une absence de scrupules.
Le personnage de roman lance **un défi conquérant. Il est l'être des passions et de la volonté de puissance**.

3 Résister et transformer

L'énergie du personnage de roman peut servir aussi une cause collective.
Ex. : Étienne Lantier, dans *Germinal* de Zola, se retrouve à la tête des mineurs en grève. Le mouvement est voué à la répression, mais Étienne survit et poursuit à Paris une activité révolutionnaire.

4 La difficile recherche du sens

Le personnage de roman n'adopte pas toujours une démarche active et conquérante face à la société. Il éprouve aussi des difficultés pour s'intégrer à l'histoire collective et trouver un sens à sa présence au milieu des autres.
Ex. 1 : Frédéric Moreau, dans *L'Éducation sentimentale* de Flaubert. Ce personnage traverse la réalité historique comme un observateur sur la réserve, témoin tantôt amusé, tantôt horrifié. Dépourvu de projets, de toute volonté de puissance, il reste extérieur, ni acteur, ni victime. Le héros flaubertien se démarque de ses contemporains conquérants, il n'a plus leurs qualités, leur énergie.
Ex. 2 : avec *L'Étranger* de Camus, l'incompréhension mutuelle de la société et de l'individu est portée à son paroxysme. Rien n'est clairement lisible dans la conduite de Meursault, narrateur et personnage.

SCHÉMA-BILAN

Le personnage est une composante essentielle de la fiction romanesque.

↙ ↘

Il peut seulement accomplir les actions rapportées

ou bien également en être le narrateur.

↘ ↙

Il fait l'objet d'une représentation précise, reproduisant la réalité historique et sociale telle que la perçoit et la comprend un romancier.

MÉTHODE

→ Étudier un personnage de roman

Exemple : extrait de *L'Éducation sentimentale*, de Gustave Flaubert, 1re partie, chapitre I, neuf premiers paragraphes.

Le 15 septembre 1840, vers six heures du matin, la *Ville-de-Montereau*, près de partir, fumait à gros tourbillons devant le quai Saint-Bernard.

Des gens arrivaient hors d'haleine ; des barriques, des câbles, des corbeilles de linge gênaient la circulation ; les matelots ne répondaient à personne ; on se heurtait ; les colis montaient entre les deux tambours, et le tapage s'absorbait dans le bruissement de la vapeur, qui, s'échappant par des plaques de tôle, enveloppait tout d'une nuée blanchâtre, tandis que la cloche, à l'avant, tintait sans discontinuer.

Enfin le navire partit ; et les deux berges, peuplées de magasins, de chantiers et d'usines, filèrent comme deux larges rubans que l'on déroule.

Un jeune homme de dix-huit ans, à longs cheveux et qui tenait un album sous le bras, restait auprès du gouvernail, immobile. À travers le brouillard, il contemplait des clochers, des édifices dont il ne savait pas les noms ; puis il embrassa, dans un dernier coup d'œil, l'île Saint-Louis, la Cité, Notre-Dame ; et bientôt, Paris disparaissant, il poussa un grand soupir.

M. Frédéric Moreau, nouvellement reçu bachelier, s'en retournait à Nogent-sur-Seine, où il devait languir pendant deux mois, avant d'aller *faire son droit*. Sa mère, avec la somme indispensable, l'avait envoyé au Havre voir un oncle, dont elle espérait, pour lui, l'héritage ; il en était revenu la veille seulement ; et il se dédommageait de ne pouvoir séjourner dans la capitale, en regagnant sa province par la route la plus longue.

Le tumulte s'apaisait ; tous avaient pris leur place ; quelques-uns, debout, se chauffaient autour de la machine, et la cheminée crachait avec un râle lent et rythmique son panache de fumée noire ; des gouttelettes de rosée coulaient sur les cuivres ; le pont tremblait sous une petite vibration intérieure, et les deux roues, tournant rapidement, battaient l'eau.

La rivière était bordée par des grèves de sable. On rencontrait des trains de bois qui se mettaient à onduler sous le remous des vagues, ou bien, dans un bateau sans voiles, un homme assis pêchait ; puis les brumes errantes se fondirent, le soleil parut, la colline qui suivait à droite le cours de la Seine peu à peu s'abaissa, et il en surgit une autre, plus proche, sur la rive opposée.

Des arbres la couronnaient parmi des maisons basses couvertes de toits à l'italienne. Elles avaient des jardins en pente que divisaient des murs neufs, des grilles de fer, des gazons, des serres chaudes, et des vases de géraniums, espacés régulièrement sur des terrasses où l'on pouvait s'accouder. Plus d'un, en apercevant ces coquettes résidences, si tranquilles, enviait d'en être le propriétaire, pour vivre là jusqu'à la fin de ses jours, avec un bon billard, une chaloupe, une femme ou quelque autre rêve. Le plaisir tout nouveau d'une excursion maritime facilitait les épanchements. Déjà les farceurs commençaient leurs plaisanteries. Beaucoup chantaient. On était gai. Il se versait des petits verres.

Frédéric pensait à la chambre qu'il occuperait là-bas, au plan d'un drame, à des sujets de tableaux, à des passions futures. Il trouvait que le bonheur mérité par l'excellence de son âme tardait à venir. Il se déclama des vers mélancoliques ; il marchait sur le pont à pas rapides ; il s'avança jusqu'au bout, du côté de la cloche, et, dans un cercle de passagers et de matelots, il vit un monsieur qui contait des galanteries à une paysanne, tout en lui maniant la croix d'or qu'elle portait sur la poitrine. C'était un gaillard d'une quarantaine d'années, à cheveux crépus. Sa taille robuste emplissait une jaquette de velours noir, deux émeraudes brillaient à sa chemise de batiste, et son large pantalon blanc tombait sur d'étranges bottes rouges, en cuir de Russie, rehaussées de dessins bleus.

ÉTAPE 1 ▶ Étudier l'ancrage du personnage dans une réalité

→ **Relever les indices spatio-temporels**. La première phrase de l'incipit fournit à la fois une information sur la date et sur le lieu. La scène se passe sous la monarchie de Juillet, à la fin de l'été 1840, de très bonne heure. Les paragraphes 1 et 4 apprennent au lecteur que la scène se déroule sur un quai de la Seine à Paris, puis sur le pont d'un bateau.

→ **Étudier la présence du groupe** (§2, 6 et 8). Le décor est peuplé de personnages anonymes : une foule composée de voyageurs, de matelots (§2). On observera l'abondance des pluriels, des indéfinis (article « des », pronom « on »). L'atmosphère et son évolution : fébrilité au moment du départ (§2), bonne humeur et sociabilité (§8 : « Le plaisir [...] facilitait les épanchements »).

→ **Étudier le décor**. Il importe de voir tout de suite **qui « regarde »**. Est-ce le regard d'un narrateur extérieur ? C'est sûrement le cas dans les trois premiers paragraphes, mais, au suivant, « il contemplait », « il embrassa dans un dernier coup d'œil » indiquent que c'est le personnage qui regarde Paris au moment où s'éloigne le bateau sur lequel il se trouve. Aux §7 et 8, tout laisse penser que le paysage des bords de Seine est vu par les passagers sur le bateau. Un indice : « On rencontrait [...] » (§7, le pronom désigne les passagers.) L'organisation du paysage repose sur le dynamisme de la présentation. Le bateau se déplaçant sur la Seine fait évoluer lentement le paysage où se mêlent éléments naturels sur les berges et présence humaine (« un homme assis pêchait »). Un élément du décor provoque la rêverie d'un passager anonyme : « Plus d'un [...] en être le propriétaire, pour vivre là [...] avec un bon billard [...] ».

ÉTAPE 2 ▶ Étudier le personnage principal

→ **L'ordre de présentation**. Le personnage n'apparaît qu'au §4, une fois le décor et la situation précisés. On va de l'apparence physique (§4 : « Un jeune homme de dix-huit ans [...] ») à l'identité précise au paragraphe suivant. On passe de l'extérieur vers l'intérieur. Fin du §5 : Frédéric n'a guère envie de quitter Paris et craint de s'ennuyer pendant deux mois chez sa mère, en province.

→ **De l'information à l'interprétation**. La première présentation du jeune homme (§4) permet de faire des hypothèses. Son apparence a quelque chose de romantique (1840, nous sommes encore à l'époque romantique). Cette impression est confortée par le fait qu'il se récite « des vers mélancoliques ». Sa position est celle de l'observateur et/ou du rêveur. Le « grand soupir » laisse supposer qu'il quitte Paris à regret, hypothèse confirmée au paragraphe suivant.

→ **La réalité sociale et psychologique**. Des informations précises sont données à ce sujet. « Frédéric Moreau » est un étudiant, originaire de province. Il appartient à la bourgeoisie, d'abord parce qu'étudiant, ensuite parce qu'on le destine à des études (il n'a pas dû les choisir) de droit, pour faire de lui un notaire, un avocat. Autre renseignement : un héritage en vue, signe de l'appartenance à la bourgeoisie et indice d'une intrigue possible. Ce renseignement contribue à créer un horizon d'attente. Enfin, réalité familiale : c'est la mère qui prend des initiatives, le père étant absent ou mort. Opposition traditionnelle Paris/province. Figure de l'étudiant d'origine provinciale déjà rencontrée. Ce Frédéric a une intériorité, déjà révélée : début du §9, on découvre ses rêves d'avenir, une haute idée de lui-même et l'impatience d'accéder au bonheur. Hypothèse d'une possible ironie de la part du narrateur dans la remarque : « Il trouvait que le bonheur mérité par l'excellence de son âme tardait à venir. » Autre hypothèse : Frédéric, impatient de succès et ambitieux ?

ÉTAPE 3 ▶ Étudier la présentation d'un autre personnage

→ **Le point de vue**. Focalisation interne : Frédéric remarque un homme qui attire son attention par sa conduite : « [...] il vit un monsieur qui contait des galanteries à une paysanne [...] »

→ **Indices d'une apparence et d'un comportement**. L'inconnu apparaît comme un don juan. Il y a chez lui de l'assurance, une absence de retenue et de scupules.

→ **Première comparaison des deux personnages**. Le portrait physique du second est nettement plus précis que celui de Frédéric. Détails vestimentaires qui trahissent l'excentricité. Différence d'âge également avec Frédéric, et sûrement de caractère. Souligner le jeu de contrastes : Frédéric remarque celui qui est différent de lui et se détache du groupe.

Cherchez des indices dans le texte : lexique, emploi des temps verbaux, figures de style... Ne vous contentez pas de recueillir des informations, faites des hypothèses de lecture. Surtout dans un début de roman, il est naturel d'imaginer ce qui va arriver et à qui !

ENTRAÎNEMENT

► Corrigés p. 190

Tester ses connaissances

1 Faites correspondre les titres de roman, les auteurs et le siècle.

La Chartreuse de Parme •	• Balzac •	
La Vie de Marianne •	• Stendhal •	• XIXe siècle
Le Rivage des Syrtes •	• Jean-Paul Sartre •	
La Peau de chagrin •	• Julien Gracq •	• XXe siècle
Les Faux-Monnayeurs •	• Marivaux •	
Atala •	• André Gide •	• XVIIIe siècle
La Nausée •	• Chateaubriand •	

2 Dans quel roman trouve-t-on les personnages suivants ?

Jacques Arnoux •	• *L'Œuvre*
Julie d'Étanges •	• *La Condition humaine*
Katow •	• *L'Éducation sentimentale*
Claude Lantier •	• *La Curée*
Saccard •	• *Julie ou la Nouvelle Héloïse*

S'entraîner

3 * Analyser les composantes du portrait suivant et formulez des hypothèses de lecture.

Entre ces deux personnages et les autres, Vautrin, l'homme de quarante ans, à favoris peints, servait de transition. Il était un de ces gens dont le peuple dit : Voilà un fameux gaillard ! Il avait les épaules larges, le buste bien développé, les muscles apparents, des mains épaisses, carrées et fortement marquées aux phalanges par des bouquets de poils touffus et d'un roux ardent. Sa figure, rayée par des rides prématurées, offrait des signes de dureté que démentaient ses manières souples et liantes. Sa voix de basse-taille, en harmonie avec sa grosse gaieté, ne déplaisait point. Il était obligeant et rieur. Si quelque serrure allait mal, il l'avait bientôt démontée, rafistolée, huilée, limée, remontée, en disant : Ça me connaît.

Il connaissait tout d'ailleurs, les vaisseaux, la mer, la France, l'étranger, les affaires, les hommes, les événements, les lois, les hôtels et les prisons. Si quelqu'un se plaignait par trop, il lui offrait aussitôt ses services. Il avait prêté plusieurs fois de l'argent à madame Vauquer et à quelques pensionnaires ; mais ses obligés seraient morts plutôt que de ne pas le lui rendre, tant, malgré son air bonhomme, il imprimait de crainte par un certain regard profond et plein de résolution. À la manière dont il lançait un jet de salive, il annonçait un sang-froid imperturbable qui ne devait pas le faire reculer devant un crime pour sortir d'une position équivoque. Comme un juge sévère, son œil semblait aller au fond de toutes les questions, de toutes les consciences, de tous les sentiments. Ses mœurs consistaient à sortir après le déjeuner, à revenir pour dîner, à décamper pour toute la soirée, et à rentrer vers minuit, à l'aide d'un passe-partout que lui avait confié madame Vauquer. Lui seul jouissait de cette faveur. Mais aussi était-il au mieux avec la veuve, qu'il appelait maman en la saisissant par la taille, flatterie peu comprise ! La bonne femme croyait la chose encore facile, tandis que Vautrin seul avait les bras assez longs pour presser cette pesante circonférence. Un trait de son caractère était de payer généreusement quinze francs par mois pour le gloria qu'il prenait au dessert. Des gens moins superficiels que ne l'étaient ces jeunes gens emportés par les tourbillons de la vie parisienne, ou ces vieillards indifférents à ce qui ne les touchait pas directement, ne se seraient pas arrêtés à l'impression douteuse que leur causait Vautrin. Il savait ou devinait les affaires de ceux qui l'entouraient, tandis que nul ne pouvait pénétrer ni ses pensées ni ses occupations. Quoiqu'il eût jeté son apparente bonhomie, sa constante complaisance et sa gaieté comme une barrière entre les autres et lui, souvent il laissait percer l'épouvantable profondeur de son caractère.

Balzac, *Le Père Goriot.*

4 ** Analysez le langage employé par le personnage dans l'extrait suivant.

(Le narrateur est le fils d'une famille de petits commerçants.)

Mademoiselle Méhon, la boutique juste en face de nous, c'est à pas croire ce qu'elle était vache. Elle nous cherchait des raisons, elle arrêtait pas de comploter, elle était jalouse. Ses corsets pourtant, elle les vendait bien. Vieille, elle avait sa clientèle encore très fidèle et de mères en filles, depuis quarante ans. Des personnes qu'auraient pas montré leur gorge à n'importe qui.

C'est à propos de Tom, que les choses se sont envenimées, pour l'habitude qu'il avait prise de pisser contre les devantures. Il était pas le seul pourtant. Tous les clebs des environs ils en faisaient bien davantage. Le Passage c'était leur promenade.

Elle a traversé exprès, la Méhon, pour venir provoquer ma mère, lui faire un esclandre. Elle a gueulé que c'était infâme, l'ignoble façon qu'il cochonnait toute sa vitrine, notre petit galeux… Ça amplifiait ses paroles des deux côtés du magasin et jusqu'en haut dans le vitrail. Les passants prenaient fait et cause. Ce fut une discussion fatale. Grand-mère pourtant bien mesurée dans ses paroles lui a répondu vertement.

Papa en rentrant du bureau, apprenant les choses, a piqué une colère, une si folle alors qu'il était plus du tout regardable ! Il roulait des yeux si horribles vers l'étalage de la rombière qu'on avait peur qu'il l'étrangle. Tous on a fait de la résistance, on se pendait à son pardessus… Il devenait fort comme un tricar. Il nous traînait dans la boutique… Il rugissait jusqu'au troisième qu'il allait en faire des charpies de cette corsetière infernale… « J'aurais pas dû te raconter ça ! »… que chialait maman. Le mal était fait.

Céline, *Mort à crédit*.

Sujet du Bac

Sujet inédit 4 h 20 points

Corpus

Texte A : Flaubert, *Madame Bovary*, 2e partie, chapitre VIII.

Alors on vit s'avancer sur l'estrade une petite vieille femme de maintien craintif, et qui paraissait se ratatiner dans ses pauvres vêtements. Elle avait aux pieds de grosses galoches de bois, et, le long des hanches, un grand tablier bleu. Son visage maigre, entouré d'un béguin[1] sans bordure, était

1. Bonnet.

plus plissé de rides qu'une pomme de reinette flétrie, et des manches de sa camisole[1] rouge dépassaient deux longues mains, à articulations noueuses. La poussière des granges, la potasse des lessives et le suint[2] des laines les avaient si bien encroûtées, éraillées, durcies, qu'elles semblaient sales quoiqu'elles fussent rincées d'eau claire ; et, à force d'avoir servi, elles restaient entrouvertes, comme pour présenter d'elles-mêmes l'humble témoignage de tant de souffrances subies. Quelque chose d'une rigidité monacale relevait l'expression de sa figure. Rien de triste ou d'attendri n'amollissait ce regard pâle. Dans la fréquentation des animaux, elle avait pris leur mutisme et leur placidité. C'était la première fois qu'elle se voyait au milieu d'une compagnie si nombreuse ; et, intérieurement effarouchée par les drapeaux, par les tambours, par les messieurs en habit noir et par la croix d'honneur du Conseiller, elle demeurait tout immobile, ne sachant s'il fallait s'avancer ou s'enfuir, ni pourquoi la foule la poussait et pourquoi les examinateurs lui souriaient. Ainsi se tenait, devant ces bourgeois épanouis, ce demi-siècle de servitude.

Texte B : Montherlant, *Les Célibataires*, 1re partie, chapitre I.

Le comte de Coantré était un homme à qui l'on eût donné quarante-huit ans environ, bien qu'il en eût cinquante-trois : le visage assez plein, des moustaches et une courte barbiche sans un poil blanc, les cheveux coupés ras. Il était vêtu d'un veston d'intérieur tellement élimé sur le devant qu'à cet endroit il y avait comme une large plaque blanchâtre : c'était la corde du vêtement qui apparaissait. Sa chemise était une chemise d'ouvrier, en grosse flanelle kaki, au col graisseux. Ses pantoufles de feutre étaient percées l'une et l'autre, et son pantalon avait exactement la même dégaine que celui de M. de Coëtquidan[3] : les quinze centimètres réglementaires au-dessous de la fourche. Alors que les mains de M. Élie[4], bizarrement zébrées d'égratignures par les chats, étaient fines, presque féminines (il en était très fier, comme il était fier de ses pieds sensibles, qui le forçaient à porter, été comme hiver, deux chaussettes de laine superposées), les mains de M. de Coantré étaient

1. Chemise.
2. Graisse secrétée par la peau des moutons et qui se mêle à la laine.
3. Proche parent de M. de Coantré, aristocrate comme lui.
4. Prénom de M. de Coëtquidan.

presque calleuses, surtout à l'extrémité des doigts, toute fendillée de petites rides que la poussière incrustée rendait grisâtres : des mains de travailleur. Pendant le repas, les deux messieurs déroulèrent, en paroles, la plus riche collection d'insanités[1] qui puisse être conçue. M. de Coëtquidan récitait son journal, et M. de Coantré son éducation. L'insanité n'était pas tant dans ce qu'ils disaient, où il y avait bon nombre de vérités, que dans le fait qu'ils parlaient sans savoir. Et tous deux avec passion. Le nom de Briand[2], qui vint dans leurs discours, leur tira de l'œil des éclairs. Les huguenots empalés par Montluc[3] le furent une seconde fois par M. Élie. Rien, dans leurs propos, qui ne fût tranchant : les hommes, les événements, les opinions, jugés en une phrase, exécutés presque toujours, et sans appel.

5 Après avoir lu attentivement les textes du corpus, vous comparerez les relations qui se tissent entre les personnages dépeints et la société.

4 points

6 Vous traiterez ensuite l'un des trois sujets suivants.

16 points

- **Vous ferez le commentaire du texte A** (extrait de *Madame Bovary*).

- **Dissertation :** Dans une lettre à sa sœur Pauline Beyle, datée du 3 août 1804, Stendhal écrit : « Tu sais bien que, dans les romans, l'aventure (1) ne signifie rien : elle émeut, et voilà tout ; elle n'est bonne qu'à oublier. Ce qu'il faut, au contraire, se rappeler, ce sont les caractères. » Vous commenterez cette opinion sur l'importance des personnages de roman en vous appuyant sur des exemples tirés de vos lectures personnelles.

1 Aventure veut dire ici « intrigue ».

- **Écriture d'invention :** Vous écrivez l'incipit d'un roman qui présente un personnage en action et révèle quelques aspects inquiétants ou énigmatiques de sa personnalité. L'incipit n'excédera pas trois pages de votre copie d'examen.

1. Sottises, inepties.
2. Homme politique de la IIIe République, président du Conseil, leader du parti radical, homme de centre gauche détesté par les deux personnages.
3. Chef catholique qui commanda la répression contre les protestants pendant les guerres de religion.

CHAPITRE 2 Le texte théâtral et sa représentation, du XVIIe siècle à nos jours

Jouées, à l'origine, dans la Grèce antique lors de cérémonies religieuses, les **pièces de théâtre** se déroulent **devant un public** qui regarde (le mot *theatron* signifie « lieu où l'on regarde »), écoute et doit s'impliquer. Le théâtre est donc **le seul genre littéraire à ne pas exister qu'à l'écrit**.

I L'importance de la représentation

Le théâtre repose sur le **conflit** : querelle opposant les hommes aux dieux, aux autres hommes, opposant des maris et des pères à leurs épouses ou à leurs enfants, des rois à leurs sujets, etc. Le texte n'est pleinement réalisé qu'au cours des représentations, sur scène, devant le public.
Le travail des metteurs en scène, des scénographes, mais aussi des décorateurs et, parfois, des musiciens, des chorégraphes, ou encore des danseurs, est donc fondamental.

1 Le texte théâtral

Il est constitué de deux parties distinctes : les répliques, paroles dites et échangées par les personnages, et les didascalies.

a • Les répliques

- Toute l'action (= *drama*, en grec) repose sur les paroles. Au théâtre, dire, c'est faire. Parler, c'est engager l'homme dans un processus, impossible à stopper.
- Longtemps, d'ailleurs, les acteurs ne « bougent » pas sur scène, ils « déclament » (= récitent sans bouger en respectant le rythme scandé de l'alexan-

drin). Les objets ne servent pas l'intrigue, tout se joue dans et par les mots avant le XXe siècle.

b • Les didascalies

• Elles informent le lecteur (et ceux qui doivent jouer la pièce) sur ce qui est représenté, précisent le décor, le moment de l'action, la journée ou l'époque, les costumes des personnages, leurs déplacements, le ton de leurs répliques, l'expression de leur visage.
• Elles sont **absentes des représentations antiques et classiques** : le lieu est unique et constant, la temporalité mythique ou universelle, les gestes inutiles, puisque tout repose sur les dialogues qui précisent le jeu, les décors, etc.
• Pourtant, plus nombreuses dans les comédies, elles sont abondantes dans les drames romantiques pour situer le pittoresque, la « couleur locale ». Elles envahissent les pièces modernes puisque c'est sur le lieu et les gestes que reposent parfois l'intrigue et sa signification.

Définition

La double énonciation : tout texte théâtral s'adresse à un public ; un personnage s'adresse donc à un autre personnage présent sur la scène, mais aussi au public dans la salle.

2 Les différentes formes de répliques

Les personnages peuvent s'adresser à eux-mêmes ou à d'autres protagonistes, selon des conventions dramatiques précises.
• L'**aparté** : un personnage s'adresse aux spectateurs, à l'insu des autres protagonistes présents sur scène.
• La **tirade** : longue réplique dans le théâtre classique, souvent en vers, qui permet à un personnage de s'adresser longuement à un autre.
• Le **monologue** : prononcé par un personnage, seul en scène, il permet au spectateur de connaître ses sentiments, ses intentions, de savoir quels événements ont eu lieu hors scène. Les registres peuvent être variés. Le monologue, de registre lyrique, épique, ou encore dramatique, peut exprimer un dilemme, être délibératif, présenter une confidence lyrique, constituer un aveu sentimental.
• La **stichomythie** : succession de répliques courtes (un vers au maximum) qui correspond souvent à un moment de tension dramatique.

③ La division en actes et en scènes

• Le texte théâtral est divisé, par l'auteur lui-même, en actes, définis du point de vue de l'action, et en scènes correspondant aux entrées et sorties des personnages.
• Aristote, définissant le genre dans *La Poétique*, distinguait des phases de l'action (la protase, l'épitase et la catastrophe) qui ont inspiré ensuite les théoriciens classiques français. Les actes correspondent alors à la progression : exposition-nœud-dénouement.

④ La structure des pièces

• Les comédies, en prose et en trois actes, exposent des conflits « bourgeois » (mariage, adultère) et servent le ***castigat ridendo mores***, impératif comique (la pièce « corrige en riant les mœurs ») en trois étapes : présentation du problème, cristallisation des difficultés et résolution finale. Les comédies « nobles » sont écrites en vers et en cinq actes, comme les tragédies.
• Les tragédies, en vers, sont fondées sur des problèmes complexes nécessitant cinq actes et mettent en scène les milieux sociaux les plus élevés (noblesse, rois, divinités) : le premier acte expose la situation, les deuxième et troisième actes montrent le caractère apparemment insoluble de la difficulté, avant que le quatrième acte n'apporte une résolution première et que le dernier « dénoue » totalement l'intrigue.
• Pour que la ***catharsis*** tragique (la « purification » du spectateur) se produise, la pitié du spectateur doit s'exercer à l'égard des « monstres », dont il doit aussi avoir peur, pour se libérer des tendances mauvaises de l'humanité.
• Ainsi, ***placere et docere*** (plaire et instruire) exigent-ils « terreur et pitié ».

II Les genres dramatiques

Aristote (384-322 av. J.-C.) a défini les grands genres, la tragédie et la comédie.

① La tragédie

À l'origine œuvre représentée durant les cérémonies religieuses qui célèbrent le dieu Dionysos, la tragédie est, selon Aristote, « la représentation d'une action noble, menée jusqu'à son terme et ayant une certaine étendue, au moyen d'un langage relevé d'assaisonnements d'espèces variées, utilisés séparément selon les parties de l'œuvre ; la représentation est mise en œuvre par les personnages du drame et n'a pas recours à la narration ; et, en représentant la pitié et la frayeur, elle réalise une épuration [catharsis] de ce genre d'émotions ».

- La tragédie classique, avec ses princes et ses héros, ses sujets mythiques ou historiques, son ton noble ou sublime, pose encore des questions universelles. Le destin pousse les personnages à agir de façon démesurée.
- La vie des protagonistes y est souvent en danger, mais la tragédie ne s'achève pas nécessairement par la mort des personnages principaux. Par exemple, *Bérénice*, de Racine, se termine sur une séparation, sur la disparition d'un espoir de bonheur partagé.

À retenir

Les plus célèbres **poètes tragiques grecs** ayant influencé les auteurs classiques français :
Eschyle (525-45 av. J.-C.), avec *L'Orestie, Les Perses, Les Sept contre Thèbes…* ;
Sophocle (495-406 av. J.-C.), avec *Antigone, Œdipe roi …* ;
Euripide (480-406 av. J.-C.), avec *Alceste, Médée, Andromaque, Électre…*

2 La tragi-comédie

C'est un genre intermédiaire, proche de la comédie héroïque. Elle propose, comme la tragédie, des sujets graves et des enjeux souvent mortels, une histoire d'amour, des tons mélangés, mais elle se termine bien pour les personnages sympathiques. Impossible à classer clairement, elle disparaît à partir de 1650.

3 La comédie

À l'origine, c'est une satire souvent insolente des contemporains de l'auteur. Elle présente, comme à l'époque d'Aristophane, des intrigues et des caractères simples et souvent grossiers.

Étymologie

Le mot provient du grec ***kômos***, qui désignait le **cortège joyeux** se formant lors des deux fêtes en l'honneur de Dionysos. Cette « farandole » séparait souvent la représentation de deux tragédies lors des Lénéennes (fin janvier) et des Grandes Dionysies (en mars).

• **Aristote la définit comme une « imitation d'hommes sans grande vertu » qui** montre des gens ordinaires, paysans, bourgeois ou domestiques. Elle a pour fonction de faire rire ou, au moins, de rendre ridicules des personnages imparfaits. Elle peint des « maniaques » au sens du XVIIe siècle : des personnages enfermés dans une forme de folie, la « marotte » (hypocondrie, avarice, snobisme…).

• **À partir du XVIIe siècle, elle vise aussi à « instruire » et « corriger »**, et s'oriente peu à peu vers une analyse plus fine et plus complexe des tempéraments et des usages, vers la satire d'un comportement ou d'un milieu. Au comique de mots et de gestes, elle ajoute les comiques de moeurs et de caractère.

> **Définition**
>
> La **farce**, brève pièce comique, représente toujours la tromperie. Le comique de gestes et de mots domine. Insultes, coups, grivoiseries, déguisements, ou encore personnages cachés y abondent.

• Au XIXe siècle, la **comédie-vaudeville** (chanson satirique, puis une comédie dont les dialogues sont ponctués de couplets chantés), le **théâtre de boulevard** et, aujourd'hui, le **café-théâtre** et certains « one-man show » d'humoristes, poursuivent la satire en peignant des petits bourgeois emportés, pris dans des intrigues à rebondissements se déroulant à un rythme effréné.

• Certaines comédies modernes s'ouvrent à la **dérision** et à un humour plus mordant. *Ubu roi*, de Jarry (1896), ouvre la voie. Cette pièce tient en effet de la parodie, du drame shakespearien, mais aussi de la farce. Ionesco et Beckett, par exemple, dénoncent l'absurdité du langage, du monde, et s'attachent à la condition humaine.

4 Le drame apparaît au XVIIe siècle

• C'est la dernière **pièce de la trilogie de Figaro, *La Mère coupable*, de Beaumarchais, qui initie véritablement le genre.** Appelée alors « tragédie bourgeoise » et, plus tard, « comédie larmoyante », le genre unit tragédie et comédie, et présente des personnages frappés par le malheur, découverts dans leur vie privée, vertueux, mais pathétiques.

• Si les pièces se terminent souvent mal, elles proposent des moments où la tension se relâche, et même parfois des instants comiques. Le théoricien du drame bourgeois, Diderot, écrit en 1757 *Le Fils naturel* et en 1760 *Le Père de famille*.

• **Le drame romantique : défini par opposition aux règles classiques**, il prend pour **modèle Shakespeare, met en scène l'histoire de toutes les époques, mélange les registres, propose des personnages issus de tous les milieux**, qui se côtoient. Hugo en est le représentant le plus célèbre. Il prône l'alliance du grotesque et du sublime, du pathétique et du comique, veut renouveler l'alexandrin et emploie le trimètre romantique. De *Cromwell* en 1827 (dont la célèbre préface trace le « programme romantique » pour le théâtre) à la représentation des *Burgraves* en 1842, le drame représente la réalité historique. Mais, très vite, les difficultés de la représentation apparaissent : les pièces sont plus destinées à la lecture qu'à la scène, c'est un théâtre « à lire » et non à jouer.

Définition

Le **mélodrame,** genre apparu à la fin du XVIIIe siècle, est très apprécié au début du XIXe. Il multiplie les péripéties, les coups de théâtre, abuse des effets effrayants, cherche à faire pleurer le public. S'il est à son apogée de 1800 à 1825, il est détrôné par le **drame romantique**, qui lui emprunte cependant quelques traits.

III Les grandes règles classiques

Qu'il s'agisse de la comédie ou de la tragédie, des règles s'imposent aux dramaturges classiques.

• **La bienséance** : rien ne doit choquer le public ni nuire à la catharsis ou à la correction comique. Il s'agit de ne jamais montrer la mort sur scène, ni même la violence. Les armes ne sont pas dégainées. Les duels, les suicides sont souvent médiatisés par des récits que les confidents ou les suivantes viennent faire sur le plateau. De même, on ne parle pas de Dieu dans la comédie, on bannit tout réalisme vulgaire de la tragédie.

• **La vraisemblance** : l'esprit français cherche avant tout un spectacle conforme à la logique et à la raison. Les actions représentées ne sont pas vraies, mais doivent être vraisemblables. Elles doivent paraître possibles, au moment et dans le lieu choisis.

• **Les trois unités** : afin de permettre les effets recherchés (catharsis et *castigat*), Jean de La Taille au XVIe siècle, puis Mairet et Boileau au XVIIe siècle, s'appuyant sur *La Poétique* d'Aristote, les ont formulées.

• L'unité d'action : une seule intrigue essentielle, dépouillée de toute action secondaire.
• L'unité de temps : l'action doit se dérouler en « une révolution de soleil » vingt-quatre heures (la représentation est moins longue : un acte est joué en environ vingt minutes).
• L'unité de lieu : l'action doit se dérouler en un seul lieu (étroit : une « antichambre », une entrée, une galerie dans un palais pour la tragédie ; une chambre pour la comédie ; ou plus élargi : une ville (*Les Fourberies de Scapin* font passer les personnages de maisons au port). Quelques pièces ne les respectent pas, *Dom Juan*, par exemple. Ces règles sont assouplies dès le XVIIe siècle.

IV Acteurs et personnages

1 Le personnage

• Dans les pièces antiques, les personnages portent des masques, des chaussures hautes et des toges qui les rendent méconnaissables. Ils ne sont plus des individus connus mais des **acteurs** de l'intrigue.

Vocabulaire

Le **personnage** : le mot est dérivé du mot « personne ». En latin, *persona* signifie « masque de théâtre ».

• Dans le théâtre grec, les protagonistes sont trois à l'origine et se partagent tous les rôles, et le chœur, avec le coryphée à sa tête, commente l'action. Tous sont des hommes. Les masques identifient les personnages. Ils rendent facilement visible l'expression d'un caractère, même pour les spectateurs très éloignés de l'orchestra.
• D'ailleurs, l'usage du masque perdure longtemps. Les personnages de la commedia dell'arte, au XVIIIe siècle, en portent encore. Ils sont associés à des costumes aisément identifiables (comme Arlequin ou Polichinelle). Ils

Civilisation

Les **acteurs** étaient autrefois peu estimés, excommuniés. On leur prêtait une vie instable et parfois difficile. Au XVIIIe siècle, les acteurs français plaisent grâce à leur jeu statique et à la déclamation, les Italiens grâce à leurs mouvements, leurs improvisations.

disparaissent lorsque la comédie propose une intrigue plus complexe, et lorsque le jeu de l'acteur devient important.

2 Les types et les emplois

Les intrigues s'appuient sur des types de personnages qui facilitent les représentations.

• Les **jeunes amoureux** : personnages sympathiques, ils sont souvent ceux qui « gagnent » à la fin (ils se marient).

• Le **barbon** est l'opposant par excellence : vieillard amoureux d'une jeune femme, il veut l'empêcher d'épouser celui qu'elle aime. Il est ridicule et trompé.

• Le **valet rusé et insolent** est capable de tromper son maître, d'aider les jeunes amoureux, de mener le jeu.

• Le **benêt**, valet lourdaud et naïf, sert mal son maître et fait rire.

• L'**honnête homme** est la voix de la sagesse. Frère ou ami du « maniaque », il tente de le ramener à la raison. Bourgeois d'âge mûr, il sert le dénouement.

• **Quelques types sociaux** parcourent les œuvres : les **paysans**, ridiculisés par leur naïveté et leur langage, les **marquis** précieux et fats, les **médecins** ignorants mais orgueilleux, les **lettrés** pédants et médiocres, etc.

• Dans les tragédies, **confidents et suivantes** recueillent les sentiments de leurs maîtres, prodiguent informations et secours.

• Le **réalisme** et la volonté de rendre compte fidèlement de la société font disparaître ces types du théâtre moderne.

À retenir

Tous les rôles peuvent également être classés en « **emplois** », selon les caractéristiques qui les composent : les « jeunes premiers », les « vieillards », les « pères nobles », les « ingénues », les « soubrettes », les « épouses vertueuses », les « valets ridicules »...

V La mise en scène

1 Un « art »

• L' « art de dresser sur les planches l'action et les personnages imaginés par l'auteur dramatique » (citation d'André Antoine, considéré comme le premier véritable metteur en scène) est assez récent. Au XVIIe siècle, les spectacles sont statiques, l'éclairage est realisé aux chandelles et la présence de spectateurs (nobles, courtisans, et même le roi) sur la scène entravent les déplacements. L'organisation du jeu apparaît dès le XVIIIe siècle. Les acteurs eux-mêmes ou la troupe dans son ensemble déterminent les quelques mouvements et gestes à accomplir. S'il existe parfois un « régisseur » qui fait office d'accessoiriste et d'organisateur, l'appellation de « metteur en scène » n'apparaît que tardivement, sans doute en 1802.

• Au XIXe siècle, pour unifier les manières de jouer et proposer un spectacle cohérent et uni, on désigne un directeur du jeu, qui choisira les décors, les costumes, etc.

• En 1887, André Antoine apporte, avec son Théâtre-Libre, les fondements de la scénographie moderne. Le naturalisme, la volonté de réalisme artistique et le positivisme ambiant facilitent cette nouvelle conception de la représentation.

2 Le « jeu »

• Avant le siècle des Lumières, le « jeu » théâtral obéit à des conventions : l'artiste élabore lui-même sa gestuelle, fournit généralement son costume (le meilleur de ses vêtements de « ville ») et réduit au maximum ses déplacements sur le plateau. La déclamation, d'ailleurs, nuit aux mouvements. Les Italiens font preuve d'un dynamisme important. Ils courent, dansent, sautent... Interdits de parole, ils brandissent des panneaux avec leurs répliques, font parler des marionnettes, etc. Le jeu des acteurs de la Comédie-Française sera le plus lent à évoluer.

• Le metteur en scène dirige les acteurs en s'appuyant sur son **interprétation** du texte et de la pièce et utilise aujourd'hui nombre de ressources technologiques, procédés cinématographiques, vidéos, etc.

• Aujourd'hui, on parle plus souvent de **scénographie** (du grec, *scène* et *écrire*) pour désigner l'art de l'organisation de l'espace scénique, grâce à la coordination des moyens techniques et artistiques. Le scénographe utilise les matières, les lumières, les sons, les couleurs, ainsi que les matériels techniques modernes pour construire un espace scénique. Le décorateur occupe le plateau. Le scénographe ne cherche pas nécessairement à représenter le réel, mais à transmettre, de manière métaphorique, le sens de la pièce, du moins celui que la troupe et le metteur sen scène lui attribuent. Si le metteur en scène dirige les acteurs et définit leur jeu, le scénographe les situe, détermine parfois même leurs mouvements sur le plateau.

❸ Costumes et décors

Ils participent à la représentation : souvent typés avant le XIXe siècle, (masques et vêtements dédiés : Arlequin est vêtu d'un vêtement rapiécé, les losanges multicolores évoquant sa pauvreté et sa versatilité, porte une batte et une bouteille, titube souvent, chante, est gai et exhibe un masque noir aisément reconnaissable). Les romantiques accordent une grande importance à ces détails qui contribuent à la couleur locale et au réalisme artistique. Aujourd'hui, le costume a souvent un rôle signifiant : il présente l'époque, les idéologies, les individualités…

a • Les costumes

• Le costume **réaliste** fixe l'époque, le statut social ou la personnalité du personnage (Bérenger, dans *Rhinocéros*, est débraillé), le costume **typique** détermine un personnage, une particularité (celui d'Arlequin).
• Le vêtement **symbolique** souligne un caractère, un thème (Harpagon est si avare que son costume est désuet, usé, démodé).
• Le costume à **contre-emploi** signale une particularité paradoxale du personnage (Ubu est roi mais est habillé d'une manière différente des usages).
• Enfin, certains metteurs en scène refusent le costume différencié, habillant tous les personnages de manière identique : seul le jeu permet de les différencier et de les individualiser.

b • Les décors

Ils situent la fiction théâtrale et l'ancrent dans un univers référentiel.
• Au XVIIe siècle, il est simple. Quelques colonnes ou quelques meubles situent l'espace tragique dans un palais ou une pièce d'une maison bourgeoise.
• Au fil du temps, il s'enrichit, peut proposer des lieux multiples (plateaux tournants modernes ou répartition, sur le plateau, de lieux différents).
• **Réaliste**, le décor ressemble au monde réel et rapproche la fiction de la réalité ; **allusif et suggestif**, il donne quelques indications essentielles à la compréhension. À l'époque de Shakespeare, des panneaux précisaient le lieu : la forêt, le château… Enfin, il peut être **symbolique** et expressif : il crée alors un espace imaginaire dans lequel les personnages évoluent et indique les thèmes, donne des voies d'analyse aux spectateurs (plans inclinés, gradins, tentures et espaces emboîtés…).

À retenir

Le théâtre est un texte écrit pour être représenté. Les éléments matériels, le décor, les costumes, la scénographie le constituent tout autant que les dialogues et les monologues. Le jeu des acteurs, leurs mouvements, leurs intonations, donnent vie aux personnages. Le « spectacle » est donc un tout, dont le texte est un élément essentiel, mais insuffisant.

SCHÉMA-**BILAN**

Le théâtre est le seul texte qui n'est réellement achevé que lorsqu'il est représenté. Les dramaturges modernes en font une « tribune ».

↓

Les conditions matérielles ont longtemps déterminé les représentations.

↓

Les deux grands genres initiaux, tragédie et comédie, ont des ambitions morales : plaire et instruire (« placere et docere »).

Tragédie → Terreur et pitié → « Catharsis »

Comédie → Ridicule et vices communs → « Correction »

Les « unités » rendent les actions bienséantes et vraisemblables.

↕

Jeu | Décor | Mise en scène

MÉTHODE

Analyser un texte théâtral

Exemple : extrait de *L'Illusion comique*, de Pierre Corneille, acte III, scène 6.

LYSE
L'ingrat ! il trouve enfin mon visage charmant,
Et pour me suborner il contrefait l'amant :
Qui hait ma sainte ardeur m'aime dans l'infamie,
Me dédaigne pour femme, et me veut pour amie !
Perfide, qu'as-tu vu dedans mes actions
Qui te dût enhardir à ces prétentions ?
Qui t'a fait m'estimer digne d'être abusée,
Et juger mon honneur une conquête aisée ?
[…]
Qui cache sa colère, assure sa vengeance,
Et ma feinte douceur, te laissant espérer,
Te jette dans les rets que j'ai su préparer,
Va, traître ; aime en tous lieux, et partage ton âme,
Choisis qui tu voudras pour maîtresse et pour femme,
Donne à l'une ton coeur ; donne à l'autre ta foi,
Mais ne crois plus tromper Isabelle, ni moi.
Ce long calme bientôt va tourner en tempête,
Et l'orage est tout prêt à fondre sur ta tête,
Surpris par un rival dans ce cher entretien,
Il vengera d'un coup son malheur et le mien.
Toutefois qu'as-tu fait qui t'en rende coupable ?
Pour chercher sa fortune est-on si punissable ?
Tu m'aimes mais le bien te fait être inconstant,
Au siècle où nous vivons qui n'en ferait autant ?
Oublions les projets de sa flamme maudite,
Et laissons-le jouir du bonheur qu'il mérite.
Que de pensers divers en mon coeur amoureux !
Et que je sens dans l'âme un combat rigoureux !
Perdre qui me chérit ! Épargner qui m'affronte !
Ruiner ce que j'aime ! aimer qui veut ma honte !

L'amour produira-t-il un si cruel effet ?
L'impudent rira-t-il de l'affront qu'il m'a fait ?
Mon amour me séduit, et ma haine m'emporte,
L'une peut tout sur moi, l'autre n'est pas moins forte,
N'écoutons plus l'amour pour un tel suborneur,
Et laissons à la haine assurer mon honneur.

ÉTAPE 1 ► Relever les principales caractéristiques du texte

→ Il s'agit d'un **monologue**, moment de dévoilement psychologique. La ponctuation affective (les points d'interrogation et d'exclamation) révèle une émotion, une colère.

→ Le **lexique** qui caractérise l'amant (« ingrat » au début, « traître »), le champ lexical de la tromperie (« contrefait », « abusée », « feinte colère », « tromper », « inconstant », « suborneur ») révèlent un moment de déception amoureuse (le champ lexical est fortement représenté).

→ Il s'agit d'un **double mouvement affectif** : le début du monologue est ancré dans l'expression de la colère, (mise en accusation, réquisitoire contre l'aimé « perfide », paradoxe et colère, vers 3-4), mais évolue très vite vers le cri de haine, la volonté d'être vengée (le terme « haine » apparaît deux fois dans les quatre derniers vers). L'expression de la violence des sentiments comme de la vengeance (« rets », « orage », « tempête », « fondre sur ta tête », « vengera d'un coup », « flamme maudite », « perdre », « ruiner ») renforce le tragique.

→ Enfin, **l'énonciation** révèle une profonde perturbation psychologique : le discours passe de l'apostrophe vindicative (premier vers) dressant le constat de la trahison, à la prosopopée (elle s'adresse à l'absent en le tutoyant : « Perfide, qu'as-tu vu dedans mes actions »). Lyse en vient ensuite, après une prise de décision (celle de se venger, vers 19) à une parole plus organisée où Lindor est redevenu un « il », mis à distance par des caractéristiques négatives (« impudent », « suborneur »).

ÉTAPE 2 ► Analyser le lexique et les temps

→ Le lexique est celui de la tragédie : mort, trahison, amour trompé, rivalité, cruauté, ou encore haine ancrent explicitement le texte dans ce genre théâtral.

→ Les enjeux confirment cette première analyse : il s'agit d'une inconstance (« suborneur », « inconstant »), donc d'un enjeu psychologique fort puisque la mort peut être envisagée. Le vers : « Surpris par un rival dans ce cher entretien, / Il vengera d'un coup son malheur et le mien. » (vers 18-19) annonce une mise à mort…

→ L'emploi des temps de l'indicatif (mode de la certitude) montre la conviction profonde de Lyse : le futur est sans appel, la vengeance sera accomplie.

→ Les impératifs du début du monologue éloignent le « traître », l'aimé, et permettent donc d'envisager une menace précise.

→ Il s'agit donc d'une scène tragique.

ÉTAPE 3 ▶ Caractériser les registres

→ À ces remarques s'ajoute la **souffrance** de la jeune femme : dépit face à l'ingratitude, douleur d'être dédaignée (« Me dédaigne pour femme, / Et me veut pour amie ! », vers 4).

→ La fin du monologue signale aussi de réelles **hésitations**. La jeune femme tente de raisonner et a du mal à se résoudre à voir mourir son amant : « Que de pensers divers en mon coeur amoureux ! / Et que je sens dans l'âme un combat rigoureux ! / Perdre qui me chérit ! Épargner qui m'affronte ! / Ruiner ce que j'aime ! aimer qui veut ma honte / L'amour produira-t-il un si cruel effet ? / L'impudent rira-t-il de l'affront qu'il m'a fait ? / Mon amour me séduit, et ma haine m'emporte).

→ La **délibération** s'achève sur une décision, douloureuse. Le **dilemme** est **résolu**, la séparation acceptée, mais la souffrance réelle.

→ Au **registre tragique** s'ajoute donc le registre **pathétique**. Le spectateur assiste ici à une représentation émouvante des déchirements d'une femme trompée, mais qui tente de trouver une solution.

Ne vous lancez pas tête baissée : analysez minutieusement le texte. Les indices vous permettront d'éviter toute erreur.

ENTRAÎNEMENT

► Corrigés p. 196

Tester ses connaissances

1 Parmi ces notions, quelles sont les trois unités du théâtre classique ?

a. ☐ lieu
b. ☐ action
c. ☐ temps
d. ☐ vraisemblance
e. ☐ costumes

2 Faites correspondre les définitions et les noms.

Indications de mises en scène •	• Aparté
Discours d'un personnage seul en scène •	• Péripétie
Coup de théâtre •	• Scénographie
Discours d'un personnage destiné à ne pas être entendu des autres, mais seulement du public •	• Monologue
Organisation de l'espace scénique •	• Didascalies

S'entraîner

3 * Étudiez la fonction des didascalies dans cet extrait.

Route à la campagne, avec arbre.
Soir.
Estragon, assis sur une pierre, essaie d'enlever sa chaussure. Il s'y acharne des deux mains, en ahanant. Il s'arrête, à bout de forces, se repose en haletant, recommence. Même jeu.
Entre Vladimir.

ESTRAGON (*renonçant à nouveau*) : Rien à faire.
VLADIMIR (*s'approchant à petits pas raides, les jambes écartées*) : Je commence à le croire. (*Il s'immobilise.*) J'ai longtemps résisté à cette pensée, en me disant, Vladimir, sois raisonnable. Tu n'as pas encore tout

essayé. Et je reprenais le combat. (*Il se recueille, songeant au combat. À Estragon.*) Alors, te revoilà, toi.
ESTRAGON : Tu crois ?
VLADIMIR : Je suis content de te revoir. Je te croyais parti pour toujours.
ESTRAGON : Moi aussi.
VLADIMIR : Que faire pour fêter cette réunion ? (*Il réfléchit.*) Lève-toi que je t'embrasse. (*Il tend la main à Estragon.*)
ESTRAGON (*avec irritation*) : Tout à l'heure, tout à l'heure.
Silence.

Beckett, *En attendant Godot*, Les Éditions de Minuit, 1952.

4 ** **Identifiez les registres présents dans les extraits suivants.**

Extrait 1 :

Figaro, *seul, se promenant dans l'obscurité, dit du ton le plus sombre* : Ô femme ! femme ! femme ! créature faible et décevante !... nul animal créé ne peut manquer à son instinct : le tien est-il donc de tromper ?... Après m'avoir obstinément refusé quand je l'en pressais devant sa maîtresse ; à l'instant qu'elle me donne sa parole, au milieu même de la cérémonie... Il riait en lisant, le perfide! et moi comme un benêt... Non, monsieur le Comte, vous ne l'aurez pas... vous ne l'aurez pas. Parce que vous êtes un grand seigneur, vous vous croyez un grand génie !... Noblesse, fortune, un rang, des places, tout cela rend si fier ! Qu'avez-vous fait pour tant de biens? Vous vous êtes donné la peine de naître, et rien de plus. Du reste, homme assez ordinaire ; tandis que moi, morbleu ! perdu dans la foule obscure, il m'a fallu déployer plus de science et de calculs pour subsister seulement, qu'on n'en a mis depuis cent ans à gouverner toutes les Espagnes : et vous voulez jouter...

Beaumarchais, *Le Mariage de Figaro*, acte V, scène 3.

Extrait 2 :

Sganarelle

[...] par précaution, je t'apprends, inter nos, que tu vois en Dom Juan, mon maître, le plus grand scélérat que la terre ait jamais porté, un enragé, un chien, un diable, un Turc, un hérétique, qui ne croit ni Ciel, ni Enfer, ni loup-garou, qui passe cette vie en véritable bête brute, en pourceau d'Épicure, en vrai Sardanapale, qui ferme l'oreille à toutes les remontrances chrétiennes qu'on lui peut faire, et traite de billevesées tout ce que nous croyons. Tu me dis qu'il a épousé ta maîtresse : crois qu'il aurait plus fait pour sa passion, et qu'avec elle il aurait encore épousé toi, son chien et son chat. Un mariage ne lui coûte rien à contracter ; il ne se sert point d'autres pièges pour attraper les belles, et c'est un épouseur à toutes mains. Dame, demoiselle, bourgeoise, paysanne, il ne trouve rien de trop chaud ni de trop froid pour lui ; et si je te disais le nom de toutes celles qu'il a épousées en divers lieux, ce serait un chapitre à durer jusques au soir.

Molière, *Dom Juan*, acte I, scène 1.

5 * Étudiez le comique de mots dans l'extrait suivant.**

(Argan a refusé de prendre un remède ordonné par monsieur Purgon).

Monsieur Purgon

J'ai à vous dire que je vous abandonne à votre mauvaise constitution, à l'intempérie de vos entrailles, à la corruption de votre sang, à l'âcreté de votre bile, et à la féculence de vos humeurs.

Toinette

C'est fort bien fait.

Argan

Mon Dieu !

Monsieur Purgon

Et je veux qu'avant qu'il soit quatre jours vous deveniez dans un état incurable.

Argan

Ah ! miséricorde !

Monsieur Purgon

Que vous tombiez dans la bradypepsie.

Argan

Monsieur Purgon !

Monsieur Purgon

De la bradypepsie dans la dyspepsie.

Argan
Monsieur Purgon !
Monsieur Purgon
De la dyspepsie dans l'apepsie.
Argan
Monsieur Purgon !
Monsieur Purgon
De l'apepsie dans la lienterie.
Argan
Monsieur Purgon !
Monsieur Purgon
De la lienterie dans la dysenterie.
Argan
Monsieur Purgon !
Monsieur Purgon
De la dysenterie dans l'hydropisie.
Argan
Monsieur Purgon !
Monsieur Purgon
Et de l'hydropisie dans la privation de la vie, où vous aura conduit votre folie.

Molière, Le Malade imaginaire, acte III, scène 5.

Sujet du Bac

D'après sujet de série L, juin 2005 4 h 20 points

Corpus

Texte A : Alfred de Musset, *Lorenzaccio*, acte IV, scène 9.

[La pièce se passe à Florence, au XVIe siècle. Lorenzo de Médicis a décidé d'assassiner son cousin, Alexandre de Médicis, duc de Florence, qui gouverne en tyran. Le moindre détail de ce meurtre a été prémédité : Lorenzo a volé la cotte de mailles d'Alexandre et a arrangé un faux rendez-vous galant avec sa tante Catherine Ginori pour attirer Alexandre dans sa propre maison où attend en embuscade Scoronconcolo, un ami dévoué à Lorenzo. Ce dernier erre dans les rues, attendant l'heure du rendez-vous fatal.]

Une place ; il est nuit. Entre Lorenzo.

LORENZO. – Je lui dirai que c'est un motif de pudeur, et j'emporterai la lumière – cela se fait tous les jours – une nouvelle mariée, par exemple, exige cela de son mari pour entrer dans la chambre nuptiale, et Catherine[1] passe pour très vertueuse. – Pauvre fille ! Qui l'est sous le ciel si elle ne l'est pas ? – Que ma mère mourût de tout cela, voilà ce qui pourrait arriver. Ainsi donc voilà qui est fait. Patience ! Une heure est une heure, et l'horloge vient de sonner. Si vous y tenez cependant – mais non pourquoi ? – Emporte le flambeau si tu veux ; la première fois qu'une femme se donne, cela est tout simple. – Entrez donc, chauffez-vous donc un peu. – Oh ! mon Dieu, oui, pur caprice de jeune fille ; et quel motif de croire à ce meurtre ? – Cela pourra les étonner, même Philippe[2]. Te voilà, toi, face livide ? *(La lune paraît.)* Si les républicains étaient des hommes, quelle révolution demain dans la ville ! Mais Pierre est un ambitieux ; les Ruccellai seuls valent quelque chose. – Ah ! les mots, les mots, les éternelles paroles ! S'il y a quelqu'un là-haut, il doit bien rire de nous tous ; cela est très comique, très comique, vraiment. – Ô bavardage humain ! Ô grand tueur de corps morts ! Grand défonceur de portes ouvertes ! Ô hommes sans bras ! Non ! non ! Je n'emporterai pas la lumière. J'irai droit au cœur ; il se verra tuer… Sang du Christ ! On se mettra demain aux fenêtres. Pourvu qu'il n'ait pas imaginé quelque cuirasse nouvelle, quelque cotte de mailles ! Maudite invention ! Lutter avec Dieu et le diable, ce n'est rien ; mais lutter avec des bouts de ferraille croisés les uns sur les autres par la main sale d'un armurier ! – Je passerai le second pour entrer ; il posera son épée là, – ou là – oui, sur le canapé. – Quant à l'affaire du baudrier à rouler autour de la garde, cela est aisé. S'il pouvait lui prendre fantaisie de se coucher, voilà où serait le vrai moyen. Couché, assis, ou debout ? Assis plutôt. Je commencerai par sortir ; Scoronconcolo est enfermé dans le cabinet. Alors nous venons, nous venons – je ne voudrais pourtant pas qu'il tournât le dos. J'irai à lui tout droit. Allons, la paix, la paix ! L'heure va venir. – Il faut que j'aille dans quelque cabaret ; je ne m'aperçois pas que je prends du froid, et je viderai un flacon. – Non ; je ne veux pas boire. Où diable vais-je donc ? Les cabarets sont fermés. Est-elle bonne fille ? – Oui vraiment. – En chemise ? – Oh ! non, non, je ne le pense pas. – Pauvre Catherine ! Que

1. Catherine Ginori, tante de Lorenzo.
2. Philippe Strozzi, Pierre et les Ruccellai appartiennent au clan des républicains, adversaires des Médicis.

ma mère mourût de tout cela, ce serait triste. – Et quand je lui aurais dit mon projet, qu'aurais-je pu y faire ? Au lieu de la consoler, cela lui aurait fait dire : Crime ! Crime ! Jusqu'à son dernier soupir ! [...]

Texte B : Jean Giraudoux, *Électre*, entracte : Lamento du Jardinier (1938).

[Égisthe a épousé la reine Clytemnestre, veuve du roi Agamemnon, et a pris le pouvoir. Redoutant qu'Électre, fille d'Agamemnon et de Clytemnestre, ne se révolte si elle parvenait au pouvoir, il l'a promise au jardinier. Mais un étranger, qui n'est autre qu'Oreste, fils d'Agamemnon et de Clytemnestre et frère d'Électre, fait annuler ce mariage. Le jardiner se retrouve seul, et occupe la scène pendant l'entracte séparant les deux actes qui composent la pièce.]

Lamento du Jardinier

Moi, je ne suis plus dans le jeu. C'est pourquoi je suis libre de venir vous dire ce que la pièce ne pourra vous dire. Dans de pareilles histoires, ils ne vont pas s'interrompre de se tuer et de se mordre pour venir vous dire que la vie n'a qu'un seul but, aimer. Ce serait même disgracieux de voir le parricide s'arrêter, le poignard levé, et vous faire l'éloge de l'amour. Cela paraîtrait artificiel. Beaucoup ne le croiraient pas. Mais moi qui suis là, dans cet abandon, cette désolation, je ne vois vraiment pas ce que j'ai d'autre à faire ! Et je parle impartialement. Jamais je ne me résoudrai à épouser une autre qu'Électre, et jamais je n'aurai Électre. Je suis créé pour vivre jour et nuit avec une femme, et toujours je vivrai seul. Pour me donner sans relâche en toute saison et occasion, et toujours je me garderai. C'est ma nuit de noces que je passe ici, tout seul – merci d'être là –, et jamais je n'en aurai d'autre, et le sirop d'oranges que j'avais préparé pour Électre, c'est moi qui ai dû le boire – il n'en reste plus une goutte, c'était une nuit de noces longue. Alors qui douterait de ma parole ? L'inconvénient est que je dis toujours un peu le contraire de ce que je veux dire ; mais ce serait vraiment à désespérer aujourd'hui, avec un cœur aussi serré et cette amertume dans la bouche – c'est amer, au fond, l'orange –, si je ne parvenais à oublier une minute que j'ai à vous parler de la joie. Joie et Amour, oui. Je viens vous dire que c'est préférable à Aigreur et Haine. Comme devise à graver sur un porche, sur un foulard, c'est tellement mieux, ou en bégonias nains sur un massif. Évidemment, la vie est ratée, mais c'est très très bien, la vie. Évidemment, rien ne va jamais, rien ne s'arrange jamais, mais parfois avouez que cela va admirablement, que cela s'arrange admirablement… Pas pour moi… Ou plutôt pour moi !… Si j'en juge d'après le désir d'aimer, le pouvoir d'aimer tout et tous que me donne le plus grand malheur de la vie, qu'est-ce que cela doit être pour ceux qui ont des malheurs moindres ! […]

Texte C : Samuel Beckett, *Oh les beaux jours*, Les Éditions de Minuit, 1963.

[La pièce a été publiée en anglais et jouée sous le titre de Happy days *en 1961, avant d'être traduite en français par l'auteur en 1963. Elle évoque le vide des journées et des préoccupations de l'homme et développe la métaphore de l'enlisement dans la solitude : tandis que Willie, la soixantaine, demeure muet et presque invisible tout au long de la pièce, sa compagne Winnie, âgée de cinquante ans, parle et s'enlise progressivement au milieu d'une « étendue d'herbe brûlée s'enflant au centre en petit mamelon ».]*

Scène comme au premier acte. Willie invisible. Winnie enterrée jusqu'au cou, sa toque sur la tête, les yeux fermés. La tête, qu'elle ne peut plus tourner, ni lever, ni baisser, reste rigoureusement immobile et de face pendant toute la durée de l'acte. Seuls les yeux sont mobiles. Sac et ombrelle à la même place qu'au début du premier acte. Revolver bien en évidence à la droite de la tête. Un temps long. Sonnerie perçante. Elle ouvre les yeux aussitôt. La sonnerie s'arrête. Elle regarde devant elle. Un temps long.

WINNIE. – Salut, sainte lumière. *(Un temps. Elle ferme les yeux. Sonnerie perçante. Elle ouvre les yeux aussitôt. La sonnerie s'arrête. Elle regarde devant elle. Sourire. Un temps. Fin du sourire. Un temps.)* Quelqu'un me regarde encore. *(Un temps.)* Se soucie de moi encore. *(Un temps.)* Ça que je trouve si merveilleux. *(Un temps.)* Des yeux sur mes yeux. *(Un temps.)* Quel est ce vers inoubliable ? *(Un temps. Yeux à droite.)* Willie. *(Un temps. Plus fort.)* Willie. *(Un temps. Yeux de face.)* Peut-on parler encore de temps ? *(Un temps.)* Dire que ça fait un bout de temps, Willie, que je ne te vois plus. *(Un temps.)* Ne t'entends plus. *(Un temps.)* Peut-on ? *(Un temps.)* On le fait. *(Sourire.)* Le vieux style ! *(Fin du sourire.)* Il y a si peu dont on puisse parler. *(Un temps.)* On parle de tout. *(Un temps.)* De tout ce dont on peut. *(Un temps.)* Je pensais autrefois… *(Un temps.)* … je dis, je pensais autrefois que j'apprendrais à parler toute seule. *(Un temps.)* Je veux dire à moi-même le désert. *(Sourire.)* Mais non. *(Sourire plus large.)* Non non. *(Fin du sourire.)* Donc tu es là. *(Un temps.)* Oh tu dois être mort, oui, sans doute, comme les autres, tu as dû mourir, ou partir, en m'abandonnant, comme les autres, ça ne fait rien, tu es là. *(Un temps. Yeux à gauche.)* Le sac aussi est là, le même que toujours, je le vois. *(Yeux à droite. Plus fort.)* Le sac est là, Willie, pas une ride, celui que tu me donnas ce jour-là… pour faire mon marché. *(Un temps. Yeux de face.)* Ce jour-là. *(Un temps.)* Quel jour-là ? *(Un temps.)* Je priais autrefois. *(Un temps.)* Je dis, je priais autrefois. *(Un temps.)* Oui, j'avoue. *(Sourire.)* Plus maintenant. *(Sourire plus large.)* Non non. *(Fin du sourire. Un temps.)* Autrefois… maintenant… comme c'est dur, pour l'esprit. *(Un temps.)* Avoir été toujours celle que je suis – et être si différente de celle que j'étais. *(Un temps.)* Je suis l'une, je dis l'une, puis l'autre. *(Un temps.)* Tantôt l'une, tantôt l'autre. *(Un temps.)* Il y a si peu qu'on puisse dire. *(Un temps.)* On dit tout. *(Un temps.)* Tout ce qu'on peut. *(Un temps.)* Et pas un mot de vrai nulle part. *(Un temps.)* Mes bras. *(Un temps.)* Mes seins. *(Un temps.)* Quels bras ? *(Un temps.)* Quels seins ? *(Un temps.)* Willie. *(Un temps.)* Quel Willie ? *(Affirmative avec véhémence.)* Mon Willie ! *(Yeux à droite. Appelant.)* Willie ! *(Un temps. Plus fort.)* Willie ! […]

Annexe au texte C : photographie de la mise en scène de *Oh les beaux jours* par Roger Blin au théâtre du Rond-Point, 1981 (Madeleine Renaud dans le rôle de Winnie).

photo Thérèse Le Prat © Ministère de la Culture.

Annexe au corpus : Antonin Artaud, *Le Théâtre et son double* (1938).

*[*Le Théâtre et son double *est un recueil qui rassemble les articles, conférences et manifestes exprimant la réflexion d'Artaud sur le théâtre. La découverte du théâtre balinais, notamment, l'a amené à effectuer un examen critique du théâtre occidental.]*

La révélation du théâtre balinais a été de nous fournir du théâtre une idée physique et non verbale, où le théâtre est contenu dans les limites de tout ce qui peut se passer sur une scène, indépendamment du texte écrit, au lieu que le théâtre tel que nous le concevons en Occident a partie liée avec le texte et se trouve limité par lui. Pour nous, au théâtre, la Parole est tout et il n'y a pas de possibilité en dehors d'elle ; le théâtre est une branche de la littérature, une sorte de variété sonore du langage, et si nous admettons une différence entre le texte parlé sur la scène et le texte lu par les yeux, si nous enfermons le théâtre dans les limites de ce qui apparaît entre les répliques, nous ne parvenons pas à séparer le théâtre de l'idée du texte réalisé. Cette idée de la suprématie de la parole au théâtre est si enracinée en nous et le théâtre nous apparaît tellement comme le simple reflet matériel du texte que tout ce qui au théâtre dépasse le texte n'est pas contenu dans ses limites et strictement conditionné par lui, nous paraît faire partie du domaine de la mise en scène considérée comme quelque chose d'inférieur par rapport au texte.

6 Après avoir identifié la forme commune aux trois textes du corpus, vous direz quelles sont les spécificités de chacun de ces extraits.

☑ 4 points

7 Vous traiterez ensuite, au choix, l'un des sujets suivants.

☑ 16 points

- **Vous ferez le commentaire du texte A** (extrait de *Lorenzaccio*).

- **Dissertation :** Pensez-vous que le théâtre, en Occident, soit uniquement un « théâtre de la parole », comme le déplore Antonin Artaud ?

Vous répondrez en vous appuyant sur les textes qui vous sont proposés, ceux que vous avez étudiés en classe, vos lectures personnelles ou les spectacles auxquels vous avez pu assister.

- **Écriture d'invention** : Imaginez un personnage désenchanté, comme le sont ceux des extraits du corpus, en raison d'une désillusion d'ordre sentimental, professionnel, ou existentiel, et rédigez son monologue.

CHAPITRE

3

Écriture poétique et quête du sens, du Moyen Âge à nos jours

I Définitions

❶ Le poète créateur

L'étymologie grecque du mot le rapproche du verbe ***poiein***, fabriquer, créer. Est poète tout inventeur à la fois d'images et de formes nouvelles. Pour Paul Éluard, le rôle du poète est de « donner à voir ». Il montre le monde sous un jour nouveau, et réveille nos sens usés par la routine. Il peut exprimer plus fortement un sentiment.

❷ Tentative de définition : un genre

On appellera « poème » un texte qui veut suggérer des émotions ou des sentiments en se servant d'images et d'une langue élaborée et créative. On attend une certaine musicalité. On reconnaît donc le plus souvent la poésie à sa disposition en vers, qu'ils soient réguliers ou libres. Les vers sont regroupés en strophes ou en versets.

❸ Oralité et graphisme

- La poésie relève de l'oral. Nombre d'effets ne sont perceptibles que lors de la déclamation, comme les rythmes ou les sonorités. À l'origine, en effet, le poète était une sorte de chanteur.
- Mais le graphisme aussi est important. On verra des « rimes pour l'œil », et on reconnaît un poème à sa disposition dans la page. Certains poètes sont allés plus loin dans la recherche graphique, jusqu'aux « calligrammes ».

❹ La poésie est partout

On peut encore élargir aux autres arts, considérant que les animaux volants de Marc Chagall sont éminemment poétiques, tout comme les *Nocturnes* de Chopin.

Définition

La poésie est une manière singulière d'**interroger le monde** et de **construire le sens**, dans un usage de la **langue réinventé**.

II L'énonciation

Le système d'énonciation de la poésie est spécifique. En observant les indices habituels, pronoms (repères spatio-temporels, modalisateurs), on constate que l'énonciation suggère une subjectivité particulière.

❶ Le locuteur : le poème est souvent à la première personne

• Le poète évoque son expérience personnelle, comme dans l'autobiographie. Ronsard parle de lui-même :

« Quand vous serez bien vieille […]
Je serai sous la terre et fantôme sans os
Par les ombres myrteux je prendrai mon repos »
Sonnets pour Hélène, 1578.

C'est aussi le cas dans la poésie lyrique, qui exprime les sentiments personnels du poète.

• Mais le pronom « je » peut s'élargir à l'humanité :

« Laissez-nous savourer les rapides délices
Des plus beaux de nos jours ! »
Lamartine, *Méditations poétiques*, 1820.

• Le poète peut aussi représenter les paroles ou la pensée d'un autre :

« Je suis belle, ô mortels ! »
« La Beauté », *Les Fleurs du mal*, 1857.

Baudelaire fait alors parler une statue, allégorie de la beauté.

❷ À qui le poète s'adresse-t-il ?

• Le poète peut interpeller **un interlocuteur réel** : « Puisque j'ai mis ma lèvre à ta coupe encore pleine », dit Victor Hugo à Juliette, sa maîtresse.
• **L'interlocuteur peut être lui-même** : « À la fin tu es las de ce monde ancien ». Le dialogue qu'instaure Apollinaire est en fait un dialogue intérieur, dans « Zone », du recueil *Alcools*.
• **Enfin, il s'adresse au monde**, et lui parle parfois directement. Le pronom « tu » est alors à identifier.
« En ce monde, il se faut l'un l'autre secourir :
Si ton voisin vient à mourir,
C'est sur toi que le fardeau tombe. »
La Fontaine, « Le Cheval et l'Âne », *Fables*.

III L'image poétique

❶ « Donner à voir »

La démarche fondamentale de la poésie est de « donner à voir » (Paul Eluard), présenter le monde sous un jour nouveau. Il faut rénover l'image et **suggérer des associations nouvelles**. Ex. : « Soleil cou coupé », image par laquelle Apollinaire conclut « Zone » (*Alcools*).
La **métaphore** et ses variantes (**métonymie**, **synecdoque**), l'**allégorie**, sont donc essentielles.

❷ Éveiller

Des jeux sur les constructions éveillent l'attention ou suscitent l'émotion. Certaines figures de rhétorique sont essentielles à la poésie : l'**anaphore**, le **chiasme**, l'**oxymore**, la **périphrase descriptive**, etc.

IV Les règles de versification

On distingue cinq composantes formelles de la poésie : le mètre, la strophe, la rime, le rythme et les sonorités.

1 Le mètre (ou la mesure)

L'unité métrique de la poésie française est la syllabe prononcée. On compte ainsi le nombre de syllabes prononcées pour déterminer la longueur du vers.

a • Les problèmes de décompte

• Élision : elle consiste à ne pas prononcer certaines voyelles pour obtenir le nombre requis de syllabes ; on s'en remet aux règles du « e » muet ou caduc, qu'on ne prononce pas quand il termine un mot et que le mot suivant commence par une voyelle, sauf en fin de vers ou à l'hémistiche.

Ex. : « Jetant des deux côtés la griffe en même temps » se lit « Jetant des deux côtés la griff(e) en même temps ». La Fontaine « Le Chat, la Belette, le Petit Lapin », *Fables*.

Les poètes savent jouer des charmes du « e » caduc, qu'on prononce toujours de manière plus fluide, et qui suggère ainsi une sensation d'inachevé, de fuite.

Ex. : « Et les Muses de moi, comme étranges, s'enfuient » Du Bellay, *les Regrets*.

• Hiatus (du latin « béance ») : c'est la rencontre de la voyelle finale d'un mot et de la voyelle initiale du mot suivant. Cela crée un effet désagréable, qui peut être voulu. On rejette « il alla à Paris » ou « en en enlevant ». Mais on apprécie l'imitation du coche, une voiture à chevaux qui finit péniblement une montée.

« Après bien du travail le coche arrive au haut. » La Fontaine, « Le Coche et la Mouche », *Fables*.

Le rejet du hiatus repose sur une volonté d'« euphonie ».

• Diérèse (du grec « séparation ») : elle consiste à prononcer séparément deux voyelles qui se suivent.

« Les sanglots longs / des vi-olons / de l'automne… »

Paul Verlaine, « Chanson d'automne », *Poèmes saturniens*.

Elle met ainsi l'accent sur certains mots.

• Synérèse (du grec « assemblage ») : à l'inverse, consiste à prononcer une diphtongue en une seule émission de voix.

« De sa vue hier encore je me faisais délice »,

où « hier », souvent prononcé « hi-er », compte ici pour une seule syllabe.

b • Les différents mètres

On peut trouver des vers allant de une à quinze syllabes. Les vers très courts se trouvent en alternance avec des vers plus longs. Il faut alors relever l'effet recherché.

« Et l'on voit des commis
Mis
Comme des princes
Qui jadis sont venus
Nus
De leur province »
Charles-François Panard

Repères

Les **mètres les plus fréquents** sont : hexamètre (6 syllabes), octosyllabe (8), décasyllabe ou décamètre (10), alexandrins (12).

Outre l'effet de surprise, on appréciera surtout l'accent mis sur la satire.
Les vers irréguliers, de longueur inégale, seront dits hétérométriques, alors que s'ils sont de même longueur, ils sont isométriques.
La longueur du vers a fréquemment un rapport avec le sujet. On considère que des vers longs correspondent souvent à un sujet plus grave, alors que les vers courts semblent plus légers. L'alexandrin est le vers français de prédilection, car il correspond souvent à une unité syntaxique, proposition ou phrase.
Les vers pairs sont plus fréquents, car ils permettent des coupes à l'hémistiche. Le vers impair surprend davantage. C'est pourquoi Verlaine le conseillera dans son *Art poétique* :

« De la musique avant toute chose
Et pour cela préfère l'Impair
Plus vague et plus soluble dans l'air
Sans rien en lui qui pèse ou qui pose. »

2 La strophe

- Elle regroupe les vers en unités égales ou inégales :
– une strophe de deux vers : un distique
– une strophe de trois vers : un tercet
– une strophe de quatre vers : un quatrain
– une strophe de cinq vers : un quintil ou quintain
– une strophe de six vers : un sixain
– une strophe de dix vers : un dizain

- Les poèmes à forme fixe ; les poèmes anciens sont très réglementés, comme le rondeau ou la ballade. Le plus connu est le sonnet, composé de deux quatrains et de deux tercets.
- La disposition des rimes est généralement : abba / abba / ccd / ede ou eed. Ce jeu des rimes fait ressortir le fait que le sonnet revient à un ensemble de trois quatrains et un distique.
- Dans le poème moderne, on reconnaît la strophe à l'espace, donc à la typographie.

3 La rime

a • Définition

C'est le retour à la fin de deux vers de sons semblables. Elle est la caractéristique la plus voyante de la poésie régulière. On peut parler aussi d'homophonie. Parfois, les rimes sont de simples assonances. D'autres sont isolées, sans leur « jumeau », d'autres encore riment trois fois, ce sont des « rimes triplées », fréquentes dans les *Fables* de La Fontaine.

b • Rimes féminines/masculines

La rime féminine s'achève par un « e » caduc ou muet, la rime masculine par une syllabe prononcée ou tonique. Elles doivent alterner. Les rimes féminines marquent souvent l'inachèvement, la fuite, les masculines une fin plus abrupte.

Ex. : on appréciera dans le sonnet suivant l'alternance des rimes masculines *moi*, *soi* et féminines, *m'ennuient*, *s'enfuient*, qui marquent ce qui lui échappe :

« Maintenant la Fortune est maîtresse de moi
Et mon cœur qui soulait être maître de soi
Est serf de mille maux et regrets qui m'ennuient.

De la postérité je n'ai plus de souci,
Cette divine ardeur je ne l'ai plus aussi
Et les Muses, de moi, comme étranges, s'enfuient. »
Joachim Du Bellay, « Las, où est maintenant… », *Les Regrets*.

Lorsque l'on trouve des manquements à cette règle d'alternance, il faut les commenter.

c • La qualité

La qualité de la rime est jugée selon plusieurs facteurs.

• La richesse, selon le nombre d'éléments identiques :
– rime pauvre, un seul élément commun : écumant/vent
– rime suffisante : deux : cage/outrage
– rime riche : trois : charité/probité
– rime très riche : plus de trois : tintamarre/amarre

Ce n'est pas un critère très intéressant, car il relève plus de l'exploit technique que de la force de suggestion. En revanche, le critère suivant est plus précieux.

• L'originalité : elle permet l'association nouvelle de deux notions. Ainsi, le rapprochement des sons recoupe-t-il celui du sens « fugitive/rive » renforce le sentiment de la fuite du temps dans « Le Lac » de Lamartine ; Hugo, s'en prenant à Napoléon III fait rimer « ton nom/canon ». À l'inverse, on rejette les rimes faciles empruntées à la grammaire « aimeront/charmeront », ou trop usées des chansonnettes « amour/toujours » ou « étoiles/voiles ».

• On appelle rime pour l'œil celle qui ne correspond pas à la prononciation, ou du moins à la prononciation moderne « aimer/amer »

d • La disposition

On distingue les rimes :
– plates ou suivies aabb
– croisées abab
– embrassées abba

La disposition dans les sonnets a été codifiée dès la Renaissance.

À retenir

Loin d'être un simple effet sonore, la rime est d'ordre intellectuel : tout en **frappant l'oreille**, elle doit **frapper l'esprit**, provoquer un effet de surprise heureuse par son **originalité** et sa **nouveauté**.

4 Le rythme

Étudier le rythme, c'est retrouver dans la poésie sa parenté initiale avec la musique : les poètes de la mythologie, Apollon ou Orphée, étaient représentés avec un instrument de musique, la lyre ou le luth.

a • Le phrasé

Il se définit comme le rapport entre la structure syntaxique et le vers. Autrement dit, la phrase est-elle fractionnée en plusieurs vers, s'harmonise-t-elle avec l'unité métrique, ou est-elle plus courte ?

• **Le phrasé large** : la phrase grammaticale se développe sur plusieurs vers, ainsi :

« Ainsi, toujours poussés vers de nouveaux rivages,
Dans la nuit éternelle emportés sans retour,
Ne pourrons-nous jamais sur l'océan des âges
Jeter l'ancre un seul jour ? »

Lamartine, « Le Lac », *Méditations poétiques.*

On a ainsi une impression d'abondance passionnée, de fluidité. Le sujet est si vaste qu'il ne saurait être contenu en un ou deux vers !

• **Le phrasé concordant** : la phrase grammaticale coïncide avec le vers.

« Les parfums ne font pas frissonner sa narine »

Arthur Rimbaud, « Le Dormeur du val », *Poésies.*

C'est le phrasé des poèmes sereins, lents, à la gravité sentimentale.

• **Le phrasé discordant** : le vers est entrecoupé par une ponctuation saccadée.

« – Qu'est-ce là ? lui dit-il. – Rien ? – Quoi ? rien ? – Peu de chose.
– Mais encor ? – Le collier dont je suis attaché
De ce que vous voyez est peut-être la cause. »

La Fontaine, « Le Loup et le Chien », *Fables.*

Le phrasé discordant traduit le dialogue difficile, à cause de l'embarras du chien n'osant dire la vérité sur son absence de liberté.

b • Les enjambements

Ils relèvent du phrasé discordant : la phrase grammaticale déborde sur les vers précédents et suivants.

• **Le rejet** : la phrase s'achève au début du vers suivant. Il faut que la rupture se produise au milieu d'un groupe étroitement lié par la grammaire : nom-adjectif, verbe-adverbe, verbe et complément.

« Même il m'est arrivé quelquefois de manger
Le berger. »

La Fontaine, « Les Animaux malades de la peste » *Fables.*

Le lion semble bien honteux de faire l'aveu de l'identité de sa victime, donc il le diffère.

• **Le contre-rejet** : à l'inverse, la phrase commence à la fin du vers précédent :

Le petit + pour la mention

Rejet et **contre-rejet** provoquent un **effet de surprise ou d'attente.**

« Carnage affreux ! moment fatal ! l'homme inquiet
Sentit que la bataille entre ses mains pliait. »
Victor Hugo, « L'Expiation », *Les Châtiments.*

Napoléon hésite à croire qu'il est en train de perdre la bataille de Waterloo.

c • La césure ou coupe

Dans la prononciation, les mots se groupent suivant des **unités syntaxiques**, comme dans la prose. Ces groupes doivent correspondre à des découpages réguliers du vers.

Ainsi, la **césure classique** (du XVIIe siècle) est souvent **à l'hémistiche** (moitié du vers). On distingue une césure principale // et une ou deux césures secondaires, /.

« Albe / vous a nommé, // je ne vous connais plus »

Le héros de Corneille, dans *Horace*, peut ainsi marteler des oppositions binaires, entre passé et présent, son ennemi et lui-même.

L'alexandrin peut être partagé en trois unités égales

« Il vit un œil, // tout grand ouvert // dans les ténèbres ».
Victor Hugo, « La Conscience », *La Légende des siècles.*

Il est le favori des romantiques. On l'appelle « trimètre romantique ».

d • La cadence

• C'est le retour régulier d'un certain nombre d'accents d'intensité. Ils correspondent aux césures. Ils donnent énergie ou légèreté au vers. Est accentuée en français la dernière syllabe prononcée d'un mot, à l'exception des mots atones, simples outils.

« Un vaste et tendre
Apaisement
Semble descendre
Du firmament »
Verlaine, « L'Heure exquise », *La Bonne Chanson.*

• L'alexandrin a toujours **quatre accents**, variables.

« Quand vous serez bien vieille, au soir, à la chandelle » (Ronsard)

• S'il en a davantage, le rythme devient désordonné :

« Le lait tombe ; Adieu, veau, vache, cochon, couvée ».
La Fontaine, « La Laitière et le Pot au lait », *Fables.*

La malheureuse Perrette voit ses rêves brisés comme son pot et son alexandrin à six temps !

5 Les sonorités

Soyez vigilant !

La **répétition** de certains sons peut produire un effet. Mais il faut ne pas en abuser ni exagérer son interprétation !

a • Les consonnes

• Les consonnes occlusives (c, g, t, d, p, b) peuvent produire une impression de dureté.

Dors-tu content, Voltaire, et ton hideux sourire
voltige-t-il encore sous tes traits décharnés ?

Alfred de Musset, « Rolla », *Poésies nouvelles.*

Musset croit entendre le rire sarcastique de Voltaire par-delà la tombe.

• Les vibrantes (l, r) traduisent des vibrations sonores ou tactiles.

« Les souffles de la nuit flottaient sur Galgala. »

Victor Hugo, « Booz endormi », *La Légende des siècles.*

Hugo fait entendre le vent imperceptible.

• Les continues (s, z, f, v, ch, j) peuvent produire un effet de douceur.

« Et, sous leurs cils mi-clos, feignant de sommeiller… »

Leconte de Lisle, « Le Manchy », *Poèmes barbares.*

Dans ce poème exotique, le poète suggère un sommeil trompeur, et compare la femme aimée à un fauve.

b • Les allitérations

C'est la répétition intentionnelle de certaines consonnes.

• L'harmonie imitative : les sons des mots imitent les sons de la réalité.

« Il fit tant, de pieds et de dents ».

La Fontaine, « Le Rat qui s'est retiré du monde », *Fables.*

Le rat ronge le fromage à coups de… dentales !

• L'harmonie suggérée : un ensemble de consonnes et de voyelles traduit une impression.

« Tout m'afflige et me nuit et conspire à me nuire »

Racine, *Phèdre*, I, 3.

L'héroïne racinienne exprime sa profonde souffrance par l'abondance de i, m, n.

V La « liberté »

Les contraintes sont souvent fécondes et produisent des merveilles. Certains poètes multiplient les contraintes existantes ; ainsi Baudelaire s'impose-t-il parfois de construire tout un poème sur deux rimes seulement, comme dans « Harmonie du soir ». D'autres s'en affranchissent, et dès la fin du XIXe siècle, à la suite de Rimbaud, les poètes se sont adonnés au « vers libre ».

1 Les vers libres

Les poètes se libèrent de l'obligation de la rime, du mètre régulier, des strophes égales. L'illustration la plus connue est celle d'Apollinaire, dans son recueil *Alcools* paru en 1913, mais avant lui, Verhaeren ou Rimbaud s'y étaient essayés. On continue à reconnaître les rythmes et sonorités, et surtout les images. Le XXe siècle voit s'instaurer une plus grande liberté ; on trouve aussi, même chez les surréalistes, des poèmes très réguliers.

2 Les poèmes en prose

Le poème en prose a connu son apogée dans la deuxième moitié du XIXe siècle. Il s'attache à une expression très dépouillée, un vocabulaire et une syntaxe très simples. Il décrit soit un monde banalisé, comme s'y efforce Baudelaire dans *Le Spleen de Paris*, soit des expériences oniriques[1], comme dans *Les Illuminations* de Rimbaud, *Les Chants de Maldoror* de Lautréamont ou *Gaspard de la nuit* d'Aloysius Bertrand. On peut y associer les poèmes de Francis Ponge, au XXe siècle. Le poème en prose vise à faire ressortir la poésie du monde ordinaire. On le distingue de la prose par la volonté du poète de sortir de la langue banale et utilitaire et de garder sa créativité.

3 Les versets

Ce sont des poèmes écrits en courts paragraphes comparables, selon leur nom, à des textes religieux. Le verset repose sur une unité de sens ou de souffle, selon un rythme qui échappe aux conventions, pour représenter le rythme de la parole. C'est le genre qu'adoptent Paul Claudel ou Saint-John Perse :
« Palmes… !
Alors on te baignait dans l'eau-de-feuilles-vertes ; et l'eau encore était du soleil vert ; et les servantes de ta mère, grandes filles luisantes, remuaient leurs jambes chaudes près de toi qui tremblais…

1. Onirique : racontant un rêve, ou relevant du rêve.

(Je parle d'une haute condition, alors, entre les robes, au règne de tournantes clartés.) »
Saint-John Perse, « Pour fêter une enfance », *Éloges*, 1907.

4 La prose poétique

On peut trouver à l'intérieur d'un texte en prose des passages de poésie. La tournure d'ensemble reste de la prose, mais le sujet, les images, les rythmes, tout évoque le registre poétique. Rousseau et Chateaubriand se prêtent souvent à ces développements :
« Ces nues, ployant et déployant leurs voiles, se déroulaient en zones diaphanes de satin blanc, se dispersaient en légers flocons d'écume, ou formaient dans les cieux des bancs d'une ouate éblouissante, si doux à l'œil, qu'on croyait ressentir leur mollesse et leur élasticité. [...]
Auprès, tout aurait été silence et repos, sans la chute de quelques feuilles, le passage d'un vent subit, le gémissement de la hulotte ; au loin, par intervalles, on entendait les sourds mugissements de la cataracte du Niagara, qui, dans le calme de la nuit, se prolongeaient de désert en désert et expiraient à travers les forêts solitaires. »
Chateaubriand, *Le Génie du christianisme*, 1802.

VI Le recueil

Les poèmes sont parfois publiés isolément, mais le plus souvent ils sont regroupés dans un recueil, sous un titre.

• Le titre est souvent polysémique. Quel sens donner au titre du recueil majeur de Victor Hugo, *Les Contemplations* ? Le mot désigne une activité intellectuelle, le fait de regarder avec attention une création, de l'admirer. Contempler implique de prendre du temps, comme dans la méditation. En fait, c'est une définition du travail poétique : regarder et rapporter les beautés du monde et, plus encore, de la vie. Ce recueil est le premier après dix ans de souffrance à aborder le thème du deuil de l'enfant et à décrire le « cheminement d'une âme », c'est-à-dire l'acceptation et la soumission à une force plus grande que soi.

• Le recueil est en général l'objet **d'une composition réfléchie** : il peut être découpé en livres, eux-mêmes pourvus de titres, qui sont alors des sous-titres. Observez ainsi les sous-titres des *Fleurs du mal* : « Spleen et Idéal », « Tableaux parisiens », etc. Comparez la longueur des différentes parties et l'éventuelle unité thématique. Parfois, comme dans *Alcools*, les poèmes se suivent, et seuls quelques-uns sont regroupés (« Rhénanes », « À la santé »), la répartition étant alors spatiale. Mais une étude plus précise, fondée sur les thèmes et sur les dates d'écriture, montre une volonté dans la disposition : *Alcools* commence par « Zone », qu'Apollinaire a écrit en dernier, et finit par « Vendémiaire », qui évoque le mois des vendanges, ce qui n'est pas sans rapport avec le titre général. De même, la structure des *Contemplations* en deux grandes parties (« Autrefois » et « Aujourd'hui »), elles-mêmes découpées en trois livres chacune, suit un parcours chronologique axé autour du livre IV, central, intitulé « Pauca meae » et consacré à Léopoldine.
• **Les subdivisions** : on parle de « livres », de « sections », ou de « divisions ». Les épopées sont divisées en « chants ».

VII Les visages du poète

Différents points de vue sur la mission du poète.

1 Un amuseur ou un ornementateur

On a pu parfois considérer le poète comme un amuseur, chargé d'écrire un poème, un « compliment » à l'occasion de grands événements. Chaque époque a connu et raillé ces « décorateurs ». Leurs noms ne survivent pas.

2 Le médiateur

Le poète est l'intermédiaire entre le monde des hommes et un au-delà. Ainsi, Baudelaire, dans la lignée des philosophes néoplatoniciens, considère le monde comme le reflet de la vérité, que l'homme ordinaire ne peut percevoir, car il tourne le dos à l'entrée de la caverne, selon le mythe de Platon. Seul le poète a accès à cette vérité et peut la transmettre aux hommes : « J'ai plus de souvenirs que si j'avais mille ans » (« Spleen », *Les Fleurs du mal*).

Mais, en contrepartie, comme l'albatros de son poème, s'il est roi dans l'azur, les hommes ne le comprennent pas et se moquent de lui. Cette conception se trouve déjà chez les poètes de la Pléiade, en particulier chez Joachim Du Bellay.

3 Le prophète, le rêveur sacré : Hugo

Voisine de la précédente, la conception de Victor Hugo place le poète dans la lignée des prophètes. Il est en relation directe avec les cieux, et c'est un « rêveur sacré ».

« Peuples ! écoutez le poète !
Écoutez le rêveur sacré !
Dans votre nuit, sans lui complète,
Lui seul a le front éclairé. »
Les Rayons et les Ombres, 1840.

Le poète est donc un interprète et un guide pour les hommes.

4 « L'alchimiste du verbe »

Pour Rimbaud et les surréalistes, le poète vit une expérience poétique fondamentale. Celle-ci porte sur le langage, mais elle relève du surnaturel. Par son travail sur la langue, Rimbaud espère changer le monde. Mais il renonce, désespéré de ne pas y être parvenu.

5 Le poète engagé

Toutes ces conceptions n'empêchent pas le poète de prendre position par rapport aux problèmes des hommes, qu'ils soient sociaux ou politiques. Il fustige les travers de l'homme par le biais de la satire, celle que pratique Du Bellay dans *Les Regrets*, ou s'engage fortement, comme Hugo qui, de son exil, polémique contre le dictateur dans *Les Châtiments*. Enfin, des poètes s'impliquent dans la résistance à l'envahisseur nazi pendant la Seconde Guerre mondiale, comme René Char ou Paul Éluard.

6 Le lyrisme

Pour d'autres enfin, la fonction du poète est d'exprimer son émotion devant la beauté d'un paysage ou d'analyser la joie et la douleur provoquées par les événements de sa vie. Cette fonction part s'ajouter à toutes celles énumérées ci-dessus.

VIII Les registres poétiques

- **Le lyrisme**, ou tonalité **lyrique**, est l'expression des sentiments ; il s'intéresse d'abord à l'amour, à la fuite du temps ou à la nature, mais peut également consister en une interrogation angoissée ou confiante sur le destin de l'humanité. Il use d'un lexique surtout affectif, d'une ponctuation expressive (points d'exclamation, d'interrogation, de suspension), d'apostrophes, ou encore de figures d'intensité (hyperbole, anaphore).
- **L'élégie,** ou tonalité **élégiaque**, est l'expression de la plainte. Inspirée des poètes grecs ou latins, elle exprime, sur le mode de la plainte, une méditation sur l'amour malheureux, l'exil ou la fuite du temps.
- **L'épopée,** ou tonalité **épique,** chante les exploits d'un homme en exaltant son héroïsme. Ce héros est représentatif d'un groupe social et porteur de ses valeurs. La figure la plus utilisée dans l'épopée est l'amplification (ou l'hyperbole).
- **La pastorale**, présente dans la poésie chez les Grecs et les Romains, chante la vie et les amours des bergers, tels que les citadins se les imaginent. On la trouve également dans la peinture du XVIIIe siècle, avec des bergers de convention. La poésie précieuse la développe, et elle deviendra un genre dramatique.
- **Le satirique** ou polémique : le poète considère de son devoir de dénoncer les travers de la société ou les agissements d'un homme. La poésie devient alors une arme. Les Romains ont inventé la satire, les poètes de la Renaissance s'en servent pour dénoncer les abus de l'autre camp dans les guerres de religion, que ce soit le protestant Agrippa d'Aubigné ou le catholique Ronsard. Du Bellay raille les courtisans de Rome ou de Paris, Hugo s'en prend violemment à Napoléon III et au régime qu'il met en place. Les poètes chantent la liberté lors de l'occupation nazie entre 1940 et 1944.

BILAN : À RETENIR

Les œuvres et dates-clés

Les Amours de Cassandre, Ronsard (1552)
Méditations poétiques, Lamartine (1820)
Les Contemplations, Hugo (1856)
Les Fleurs du mal, Baudelaire (1857)
Poésies, Rimbaud (1871)
Alcools, Apollinaire (1913)
Capitale de la douleur, Éluard (1926)

Les principaux auteurs

Joachim Du Bellay (1522-1560)
Pierre de Ronsard (1524-1585)
Alphonse de Lamartine 1790-1869)
Victor Hugo (1802-1885)
Charles Baudelaire (1821-1867)
Paul Verlaine (1844-1896)
Arthur Rimbaud (1854-1891)
Guillaume Apollinaire (1880-1918)
Paul Éluard (1895-1952)
Henri Michaux (1899-1984)
René Char (1907-1988)

Les citations

« De la musique avant toute chose ! » Paul Verlaine
« Peuples ! écoutez le poète ! / Écoutez le rêveur sacré ! » Victor Hugo
« Le poète se fait *voyant* par un long, immense et raisonné *dérèglement de tous les sens.* » Arthur Rimbaud
« La terre est bleue comme une orange / Jamais une erreur les mots ne mentent pas » Paul Éluard

→ Analyser un texte poétique

Exemple : Paul Verlaine, *Romances sans paroles*, 1874.

ARIETTE III
Il pleure dans mon cœur
Comme il pleut sur la ville ;
Quelle est cette langueur
Qui pénètre mon cœur ?

Ô bruit doux de la pluie
Par terre et sur les toits !
Pour un cœur qui s'ennuie
Ô le chant de la pluie !

Il pleure sans raison
Dans ce cœur qui s'écœure.
Quoi ! nulle trahison ?
Ce deuil est sans raison.

C'est bien la pire peine
De ne savoir pourquoi
Sans amour et sans haine
Mon cœur a tant de peine !

ÉTAPE 1 ▶ Émettre des hypothèses de lecture

→ On lit le texte avec une fraîcheur, et même une naïveté, indispensable, en se posant des questions simples : que nous dit-on ? Cette étape permet de recueillir la première impression, si précieuse, car l'étude approfondie la fera disparaître. Ce ne sont que des hypothèses, donc des propositions qu'il faudra vérifier méthodiquement, et confirmer ou rejeter.

→ Dans ce texte, une lecture simple fait apparaître comme thème majeur la comparaison de la pluie et des larmes, donc de la ville et du cœur de l'homme. En allant plus loin, on peut dire que le chant de la pluie éveille chez l'homme une certaine « langueur ».

ÉTAPE 2 ▶ Rassembler des éléments de documentation

→ Faire appel à ses connaissances

Qui est ce poète, que savons-nous de lui ? Si l'on ne dispose pas de documentation, et d'aucune référence à Verlaine, par exemple pendant un examen, on passe à l'étape suivante.

Il faut utiliser **le paratexte,** les dates données : Paul Verlaine est un poète symboliste, très soucieux de la musicalité, et d'une écriture aussi soignée qu'apparemment simple : observez le titre, en comprenez-vous le sens ? Regardez aussi le titre du recueil très paradoxal : il suggère de la musique, alors qu'ici nous n'avons que les paroles et non la « romance ». Ou peut-être est-ce de la modestie : « Ce que j'écris est si simple qu'on n'a pas à en retenir les paroles ; il faut fredonner la romance, c'est tout ce qui restera » ?

→ Relever les thèmes et les procédés

Il est bon de relire le texte, et de relever sur son premier brouillon, sans souci de plan, les thèmes principaux et secondaires mêlés pour l'instant, et les observations de forme. Notez les remarques sur la versification, les sonorités, les figures de rhétorique frappantes. Inscrivez aussi vos questions sur le sens de certains passages, voire sur certains mots que vous ne connaissiez pas, ici le titre : qu'est-ce qu'une ariette ? Cette première feuille servira de réserve de remarques que vous consulterez dans les étapes successives. C'est un vrai brouillon, peu importe sa présentation. La figure dominante de ce poème est le croisement des images, ce qui relève de la pluie est attribué à l'homme : « Il pleure dans mon cœur » ; et, à l'inverse, le phénomène météorologique est personnifié : « Ô le chant de la pluie ». De plus les mots « pleut » et « pleure » sont voisins par le son, ce sont des « paronymes » ; Verlaine ose un emploi syntaxique nouveau, le verbe « pleurer » est employé impersonnellement « il pleure », et enfin, ils sont associés par le sens, le point commun, dit trivialement, étant l'eau.

Pensez également à rechercher une progression s'il y en a une, comme dans un texte narratif : y a-t-il une évolution, un mouvement, entre le début et la fin, qui donnerait un sens au texte ?

Il paraît essentiel de relever ici le mètre régulier, l'hexamètre regroupé en quatrains. Il peut correspondre à un sujet modeste. Mais il faut noter l'originalité dans chaque quatrain de la rime abaa, cdcc, efee, ghgg.

→ Observer les rimes

La lecture de ces rimes fait d'abord croire à un quatrain habituel, puis on est surpris par la quatrième rime, qui reprend la première au lieu de la deuxième : abaa, au lieu de abab. C'est l'effet de surprise que recherche l'auteur, qui met l'accent sur le quatrième vers ; puis on vérifie qu'en effet, le quatrième vers de chaque quatrain porte un sens important. D'autre part, on a une sensation de retour sur soi, de boucle, qui est de l'ordre de la musique et de l'obsession en même temps.

Attention, ces remarques ne valent que si elles aboutissent à renforcer le sens. Le relevé gratuit n'a aucun intérêt. Il ne s'agit pas d'apprécier des exploits techniques, ni d'étaler vos connaissances, **mais d'observer l'acte littéraire dans son essence, la création verbale étroitement associée au sens, l'une étant au service de l'autre.**

ÉTAPE 3 ► Élaborer un plan

→ Classez les thèmes : y a-t-il un thème qui l'emporte, qui semble rendre compte de l'ensemble du poème ? Peut-on, au contraire, trouver deux axes contradictoires, ou successifs ? Y a-t-il un procédé dominant, qui puisse commander l'ensemble du texte ? Par exemple, une fable avec ses caractéristiques, ou une volonté d'argumenter ? On pourrait prendre ici comme plan de lecture méthodique ou de commentaire un ordre allant de l'observation (A) à l'interprétation (B).

A. La comparaison de la pluie et des larmes
1. Le croisement des images (le point de vue interne et externe en même temps)
2. Quelles causes ? (aucune, des interrogations, des exclamations, un état subi ; un constat sur des sensations, comme si les larmes étaient aussi extérieures et inexplicables que la pluie)

B. Une atmosphère de langueur
1. La répétition obsessionnelle
2. Le paysage, état d'âme
3. La « petite musique verlainienne »
(les rythmes ; l'harmonie imitative : sons ui/i, vers 5 ; t/d imitant le son de la pluie, vers 5-6, les liquides l, r, partout et surtout dans le premier quatrain)

Conclusion : Mais tout cela reste agréable. C'est une douleur que l'on a un certain plaisir à évoquer, comme un chant, thème constant (vers 5-8), et ce, dès le titre, une ariette étant une petite chanson (diminutif de l'italien « aria »), un air d'opéra pendant lequel le chanteur s'avance et exprime sa douleur. Ici, c'est bien plus modeste ! En somme, il s'agit d'une forme plus douce, moins angoissée mais tout de même profonde du spleen baudelairien.

ENTRAÎNEMENT

► Corrigés p. 205

Tester ses connaissances

1 Un hexamètre est un vers de :

1. ☐ dix syllabes
2. ☐ six syllabes
3. ☐ huit syllabes

2 Un distique est :

1. ☐ un poème en forme de dialogue
2. ☐ un tableau composé de deux volets
3. ☐ une strophe de deux vers

3 La synérèse est :

1. ☐ une façon de prononcer une diphtongue
2. ☐ le poème final d'un recueil
3. ☐ une religion influencée par plusieurs autres religions

4 Quelle est la bonne orthographe ?

1. ☐ Hémistyche
2. ☐ Hémistiche
3. ☐ Hemistiche
4. ☐ Hémystiche

5 Le contre-rejet est :

1. ☐ une façon de coudre
2. ☐ un débat politique
3. ☐ une phrase grammaticale qui commence à la fin du vers précédent

6 Ronsard est un poète du :

1. ☐ XVIe siècle
2. ☐ Moyen Âge
3. ☐ XIXe siècle

7 La rime féminine, c'est quand :

1. ☐ le vers s'achève par un nom féminin
2. ☐ le vers s'achève par un *e* muet

8 Quelle est la bonne définition ?

1. ☐ Un poème lyrique exprime des sentiments personnels
2. ☐ Un poème lyrique est accompagné par de la musique

S'entraîner

9 * Commentez les rimes et les rythmes dans ce début de fable.

Perrette sur sa tête ayant un pot au lait
Bien posé sur un coussinet,
Prétendait arriver sans encombre à la ville.
Légère et court vêtue, elle allait à grands pas,
Ayant mis ce jour-là, pour être plus agile,
Cotillon simple et souliers plats.
Notre laitière, ainsi troussée,
Comptait déjà dans sa pensée
Tout le prix de son lait, en employait l'argent,
Achetait un cent d'œufs, faisait triple couvée.
La chose allait à bien par son soin diligent.

La Fontaine, « La Laitière et le Pot au lait », *Fables*.

10 ** Les enjambements : commentez les rejets et contre-rejets dans ce poème d'Arthur Rimbaud.

C'est un trou de verdure où chante une rivière,
Accrochant follement aux herbes des haillons
D'argent ; où le soleil de la montagne fière
Luit : c'est un petit val qui mousse de rayons.

Un soldat jeune, bouche ouverte, tête nue,
Et la nuque baignant dans le frais cresson bleu,
Dort ; il est étendu dans l'herbe, sous la nue,
Pâle dans son lit vert où la lumière pleut.

Les pieds dans les glaïeuls, il dort. Souriant comme
Sourirait un enfant malade, il fait un somme :
Nature, berce-le chaudement : il a froid.

Les parfums ne font pas frissonner sa narine ;
Il dort dans le soleil, la main sur sa poitrine,
Tranquille. Il a deux trous rouges au côté droit.

« Le Dormeur du val », extrait du *Recueil de Douai*, 1870

11 Les vers libres : étudiez ce poème de Jules Supervielle. Observez notamment le mélange de conformité aux règles classiques et de liberté. Vous analyserez aussi les images.

Les cheveaux du Temps

Quand les chevaux du Temps s'arrêtent à ma porte
Je ne puis m'empêcher de les regarder boire
Puisque c'est de mon sang qu'ils étanchent leur soif.
Ils tournent vers ma face un œil reconnaissant
Pendant que leurs longs traits m'emplissent de faiblesse
Et me laissent si las, si seul et décevant
Qu'une nuit passagère envahit mes paupières
Et qu'il me faut soudain refaire en moi des forces,
Pour qu'un jour où viendrait l'attelage assoiffé,
Je puisse encore vivre et les désaltérer.

Jules Supervielle, « Les chevaux du Temps », *Les Amis inconnus*, 1934.

12 Éudiez les images dans les textes suivants :

1. Extrait du « Chêne et le roseau », *Fables*, La Fontaine.
(*le chêne s'adresse au roseau*)

Mais vous naissez le plus souvent
Sur les humides bords des royaumes du vent

3. Extrait des « Colchiques », *Alcools*, 1913.
(*Apollinaire s'adresse à Marie, qui avait les yeux violets…*)

Le pré est vénéneux mais joli en automne
Les vaches y paissant
Lentement s'empoisonnent
Le colchique couleur de cerne et de lilas
Y fleurit tes yeux sont comme cette fleur-là
Violâtres comme leur cerne et comme cet automne
Et ma vie pour tes yeux lentement s'empoisonne […]

13 En prenant soin de vous documenter, commentez les titres des recueils suivants : *Les Fleurs du mal, Gravitations, Capitale de la douleur, Les Yeux d'Elsa.*

14 Sur la mission du poète : analysez le rôle que René Char assigne au poète et à la poésie.

Tu es pressé d'écrire
Comme si tu étais en retard sur la vie
S'il en est ainsi fais cortège à tes sources
Hâte-toi
Hâte-toi de transmettre
Ta part de merveilleux de rébellion de bienfaisance
Effectivement tu es en retard sur la vie
La vie inexprimable [...]

Extrait de « Commune présence », *Moulin premier*, 1934.

Sujet du Bac

Série L, ES, S, Amérique du Sud, novembre 2002 4h 20 points

Corpus

Texte A : Jules Supervielle, « Soyez bon pour le Poète », *L'Escalier*, 1926.

Soyez bon pour le Poète

Soyez bon pour le Poète,
Le plus doux des animaux,
Nous prêtant son coeur, sa tête,
Incorporant tous nos maux,
Il se fait notre jumeau ;
Au désert de l'épithète,
Il précède les prophètes
Sur son douloureux chameau ;
Il fréquente, très honnête,
La misère et ses tombeaux,

Donnant pour nous, bonne bête,
Son pauvre corps aux corbeaux ;
Il traduit en langue nette
Nos infinitésimaux,
Ah ! donnons-lui pour sa fête,
La casquette d'interprète !

Texte B : Victor Hugo, « Fonction du poète », *Les Rayons et les Ombres*, 1840.

Fonction du poète

[…] Peuples ! écoutez le poète !
Écoutez le rêveur sacré !
Dans votre nuit, sans lui complète,
Lui seul a le front éclairé.
Des temps futurs perçant les ombres,
Lui seul distingue en leurs flancs sombres
Le germe qui n'est pas éclos.
Homme, il est doux comme une femme.
Dieu parle à voix basse à son âme
Comme aux forêts et comme aux flots.

C'est lui qui, malgré les épines,
L'envie et la dérision,
Marche, courbé dans vos ruines,
Ramassant la tradition.
De la tradition féconde
Sort tout ce qui couvre le monde,
Tout ce que le ciel peut bénir.
Toute idée, humaine ou divine,
Qui prend le passé pour racine
A pour feuillage l'avenir.

Il rayonne ! il jette sa flamme
Sur l'éternelle vérité !
Il la fait resplendir pour l'âme
D'une merveilleuse clarté.

Il inonde de sa lumière
Ville et désert, Louvre et chaumière,
Et les plaines et les hauteurs ;
À tous d'en haut il la dévoile ;
Car la poésie est l'étoile
Qui mène à Dieu rois et pasteurs[1] !

Texte C : Charles Baudelaire, « L'Albatros », *Les Fleurs du mal*, 1857.

L'Albatros

Souvent, pour s'amuser, les hommes d'équipage
Prennent des albatros, vastes oiseaux des mers,
Qui suivent, indolents compagnons de voyage,
Le navire glissant sur les gouffres amers.

À peine les ont-ils déposés sur les planches,
Que ces rois de l'azur, maladroits et honteux,
Laissent piteusement leurs grandes ailes blanches
Comme des avirons traîner à côté d'eux.
Ce voyageur ailé, comme il est gauche et veule !

Lui, naguère si beau, qu'il est comique et laid !
L'un agace son bec avec un brûle-gueule[2],
L'autre mime, en boitant, l'infirme qui volait !

Le Poète est semblable au prince des nuées
Qui hante la tempête et se rit de l'archer ;
Exilé sur le sol au milieu des huées,
Ses ailes de géant l'empêchent de marcher.

15 D'après ces trois textes, quelle place le poète occupe-t-il dans la société ?

☑ *4 points*

1. Bergers.
2. Pipe à tuyau court.

16 Vous traiterez au choix l'un des trois sujets proposés.

16 points

- **Vous ferez le commentaire du texte B** (extrait de Victor Hugo).
- **Dissertation :** Dans quelle mesure le poète peut-il exercer une fonction sociale ?
Vous répondrez à cette question par un développement organisé prenant appui sur les textes du corpus, ceux que vous avez étudiés en classe et vos lectures personnelles.
- **Écrit d'invention :** Sous la forme d'un court essai, un poète conteste l'utilité sociale de la poésie telle que la revendique Victor Hugo.

CHAPITRE 4

La question de l'homme dans les genres de l'argumentation, du XVIe siècle à nos jours

Notions de l'objet d'étude

Le fond et la forme sont indissociables pour cet objet d'étude :
– les problématiques autour de l'homme (sa nature, son rapport au monde, ses interrogations, ses choix) ;
– les genres très divers de l'argumentation, inscrits dans l'histoire des idées des « Temps modernes » (depuis le XVIe siècle jusqu'à nos jours).

I Panorama : la question de l'homme dans son contexte, siècle par siècle

XVIe siècle

- L'essor de l'**imprimerie** favorise l'accès aux textes de l'**Antiquité**.
- De nombreuses **découvertes** bouleversent les fondements bien établis de la religion et du pouvoir monarchique, d'où l'émergence d'une réflexion sur la place de l'homme dans l'univers, sur le champ et les limites de la connaissance humaine, ainsi que sur la morale.
- Les humanistes revendiquent un idéal individuel et social fondé sur une éducation où l'on exerce son **esprit critique** et où les maîtres mots sont ceux de liberté et de tolérance, en une période pourtant secouée par les guerres de religion.
- La grandeur de la **langue nationale** est affirmée, notamment par la Pléiade.

Mots-clés à retenir

– Place de l'homme dans l'univers
– Humanisme et esprit critique
– Pléiade et langue nationale
– Les genres très divers de l'argumentation, inscrits dans l'histoire des idées des « Temps modernes » (depuis le XVIe siècle jusqu'à nos jours)

XVIIe siècle

• Un siècle marqué par les conflits religieux et par les ambitions de la cour et de la noblesse, notamment celles que suscite la puissance royale.

• L'homme n'est plus un être de perfection, et les **vanités** (natures mortes ou représentations rappelant la destinée humaine, avec la présence d'objets qui la symbolisent, comme la tête de mort) témoignent de cette crise morale.

• Les **libertins** se font fort pourtant de dénoncer les fondements de la religion chrétienne, allant jusqu'à remettre en cause l'existence même de Dieu.

• L'idéal de « **l'honnête homme** », vertueux et cultivé, capable de maîtriser ses passions, tel que se le représentent les auteurs classiques, se heurte néanmoins aux réalités : aucune des couches de la société n'est épargnée par la satire.

Mots-clés à retenir

– Puissance royale
– Foi
– Vanités
– Libertins
– Honnête homme

XVIIIe siècle

• Les « Lumières » donnent un nouvel éclairage au monde. Les philosophes renouent à la fois avec les valeurs des humanistes et les aspirations des libres-penseurs du XVIIe siècle pour affirmer la **primauté de la raison**.

• Ils s'affranchissent des principes de la religion pour montrer que le bonheur peut exister sur terre, à condition que l'on place sa confiance dans le **progrès**, celui des sciences et des arts.

• Le projet encyclopédique reflète la volonté de diffuser une **morale** fondée sur la paix, la justice et l'égalité des droits. Les auteurs, de leur côté, déjouent la censure et se servent de leur plume comme d'une arme contre l'intolérance.

• La réflexion sur les droits naturels de chaque homme mène à l'idée d'un **pacte social**.

• Avec la Révolution française et la Déclaration des droits de l'homme et du citoyen de 1789, chacun se sent désormais membre d'une **nation**, dont il défend les valeurs, et revendique le droit d'être « autre ».

• La **place de l'individu dans la diversité** (ethnique, culturelle et linguistique) et celle de l'homme dans l'univers se trouvent redéfinies et en même temps relativisées.

Mots-clés à retenir

– Raison et progrès
– Encyclopédie
– Droits de l'homme et du citoyen
– Contrat social

XIXe siècle

• Le siècle s'ouvre sur cette rupture « culturelle » qu'est la Révolution : elle nourrit les espoirs populaires, tout en éveillant les identités nationales. Le destin appartient désormais aux **peuples** qui se considèrent unis par une même histoire et une même langue : c'est là la vision des romantiques.

• Les poètes et les artistes se sentent investis d'une mission de guide et prennent part aux **luttes politiques et sociales**, mais souffrent aussi du « mal du siècle ».

• La Révolution favorise en définitive la bourgeoisie montante et inaugure une nouvelle ère, celle de l'**industrie** et du **capital**.

• On s'intéresse à l'homme en tant qu'être appartenant au **vivant**, et la grande enquête sur ses origines et son histoire est lancée (Darwin, les positivistes).

• À partir de 1850, les romanciers rendent compte avec **réalisme** de ces progrès, des ambitions individuelles, mais aussi des échecs et des misères qu'ils engendrent.

• Des **sciences** nouvelles, dites **humaines**, voient le jour : l'anthropologie, la sociologie et la psychologie.

• En même temps, le primat de la science relègue peu à peu en marge de la société les artistes qui se sentent incompris et se mettent en quête de nouvelles formes de **langage**. Il s'agit d'interroger la notion d'identité en proposant des expériences à travers lesquelles sont explorés les possibilités du langage (notamment poétique) et le pouvoir de l'imagination.

Mots-clés à retenir

– Mal du siècle et romantisme
– Bourgeoisie
– Révolution industrielle
– Sciences humaines
– Identités nationales

XXe siècle

• Ce monde en pleine mutation est secoué par la **guerre** et ses traumatismes. Les rivalités entre les puissances européennes éveillent les élans nationalistes : la Première Guerre mondiale n'a pas encore pansé ses plaies qu'éclate déjà la Seconde Guerre mondiale, encouragée par la dépression des années 1930 et la montée des totalitarismes.

• Les **artistes** condamnent le conformisme (surréalistes). On assiste à un véritable essor de la psychanalyse.

• Les mouvements pacifistes ne parviennent pas à empêcher la guerre ni la **barbarie humaine**. Il y a une prise de conscience de la fragilité de l'homme, que met en scène le théâtre de l'absurde.

- Beaucoup d'artistes s'engagent et témoignent des horreurs vécues, dénonçant l'inaction.
- La crise identitaire devient universelle, en raison des conflits qui menacent aux quatre coins de la terre.
- Les années 1960 constituent un tournant : décolonisation, révolution « culturelle » de Mai 1968. La société se transforme et s'émancipe.
- Les tensions sociales de la fin du siècle (crise de l'emploi, banlieues, discrimination) poussent les écrivains à proposer une éthique qui tente de se construire sur le respect de l'autre et de soi. Apparaît une volonté de redonner un sens au mot « humanité ».
- C'est sur ces interrogations que s'est ouvert le XXIe siècle, plus que jamais sensible aux questions du rapport entre l'identité et la diversité, à travers ses multiples mises en images et en voix.

→Voir le chapitre 9, pour des références plus précises.

Mots-clés à retenir

– Traumatismes des guerres
– Pacifisme
– Décolonisation
– Théâtre de l'absurde
– Mai 68
– Discriminations
– Nouvelles technologies

II En quoi l'argumentation consiste-t-elle ?

L'argumentation recouvre une grande diversité de situations et de textes (conversations courantes, lieux de débats, médias, etc.). Son but est de faire adhérer son interlocuteur à une thèse et de l'amener à rejeter la thèse adverse.

1 Rappels historiques

- La rhétorique grecque naît au Ve siècle avant J.-C., à une époque où un nouveau système judiciaire oblige les plaignants à convaincre les magistrats du bien-fondé de leur cause. Corax (un Grec d'origine sicilienne) propose des procédés techniques pour organiser les discours avec des formules toutes faites (des *topoï* : des stéréotypes) qui permettent d'argumenter efficacement. Le but n'est pas tant de démontrer une vérité que de bien parler pour persuader le public (même si ce dont il faut le persuader est faux).

• Les premiers à user de la rhétorique et à l'enseigner sont les **sophistes**. Ils montrent que tous les moyens sont bons s'ils permettent de l'emporter sur l'adversaire. Leurs techniques de persuasion mettent en œuvre des ressorts à la fois affectifs et intellectuels. Il s'agit de manipuler à l'envi les désirs de l'interlocuteur. La rhétorique est un véritable savoir-faire.

• **Socrate** ne manque pas de contester les artifices et la subtilité des discours de ces sophistes. Comme lui, Platon préconise au contraire la **maïeutique**, méthode qui permet, selon les mots de Socrate dont la mère était sage-femme, « d'accoucher » les esprits en les guidant vers la vérité.

• C'est **Aristote** qui fonde, au IVe siècle avant J.-C., notre conception de l'argumentation. Il distingue la **logique** (les méthodes utilisées pour démontrer) et la **dialectique** (les démarches à adopter pour convaincre l'adversaire en employant la raison et en cherchant à établir des vérités acceptables). Enfin, il analyse les moyens stylistiques pour parvenir à ses fins : c'est l'objet de la poétique.

Définition

La **rhétorique** est l'art d'adapter le discours à la psychologie des destinataires, aux circonstances, à la nature du sujet abordé.

2 Persuader ou convaincre : la mise en œuvre de l'argumentation

Convaincre et persuader sont deux moyens de tenter d'obtenir l'adhésion de l'interlocuteur, de l'amener à adopter la position défendue, voire à renoncer à son opinion initiale.

• **Convaincre**, c'est obtenir une adhésion réfléchie en s'adressant à l'intelligence du destinataire. Le locuteur fait appel à des arguments logiques, au raisonnement de son destinataire.

• **Persuader**, c'est tenter de « plaire, toucher, émouvoir », en puisant ses moyens d'action dans l'affectivité et en s'adressant essentiellement aux sentiments de l'interlocuteur. L'**énonciateur** (celui qui produit les énoncés et, en l'occurrence, qui fait prévaloir sa prise de position) recourt souvent à des stratégies de séduction où entrent en jeu les sentiments. Il cherche à influencer l'**interlocuteur** avec une véritable batterie de procédés : hyperbole, métaphore, antithèse, allusion aux valeurs, recours au charme et au plaisir, etc.

❸ La structure d'une argumentation

• Le thème est le sujet général, ce dont on parle, le débat dans lequel s'inscrit et prend position le locuteur. Le propos est ce que l'on en dit, l'idée générale développée par le discours.

• L'argumentation s'appuie sur une thèse, c'est-à-dire sur l'idée soutenue par le **locuteur**. Elle peut être énoncée clairement et entièrement, de manière explicite. Si elle n'est pas exposée avec précision, mais qu'on est amené à la deviner ou à la déduire à partir d'éléments qui la suggèrent, on dit qu'elle est implicite. Souvent, les **modalisateurs** ou les connotations lexicales permettent de l'identifier.

Définitions

Le **locuteur** est celui qui parle.
Les **modalisateurs** sont les termes formulant un jugement.

• Cette thèse suppose l'existence d'une thèse adverse, opposée, qu'il s'agit d'invalider et de combattre (réfuter). Toute argumentation s'oppose, explicitement ou implicitement, à une thèse adverse qui est inévitablement prise en compte par le locuteur. Il lui faut, en effet, répondre précisément aux objections (parfois virtuelles) que les tenants de cet avis contraire pourraient opposer, et détruire, à l'avance, les contre-arguments qui pourraient être avancés face à la thèse soutenue.

• L'énonciateur défend la thèse en exposant des arguments : des idées généralement abstraites qui montrent la validité de la thèse. Ces arguments sont illustrés par des exemples : des références concrètes, aisément accessibles (faits, anecdotes, statistiques).

❹ Les types d'arguments

Pour **étayer** une thèse ou la **réfuter**, on peut avoir recours à différents types d'arguments.

• L'argument de causalité : pour expliquer un fait, on s'appuie sur ses motivations (ses causes) ou sur ses conséquences.

Définitions

Étayer une thèse : la soutenir.
Réfuter une thèse : la contester.

• L'argument par les faits : chiffres, statistiques, événements historiques indiscutables. Le référent réel est considéré comme une caution sûre.

• L'argument d'**autorité** (autorité à prendre au sens latin *auctoritas* : garantie) : il fait autorité.
• L'**absurde** pour réfuter une thèse, en aboutissant à une conclusion sans logique.
• L'argument **ad hominem** (« contre l'homme ») enlève toute crédibilité à l'adversaire et le discrédite en tant qu'homme.
• On peut aussi **dénoncer les faux raisonnements** (appelés paralogismes, comme l'équivoque, la tautologie ou la mauvaise foi).

III Les genres argumentatifs

Définition

Le terme de **genre** ne doit pas être confondu avec l'acception du mot dans les « genres littéraires ». Il ne fait pas référence à une forme particulière de discours, mais à la **fonction qu'exerce ce discours.**

1 Trois genres de discours argumentatifs dans la rhétorique antique

a • Le genre délibératif

Le genre délibératif ou politique, lié à l'origine à la nécessité de prendre une décision pour le futur, renvoie à un discours dont la fonction est **de persuader ou de dissuader** (un auditoire).

b • Le genre judiciaire

Il renvoie à un discours dont la fonction est **d'accuser ou de défendre**. Surtout destiné au tribunal, il renvoie au passé, puisque l'on juge de faits accomplis (reconstitution d'événements passés). Lié à l'éloquence, il mêle souvent argumentation et narration.

c • Le genre épidictique

Le genre épidictique ou démonstratif renvoie à un discours dont la fonction est **de louer ou de blâmer**, ou plus généralement, d'instruire. À travers l'éloge ou le blâme, on instruit des choses de la vie.

❷ Les genres argumentatifs à partir du XVIe siècle

• L'**essai** : au XVIe siècle, il s'agit d'essayer une pensée, de la juger selon différents points de vue. Le second sens issu du latin (« peser ») désigne l'action de soupeser sa vie ou celle des autres concrètement (selon ses sensations). En littérature, il correspond à un genre sans contrainte formelle, qui favorise la liberté de réflexion et de jugement. Il repose sur l'expérience personnelle et les convictions propres.

• Le **traité** propose des réflexions sur un thème précis, selon un plan et dans un but didactique.

• Le **discours** expose méthodiquement un sujet, en adoptant le registre didactique, avec l'emploi des procédés oratoires.

• L'**apologue** : court récit à but moralisateur, il associe la narration et l'argumentation pour donner une leçon morale. Le nom « apologue » est attribué plus largement à tout écrit fictif ayant un but argumentatif (fables, contes, paraboles).

• Le **manifeste** proclame les prises de positions idéologiques ou esthétiques d'un groupe, d'un courant.

• La **lettre ouverte** exprime une prise de position et des idées fortes, sous la forme d'une lettre publiée (ex. : *J'accuse*, de Zola).

• Le **pamphlet :** texte polémique, souvent court, il s'attaque violemment à une institution ou à un individu.

• La **satire** dénonce avec humour et ironie les travers de la société.

• Des textes « fragmentaires », comme les **maximes**, **pensées**, **articles** de dictionnaire, peuvent également faire partie du discours argumentatif.

• Le **discours délibératif** confronte différents points de vue, selon une dynamique dialectique.

• Tous les **genres littéraires** peuvent fournir des textes à visée argumentative, qu'il s'agisse du roman, du théâtre ou de la poésie (ex. : *Les Châtiments*, de Victor Hugo).

• Une **œuvre d'art** (iconographique, cinématographique, musicale) a souvent une fonction argumentative et joue sur les codes esthétiques. Une caricature, par exemple, affiche cette visée de façon directe et flagrante.

SCHÉMA-BILAN

ARGUMENTER : THÈSE DÉFENDUE ↔ THÈSE ADVERSE
(explicite ou implicite)

↓

Présenter des **arguments** (des idées)

↓

et des **exemples** (pour illustrer ces arguments, les rendre plus concrets et plus accessibles)

↓

avec des moyens pour CONVAINCRE (par l'esprit) ou/et PERSUADER (par le coeur)

↓

afin de faire **adhérer** l'interlocuteur à la thèse défendue, en adaptant son raisonnement à la situation ou aux circonstances, au **thème** du débat, aux désirs de l'interlocuteur.

↓

Le genre argumentatif est un discours qui **vise l'efficacité**, d'où l'attention portée aux procédés d'écriture et à leurs effets.

MÉTHODE

→ S'interroger sur « l'enjeu humain » des documents

L'argumentation se place dans le cadre vaste de la question de l'homme. L'approche argumentative s'effectue donc dans cette perspective, et il convient de s'interroger sur « l'enjeu humain » des documents proposés.

Exemple : extrait de la préface du *Dernier jour d'un condamné*, de Victor Hugo (1832).

> Ceux qui jugent et qui condamnent disent la peine de mort nécessaire. D'abord, parce qu'il importe de retrancher de la communauté sociale un membre qui lui a déjà nui et qui pourrait lui nuire encore. S'il ne s'agissait que de cela, la prison perpétuelle suffirait. À quoi bon la mort ? Vous objectez qu'on peut s'échapper d'une prison ? Faites mieux votre ronde. Si vous ne croyez pas à la solidité des barreaux de fer, comment osez-vous avoir des ménageries ? Pas de bourreau où le geôlier suffit.
> Mais, reprend-on, il faut que la société se venge, que la société punisse. – Ni l'un, ni l'autre. Se venger est de l'individu, punir est de Dieu. La société est entre deux. […] Elle ne doit pas « punir pour se venger » ; elle doit *corriger pour améliorer.* Transformez de cette façon la formule des criminalistes, nous la comprenons et nous y adhérons.

ÉTAPE 1 ▶ Définir le contexte et le thème

Il s'agit de l'engagement de Victor Hugo contre la peine de mort (le titre du roman est explicite).

ÉTAPE 2 ▶ Définir le type de texte

On a ici un véritable manifeste contre la peine de mort, sous une forme dialoguée, avec un engagement de Victor Hugo revendiqué. Il s'en prend violemment à ceux qu'il désigne d'abord par « vous », repris dans l'indéfini « on », et qu'il nomme « criminalistes » dans la dernière phrase. Quant à sa propre

> Veillez à bien faire la distinction entre la voix de l'énonciateur (impliqué ou extérieur) et celle du destinataire. Repérez les articulations logiques.

voix, il ne la fait entendre qu'à travers des formules impersonnelles ou générales (« il importe », « il s'agissait », etc.) pour montrer qu'il s'agit de la voix logique, celle de la sagesse. Il s'affiche dans le « nous » final comme porte-parole des partisans de l'abolition.

ÉTAPE 3 ▶ Identifier les thèses qui s'opposent et la manière dont elles sont présentées

Le texte s'ouvre sur la thèse des partisans de la peine de mort (première phrase), réfutée par Victor Hugo. La joute entre les arguments d'un parti et ceux de l'autre précède l'explicitation de la thèse défendue par l'auteur et les abolitionnistes : « la société ne doit pas "punir pour se venger" ; elle doit *corriger pour améliorer* ». Hugo rejette en bloc l'idéologie des adversaires qu'il cite et propose sa propre vision sous la forme d'un véritable précepte mis en italique.

ÉTAPE 4 ▶ Identifier la stratégie argumentative adoptée

→ Victor Hugo procède sous la forme d'un jeu de questions et de réponses, en une sorte de joute : il leur prête une voix (affirmations catégoriques et objections systématiques). Il propose une mise en scène virtuelle des contradicteurs (« Vous objectez qu'on peut s'échapper d'une prison ? » Réponse cinglante : « Faites mieux votre ronde. » La même analyse fonctionne pour « Mais, reprend-on [...] »).

Repérez les arguments, leur nature, leur enchaînement. Identifiez les procédés d'écriture employés pour convaincre ou persuader (éléments lexicaux, grammaticaux, syntaxiques, figures de style, effets).

Arguments des partisans de la peine de mort	Arguments des abolitionnistes
Ceux qui nuisent à la société risquent de récidiver et constituent un danger, ce qui justifie la peine de mort.	La prison à perpétuité suffit, à condition que la peine soit respectée.
Le condamné peut s'échapper.	Problème de surveillance auquel on peut remédier (analogie ironique avec les ménageries).

Il faut qu'il y ait vengeance et châtiment.	Se venger peut être légitime, d'un point de vue humain et social, mais le droit de vie ou de mort appartient à Dieu.
	Il revient à la société de faire confiance à la nature humaine, qui est perfectible (« corriger pour améliorer »). Ce n'est plus la force aveugle qui parle, mais la raison.

→ L'auteur est véhément, ce que l'on peut repérer grâce à plusieurs indices :
– réponses tranchantes à l'impératif (« Faites mieux votre ronde. ») ;
– phrases nominales (« Pas de bourreau où le geôlier suffit », véritable aphorisme) ;
– anaphore (« Elle ne doit pas […] », « elle doit […] »).

Hugo use de tous les moyens pour convaincre et persuader, en interpellant les lecteurs que nous sommes, témoins de cette aberration que constitue la peine de mort.

ÉTAPE 5 ▶ Identifier la requête de l'auteur

Victor Hugo en appelle à une justice nouvelle, qui respecte l'être humain. Il clame une fois de plus sa confiance en l'homme, en la nature humaine, capable de progrès. L'éducation est au cœur de la question (il faut apprendre à corriger et à se corriger) : c'est là la clé du bonheur individuel et social.

Ayez toujours en tête le bilan à tirer : l'intention de l'auteur et la perspective retenue par rapport à la question de l'homme.

ENTRAÎNEMENT

► Corrigés p. 211

Tester ses connaissances

1 Classez les événements historiques suivants dans l'ordre chronologique en les reliant au siècle correspondant.
Attention, plusieurs événements peuvent correspondre à un même siècle !

La Déclaration des droits de l'homme et du citoyen •	• XVIe siècle
La Pléiade •	• XVIIe siècle
Le théâtre de l'absurde •	• XVIIIe siècle
Le mal du siècle •	• XIXe siècle
Les libres-penseurs libertins •	• XXe siècle
L'*Encyclopédie* •	

2 Faites correspondre chaque définition au nom qui correspond.

1. Forme épistolaire destinée à la publication •	• a. Apologue
2. Court récit à but moralisateur •	• b. Traité
3. Prises de position esthétiques ou idéologiques •	• c. Lettre ouverte
4. Exposé méthodique et didactique sur un sujet •	• d. Essai
5. Réflexion libre, sans contrainte formelle •	• e. Manifeste

S'entraîner

3 * Étudier l'argumentation grâce à l'examen des procédés
[Robinson, échoué sur son île, tient un journal de bord où il note les réflexions qui assaillent sa solitude.]

Je mesure aujourd'hui la folie et la méchanceté de ceux qui calomnient cette institution divine : l'argent ! L'argent spiritualise tout ce qu'il touche en lui apportant une dimension à la fois rationnelle – mesurable – et universelle – puisqu'un bien monnayé devient virtuellement accessible à tous les hommes. La vénalité est une vertu cardinale. L'homme vénal sait faire taire ses instincts meurtriers et asociaux […] pour ne laisser parler que sa propension à la coopération, son goût des échanges fructueux, son sens de la solidarité humaine. […] Malheureusement ce sont presque toujours des hommes désintéressés qui font l'histoire et alors le feu détruit tout, le sang coule à flots.

Michel Tournier, *Vendredi ou les Limbes du Pacifique*, 1967.

1. Identifiez la thèse proposée et celle qui est réfutée.
2. Étudiez quelques procédés utilisés par l'auteur pour souligner l'opposition des deux thèses.
3. Pourquoi Robinson choisit-il cette thèse ?

4 ** Étudier une prise de position à partir d'un texte épistolaire

À M. Fyot de la Marche

À Ferney, le 25 mars 1762

Il vient de se passer au Parlement de Toulouse une scène qui fait dresser les cheveux sur la tête ; on l'ignore peut-être à Paris ; mais si on en est informé, je défie Paris, si frivole qu'il est, de n'être pas pénétré d'horreur. Il n'est pas vraisemblable que vous n'ayez appris qu'un vieux huguenot de Toulouse, nommé Calas, père de cinq enfants, ayant averti la justice que son fils aîné, garçon très mélancolique, s'était pendu, a été accusé de l'avoir pendu lui-même en haine du papisme, pour lequel ce malheureux avait, dit-on, quelque penchant secret. Enfin le père a été roué[1], et le pendu, tout huguenot qu'il était, a été regardé comme un martyr, et le Parlement a assisté pieds nus[2] à des processions en l'honneur du nouveau saint.

Trois juges ont protesté contre l'arrêt ; le père a pris Dieu à témoin de son innocence en expirant, a cité ses juges au jugement de Dieu, et pleuré son fils sur la roue.

Il y a deux de ses enfants dans mon voisinage qui remplissent le pays de leurs cris ; j'en suis hors de moi ; je m'y intéresse comme homme, un peu comme philosophe. Je veux savoir de quel côté est l'horreur du

1. Le supplice de la roue consistait à briser les membres du condamné et à le laisser mourir sur une roue.
2. Plusieurs des magistrats du Parlement de Toulouse qui organisèrent cette cérémonie appartenaient à la confrérie des Pénitents blancs (qui vont pieds nus).

fanatisme. L'intendant du Languedoc[3] est à Paris ; je vous conjure de lui parler ; il est au fait de cette aventure épouvantable. Ayez la bonté, je vous en supplie, de me faire savoir ce que j'en dois penser.

Correspondance, Voltaire, « Lettre du 25 mars 1762 »
à M. Fyot de la Marche, à propos de l'affaire Calas.

1. Faites un bref résumé de l'affaire Calas.
2. Quel est le type de texte ? Quel en est le ton ? le thème ? l'énonciateur et le destinataire ?
3. Quelle est l'intention de Voltaire ? Quelle est sa thèse ?
4. Quels arguments font présumer de l'innocence de Calas ? Quels moyens sont mis en œuvre pour le suggérer ?
5. Comment comprendre la phrase : « […] je m'y intéresse comme homme, un peu comme philosophe » ?

5 *** Analyser le rôle du contexte

Réfugiés (Hist. Mod. polit.). C'est ainsi que l'on nomme les protestants français que la révocation de l'édit de Nantes a forcés de sortir de France et de chercher un asile dans les pays étrangers, afin de se soustraire aux persécutions qu'un zèle aveugle et inconsidéré leur faisait éprouver dans leur patrie. Depuis ce temps, la France s'est vue privée d'un grand nombre de citoyens qui ont porté à ses ennemis des arts, des talents et des ressources dont ils ont souvent usé contre elle. Il n'est point de bon Français qui ne gémisse depuis longtemps de la plaie profonde causée au royaume par la perte de tant de sujets utiles. Cependant, à la honte de notre siècle, il s'est trouvé de nos jours des hommes assez aveugles ou assez impudents pour justifier aux yeux de la politique et de la raison la plus funeste démarche qu'ait jamais pu entreprendre le conseil d'un souverain. Louis XIV, en persécutant les protestants, a privé son royaume de près d'un million d'hommes industrieux qu'il a sacrifiés aux vues intéressées et ambitieuses de quelques mauvais citoyens qui sont ennemis de toute liberté de penser, parce qu'ils ne peuvent régner qu'à l'ombre de l'ignorance.

Article « Réfugiés » de Diderot, *Encyclopédie*, tome XIII, 1765.

1. Qu'est-ce que l'*Encyclopédie* ?
2. S'agit-il ici d'un article de dictionnaire ? Justifiez votre réponse. Quel est le thème du débat ?

---

3. Les intendants, représentants du pouvoir royal en province, avaient la haute main sur la justice et la police.

3. Quel jugement personnel Diderot porte-t-il sur le problème évoqué ? Étudiez la manière dont sont caractérisés les protestants, leurs adversaires, Louis XIV, les conséquences de la révocation de l'édit de Nantes.
4. Quel regard propose Diderot sur son temps ? Quel combat reflète ce texte ?
5. Relevez les marques de la temporalité dans le texte. Comment l'avenir est-il envisagé ?

Sujet du Bac

Sujet inédit 4 h 20 points

Corpus

Document 1 : Simone de Beauvoir, *Tout compte fait,* 1972.

Enfant, adolescente, la lecture était non seulement mon divertissement favori mais la clé qui m'ouvrait le monde. Elle m'annonçait mon avenir : m'identifiant à des héroïnes de roman ; je pressentais à travers elles mon destin. Dans les moments ingrats de ma jeunesse elle m'a sauvée de la solitude. Plus tard, elle m'a servi à étendre mes connaissances, à multiplier mes expériences, à mieux comprendre ma condition d'être humain et le sens de mon travail d'écrivain.

La joie de lire : elle ne s'est pas émoussée. Je suis toujours émerveillée par la métamorphose des petits signes noirs en un mot qui me jette dans le monde, qui précipite le monde entre mes quatre murs. Le texte le plus ingrat suffit à me provoquer ce miracle. « J.F. 30 ans, sténo-dactylo exp. ch. travail trois jours par semaine. » Je suis des yeux cette petite annonce et la France se peuple de machines à écrire et de jeunes chômeuses. Je sais : le thaumaturge[4], c'est moi. Si devant les lignes imprimées je demeure inerte, elles se taisent. Pour qu'elles s'animent, il faut que je leur donne un sens et que ma liberté leur prête sa propre temporalité, retenant le passé et le dépassant vers l'avenir. Mais comme au cours de cette opération je m'escamote, elle me semble magique. Par moments,

4. Thaumaturge : qui fait des miracles.

j'ai conscience que je collabore avec l'auteur pour faire exister la page que je déchiffre : il me plaît de contribuer à créer l'objet dont j'ai la jouissance. Celle-ci se refuse à l'écrivain : même quand il se relit, la phrase née de sa plume se dérobe à lui. Le lecteur est plus favorisé : il est actif et cependant le livre le comble de ses richesses imprévues. La peinture, la musique, suscitent en moi, pour la même raison, des joies analogues ; mais les données sensibles y jouent un rôle immédiat plus important. En ces domaines, je n'ai pas à effectuer le surprenant passage du signe au sens qui déconcerte l'enfant quand il commence à épeler des mots et qui n'a pas cessé de m'enchanter.

Document 2 : François Mauriac, *Journal,* 1940.

Le génie est toujours contemporain. Les divisions des manuels scolaires sont fictives. Et quand j'écris : le génie… il n'existe peut-être pas un seul bon auteur qui ne survole les siècles, les périodes et les écoles. Il n'en est aucun où nous ne retrouvions non seulement l'écho de nos passions, mais parfois les pensées qui nous semblent particulières au temps où nous vivons : ce mois-ci, la *Nouvelle Revue française* publiait un *Journal inédit* de Joubert dont certains passages datés de 1783 paraissaient d'hier. Par exemple : « On ne devrait écrire ce qu'on sent qu'après un long repos de l'âme. *Il ne faut pas s'exprimer comme on sent, mais comme on se souvient.* »

J'ai longtemps cru qu'il n'était rien de si faux que le « tout a été dit » de La Bruyère. Mais plus j'avance, et plus je m'aperçois que nous passons notre temps à retrouver des mots oubliés, à ramasser des bagues perdues. C'est l'ignorance où nous sommes presque tous des œuvres dont nous parlons sans cesse et que nous négligeons de relire, qui nous donne l'illusion de la découverte.

Ces jours-ci, dans une jeune revue, un garçon qui a bien de la peine à être féroce vouait plaisamment tous ses aînés au massacre : une Saint-Barthélemy littéraire s'impose, selon lui. Qu'il se contente de brûler nos livres, ce jeune homme, et qu'il revienne à nos classiques, nos contemporains éternels. Il s'apercevra alors que le débat moral à quoi se ramène notre œuvre et dont il se déclare excédé, ce n'est pas nous qui l'avons ouvert. Cet examen de conscience dure depuis qu'il y a des Français héritiers des Grecs et qui sont curieux de ce qui est humain, – des Français nés chrétiens et qui croient à la valeur éternelle de nos actes. Nous l'avons poursuivi avec nos pauvres moyens, cet examen de conscience : c'est toujours la même balle, mais que nos prédécesseurs plaçaient mieux. Que nos cadets la ramassent à leur tour. Au lieu de nous massacrer, qu'ils nous continuent. Et qu'ils croient en Baudelaire : l'œuvre des artistes, de génération en génération, n'a jamais rendu et ne rendra jamais qu'un seul témoignage : ils mettent en lumière la dignité de l'homme.

Document 3 : Victor Hugo, *L'Année terrible*, 1872.

[Pendant la commune de Paris, la bibliothèque du Louvre est incendiée par les communards le 24 mai 1871, 120 000 volumes sont détruits. C'est à l'un d'eux que s'adresse Victor Hugo.]

Ouvre un livre. Platon, Milton, Beccaria.
Lis ces prophètes, Dante, ou Shakespeare, ou Corneille
L'âme immense qu'ils ont en eux, en toi s'éveille ;
Ébloui, tu te sens le même homme qu'eux tous ;
Tu deviens en lisant grave, pensif et doux ;
Tu sens dans ton esprit tous ces grands hommes croître,
Ils t'enseignent ainsi que l'aube éclaire un cloître
À mesure qu'il plonge en ton cœur plus avant,
Leur chaud rayon t'apaise et te fait plus vivant ;
Ton âme interrogée est prête à leur répondre ;
Tu te reconnais bon, puis meilleur ; tu sens fondre,
Comme la neige au feu, ton orgueil, tes fureurs,
Le mal, les préjugés, les rois, les empereurs !
Car la science en l'homme arrive la première.
Puis vient la liberté. Toute cette lumière,
C'est à toi comprends donc, et c'est toi qui l'éteins !
Les buts rêvés par toi sont par le livre atteints.
Le livre en ta pensée entre, il défait en elle
Les liens que l'erreur à la vérité mêle,
Car toute conscience est un nœud gordien.
Il est ton médecin, ton guide, ton gardien.

Ta haine, il la guérit ; ta démence, il te l'ôte.
Voilà ce que tu perds, hélas, et par ta faute !
Le livre est ta richesse à toi ! c'est le savoir,
Le droit, la vérité, la vertu, le devoir,
Le progrès, la raison dissipant tout délire.
Et tu détruis cela, toi !

– Je ne sais pas lire.

Document 4 : Auguste Renoir, *La Liseuse,* 1874-1876.

6 Comment les auteurs montrent-ils que la création et la lecture d'œuvres littéraires sont des expériences qui guident l'homme et défient le temps ?

4 points

7 Vous traiterez, au choix, l'un des trois sujets suivants.

16 points

- **Vous ferez le commentaire du texte 3** (Victor Hugo).

• **Dissertation** : Pensez-vous, comme Simone de Beauvoir, que les œuvres littéraires sont pour l'homme « une clé qui ouvr[e] le monde » ? Vous proposerez une réflexion organisée qui s'appuiera sur les documents du corpus et sur votre expérience personnelle.

• **Écriture d'invention** : À l'occasion du salon du livre ou de la parution d'un ouvrage littéraire attendu, vous êtes chargé(e) d'écrire un article dans un magazine pour vanter les bienfaits de la lecture. Rédigez cet article, qui s'appuiera à la fois sur votre propre expérience et sur des arguments tirés du corpus ou d'autres études.

CHAPITRE 5 Vers un espace culturel européen : Renaissance et humanisme

Le XVIe siècle est celui de la naissance du « monde moderne ».
Les grandes découvertes, le progrès technique et scientifique, l'invention de l'imprimerie donnent naissance à un courant culturel européen : l'humanisme, qui met l'homme au centre de l'univers, à la différence du Moyen Âge pour lequel la mesure de toute chose est Dieu.

Rappels

L'humanisme est le produit de la Renaissance : les guerres d'Italie ont permis de retrouver les valeurs antiques, de les concilier avec le christianisme et de faire apparaître la « République des lettres » et le courant culturel alors appelé « humanisme ». Le terme d'humanisme désigne encore toute pensée qui place l'homme comme valeur suprême.

I Rappels historiques

1 L'influence de l'Italie

Dès la fin du XVe siècle, Charles VIII, roi de France, veut faire valoir ses droits sur le royaume de Naples. Ainsi débutent les guerres d'Italie. Louis XII, puis François Ier, désirent y ajouter le duché de Milan. La bataille de Marignan, en 1515, offrira à la France, outre Milan, Parme et Plaisance. Mais l'opposition de Charles Quint et les revers militaires aboutiront à la défaite de Pavie qui, avec la capture du roi de France en 1525, mettra fin à toutes les prétentions françaises sur les terres italiennes.
Néanmoins, une sorte de « rêve italien » naît : fascinés par la culture

Définition

L'**humaniste** de la Renaissance est d'abord un lettré, qui travaille sur la langue, qu'il veut enrichir. Il se passionne pour l'art (peinture et architecture le plus souvent), la politique et l'éducation.

italienne, par les grandes cités culturelles que sont Florence, Rome, Venise, redécouvrant l'Antiquité à travers les monuments de cette époque, les penseurs de toute l'Europe s'éloignent des conceptions médiévales et se tournent vers une modernité que l'on nommera, bien plus tard, l'humanisme.

2 Les guerres de religion

Le XVIe siècle est également traversé par des conflits religieux qui marquent durablement les mentalités. Les intellectuels éprouvent le besoin de réformer l'Église, de retrouver les fondements du christianisme.

• En France, les évangélistes s'efforcent d'interpréter les Écritures, de retrouver le texte initial, et d'établir, à la suite des travaux de Guillaume Budé (1467-1540), une continuité entre sagesse antique et religion chrétienne. Les lettrés traduisent la Bible avec application ; passionnés par le grec et le latin, ils étudient directement les textes évangéliques. S'éloignant des gloses et des commentaires, ils renouvellent leur foi, mais en viennent à critiquer certains dogmes.

• En Allemagne, Martin Luther (1483-1546) conteste l'autorité papale, et s'oppose à la confession et aux vœux monastiques La paix d'Augsbourg, en 1555, accorde aux États protestants la liberté de culte, mais la Réforme se développe en Europe dans les conflits.

• En France, Jean Calvin (1509-1564) insiste sur la fragilité et le dénuement total de l'homme. Opposé à la puissance absolue de Dieu, chassé de France, il organise sa nouvelle Église à Genève. L'étude du grec et de l'hébreu, ainsi que la connaissance des textes originaux renforcent les protestants dans leur désir de lutter contre ce qu'ils considèrent comme des déviations de la foi originelle.

• Le massacre de la Saint-Barthélémy est, en réalité, l'aboutissement d'un grand nombre de conflits sur le sol français, succédant à l'affaire des Placards (affiches favorables à la Réforme apposées jusque sur les portes de la chambre du roi, en 1534), aux meurtres perpétrés à Wassy en 1562, et aux huit guerres de religion qui précèdent cette nuit du 23 au 24 août 1572, nuit pendant laquelle des catholiques fanatiques tuent de façon systématique les protestants. Cela marque, en France, la séparation durable entre les deux Églises.

À savoir

Le désir de traduire à nouveau la Bible conduit aussi à développer et à enrichir les langues nationales. Le français devient ainsi une langue politique et culturelle.

• C'est l'édit de Nantes, signé en 1598 après l'abjuration de sa foi par Henri IV, qui rétablit la paix dans le royaume en accordant aux protestants la liberté de culte et, surtout, la sécurité.

3 Les découvertes

L'appétit de savoir conduit à approfondir les connaissances acquises, à remettre en cause celles des époques précédentes.

• Les grands voyages révèlent une planète plus grande qu'on ne le croyait. Christophe Colomb (1451-1506) et sa découverte de l'Amérique, Jacques Cartier (1491-1557) qui explore le Canada, Magellan (1480-1521) qui navigue sur des mers inconnues et découvre le détroit auquel il a donné son nom, ou encore les cartographes qui tentent de mieux dessiner l'univers, offrent à leurs contemporains une nouvelle conception du monde.

• Les savants contribuent à l'édification d'une conception différente de l'univers : Copernic (1473-1543) affirme la théorie de l'héliocentrisme, rejetant le géocentrisme hérité de Ptolémée et d'Aristote, Giordano Bruno (1548-1600) conçoit un infini dans lequel la terre et l'homme ne seraient pas plus importants que d'autres planètes ou d'autres êtres.

• Les médecins tentent de cerner les fonctionnements organiques et anatomiques, s'insurgeant contre les théories anciennes du médecin grec Galien (v. 131-v. 201). Vésale (1514-1564) fonde l'anatomie moderne en insistant sur la nécessité de l'expérimentation et de l'observation. À la fin du siècle, Paré (v. 1509-1590) donne naissance à la chirurgie moderne, Paracelse (v. 1493-1541) à la chimie.

• Kepler (1571-1630) élabore ses célèbres trois lois, dont Newton se servira plus tard, et Galilée (1564-1642) continue les recherches de Copernic et repousse définitivement les théories anciennes dans l'oubli. Quant à Mercator (1512-1594), il imagine la représentation plane de l'univers, donnant son nom à cette projection.

• Les mathématiques évoluent également : Jérôme Cardan (1501-1576) résout l'équation du troisième degré et on songe à employer des nombres négatifs, complexes. Napier (1550-1617) découvre et utilise les logarithmes, on simplifie les notations, et Viète (1540-1603) établit les règles d'extraction des racines, précise le nombre Pi et imagine une méthode de résolution numérique des équations.

• Enfin, les techniques progressent : Léonard de Vinci (1452-1519) peintre, sculpteur, mais aussi ingénieur, s'intéresse à l'architecture, aux machines volantes, aux engins militaires... Gutenberg (v. 1400-1468) invente la presse à imprimer, l'encre d'impression recto-verso, et la technique typographique.
• La volonté de relire les textes antiques dans leur langue originale pousse à élaborer des dictionnaires et des grammaires indispensables aux traductions des œuvres anciennes majeures. Lefèvre d'Étaples (v. 1450-1536) traduit la Bible en français, ainsi que certaines œuvres d'Aristote.
• Enfin, la volonté d'imiter ces auteurs anciens conduit à défendre et à enrichir la langue française. Du Bellay (1522-1560), après avoir suivi les leçons de grec dispensées par Jean Dorat (1508-1588), participe avec lui à l'élaboration du programme de la Brigade, qui deviendra plus tard la Pléiade (en 1556), et rédige, en 1549 et toujours avec Dorat, une *Défense et illustration de la langue française*. S'inspirant des modèles de Pétrarque (1304-1374), les poètes évoquent le platonisme.

Le petit + pour la mention

Les humanistes sont mobiles : ils se déplacent partout en Europe, se rendent visite, entrent au service des princes (en tant que pédagogues ou diplomates, par exemple). Ils constituent un milieu égalitaire, homogène, qui favorise le débat et retrouve le plaisir du dialogue socratique, de la maïeutique. Ils collaborent, échangent beaucoup et créent donc, avant l'heure, une Europe intellectuelle.

4 Les bouleversements sociaux

La société médiévale, enfin, connaît de nombreux soubresauts.
• La noblesse issue de la féodalité perd de son influence et les riches bourgeois achètent des titres. Les nantis tentent de se distinguer à tout prix des pauvres. Soumis à de nombreux impôts, qui ne pèsent pas sur les nobles, les ruraux quittent la campagne, et voient leur misère s'accroître.
• Le rôle du commerce est essentiel : les villes s'agrandissent et acquièrent un rôle important. Mais la production des richesses et l'industrie sont peu développées et les classes les plus défavorisées ne trouvent pas d'emploi. Les crises, les famines, les épidémies se succèdent, et les mendiants sont nombreux...

II La Renaissance et l'humanisme

1 La Renaissance

a • Définitions

Le petit + pour la mention

Le mot de « Renaissance » apparaît en 1550. Pourtant ce n'est qu'au XIXe siècle qu'il désignera, sous les plumes de deux historiens, Michelet et Burckhardt, l'ensemble d'une civilisation.

• Giorgio Vasari introduit le mot « Renaissance » dans ses *Vies des meilleurs peintres, sculpteurs et architectes*, pour évoquer le courant artistique apparu en Italie deux siècles plus tôt ; il désigne une période de renouveau artistique, littéraire et scientifique.

• S'épanouissant sur trois périodes, le trecento (XIVe siècle), le quattrocento (XVe siècle) et le cinquecento (XVIe siècle), elle est structurée par de **grands artistes**. Les précurseurs, les peintres Cimabue et Giotto, précèdent des « initiateurs », comme Masaccio, Brunelleschi et Donatello, avant que n'apparaissent les « maîtres » : Bramante, Vinci, Raphaël et Michel-Ange. Mais la Renaissance ne concerne la France qu'à partir des guerres d'Italie.

• La Renaissance artistique remet en cause les codes et les canons du Moyen Âge en s'appuyant sur la redécouverte de l'Antiquité : la représentation n'est plus exclusivement au service du religieux et l'individu devient un élément artistique essentiel. Dès le trecento, Pétrarque et Boccace, écrivains italiens, rêvent de *renovatio*, d'un renouvellement de la réflexion philosophique, et cherchent à affirmer la libération de l'homme vis-à-vis de Dieu. L'**invention de l'imprimerie** par Gutenberg, à partir de 1440, permet aux nouveaux savoirs de se diffuser rapidement dans toute l'Europe.

b • Principes

• **Une langue nationale de valeur** est instituée par l'ordonnance de Villers-Cotterêts, signée par François Ier (1539) : le français est la langue du pouvoir, du droit, de l'administration. Une « littérature » de qualité peut donc naître.

• **Le retour vers l'Antiquité** : chaque artiste utilise l'Antiquité pour affirmer sa propre vision du monde et contester les codes médiévaux. Le goût pour le « nu » y est lié. Donatello crée son *David* (réalisé en 1430), Michel-Ange sculpte le sien en 1501, et tous deux mettent en valeur l'émotion, l'humanité du personnage. Ils s'éloignent des stéréotypes chrétiens et adoptent une

« manière » ; on parlera d'ailleurs du « **maniérisme** » de la Renaissance, de 1520 à 1580, c'est-à-dire d'un jeu artistique reposant sur l'emprunt, les variations autour des codes et des divertissements fondés sur la connivence avec les lettrés à qui l'on suggère des références culturelles…

• **L'architecture** : les monuments romains découverts incitent à entreprendre des fouilles archéologiques, et déterminent un art des ruines qui sert la réflexion sur le temps, la mort, la décadence et l'homme. On copie, on diffuse des reproductions de statues, de monuments, on les imite en France et en Europe. On s'intéresse également aux symétries, au « classicisme » antique.

• Enfin, apparaît un **syncrétisme artistique** : on fait figurer côte à côte les dieux de la mythologie et les prophètes bibliques ; Hercule est pensé comme une « préfiguration » de Jésus. Les penseurs antiques sont introduits par Raphaël dans l'enceinte de la basilique Saint-Pierre, à Rome…

Histoire

Selon Heinz Wismann, l'**Europe** est née à la Renaissance, quand ses différentes cultures ont reconnu avoir pour ancêtre commun la civilisation gréco-romaine. L'Europe a donc des **racines culturelles** communes, et non des racines religieuses ou géographiques (qui restent hypothétiques ou polémiques).

c • Quelques figures essentielles

• Gutenberg (v. 1400-1468)

Imprimeur allemand, Gutenberg invente la presse à imprimer, crée les caractères métalliques, élabore une encre permettant d'imprimer le papier dessus et dessous, et met au point la technique typographique. Anobli en 1465, il peut reprendre ses travaux, stoppés après la perte d'un procès contre son commanditaire.

• Érasme (v. 1469-1536)

Érasme, philosophe hollandais ordonné prêtre en 1492, suit des cours de théologie à Paris, à la Sorbonne. Choisissant l'indépendance, il devient professeur, enseigne le latin, et voyage dans toute l'Europe. Il met au point ce que l'on appellera l'« érasmisme », une forme d'humanisme chrétien qu'il développe essentiellement dans trois livres : une version du Nouveau Testament, une traduction des œuvres de saint Jérôme, et *L'Éducation du prince chrétien*, adressée à Charles Quint. Son ouvrage le plus connu, dédié à son ami Thomas

More, est *L'Éloge de la folie*, publié en 1511, qui, sous le masque comique de la farce, invite à se tourner vers un christianisme authentique. Enfin, *Les Adages* démontrent, en près de 5 000 articles, l'actualité de l'immense littérature grecque et romaine dont il a pris connaissance lors de séjours chez des lettrés italiens. Ils connaîtront un succès considérable, avant d'être mis à l'index et oubliés.

• **Léonard de Vinci (1452-1519)**

Artiste italien, inventeur, ingénieur, génie complet et exceptionnel peintre à l'origine, il fut souvent sollicité pour la mise au point de décors de théâtre complexes et de machineries hydrauliques pour les canaux. Venu en France en 1516 à l'invitation de François Ier, il assume les fonctions d'architecte, d'ingénieur et de peintre du roi. Fondant ses travaux sur l'accumulation des observations et des notes, il étudie la combustion, la mécanique des fluides, et invente des machines variées, dont certaines sont toujours utilisées (moulins, pompes, scies, horloges, machines volantes…).

• **Thomas More (1478-1535)**

Philosophe anglais, Thomas More maîtrise parfaitement le latin et le grec. Il rencontre Érasme en 1499 et rédige *Utopia*, sa première œuvre célèbre, en 1516. Favorable aux thèses papistes, il refuse de prêter serment lors de l'établissement de la nouvelle Constitution qui fait du roi d'Angleterre le chef de l'Église anglaise et il est incarcéré. Il rédige en prison de nombreux traités, mais accusé d'hérésie, il est condamné et décapité à la tour de Londres.

d • Trois grands écrivains français

• **Joachim Du Bellay (1522-1560)**

Du Bellay écrit *La Défense et illustration de la langue française*, et un recueil poétique, *L'Olive*, en 1549 ; *Les Antiquités de Rome* (en 1558) assurent le succès en France du sonnet, arrivé d'Italie dès la fin du XVe siècle.

• **Pierre de Ronsard (1524-1585)**

Ronsard est célèbre pour avoir mené la **Pléiade** et, suivant les choix de *La Défense et illustration de la langue française*, pour avoir contribué au renouvellement de la poésie française. S'inspirant de Pindare et d'Horace, il connaît le succès grâce à ses *Odes* (1550-1556), aux sonnets à la manière de Pétrarque des *Amours de Cassandre* (1552) et aux poèmes des *Amours de*

Marie (1555). Il rédige aussi des *Hymnes* (en 1555 et 1556), entame une épopée qui restera inachevée, *La Franciade* (1574), et termine sa carrière poétique avec les *Sonnets pour Hélène*, en 1578.

• **François Rabelais (v. 1494-1553)**
Médecin, professeur de médecine, curé et écrivain, Rabelais rédige la chronique d'une famille de géants. Derrière le masque comique, il expose des thèses évangélistes et contribue à la diffusion des idées humanistes. *Pantagruel*, publié en 1532, est suivi de *Gargantua* en 1534, puis du *Tiers Livre* et du *Quart Livre* en 1546 et 1548. *Le Cinquième Livre*, en partie rédigé de sa main et remanié après sa mort, paraît en 1564.

Mouvement littéraire

La Pléiade
Définition : Il s'agit d'un groupe de sept poètes, appelé « la Brigade » jusqu'en 1553, fondé par l'helléniste Jean Dorat et « luttant » pour enrichir la langue et lui donner une littérature de qualité. À l'origine, Ronsard, Du Bellay, Jacques Peletier du Mans, Jean-Antoine de Baïf, Rémy Belleau, Étienne Jodelle et Pontus de Tyard le constituent.
Principes : Ses membres « imitent » par « innutrition » en adaptant les modèles à leur époque ; ils créent de nombreux mots, imposent leurs choix (alexandrin, sonnet, ode) et leurs thèmes (amour, mort, fuite du temps et nature).

2 L'humanisme

a • Définitions

Il s'agit d'un mouvement européen qui prolonge la Renaissance et bouleverse les fondements de la pensée médiévale.

À retenir

Le mot « humaniste » définit à l'origine un professeur. Spécialiste de la langue et de la civilisation anciennes, appelées « humanités », il se consacre à l'étude et à la transmission des savoirs acquis sur l'Antiquité. Souvent péjoratif, désignant un pédant, un grammairien incapable de s'ouvrir au modernisme, le terme va lentement évoluer vers une acception positive.

• Les nouveautés de la Renaissance, la rencontre de savants fuyant l'avancée des Turcs après la prise de Constantinople en 1453, le contact avec les cités culturelles donnent aux penseurs européens un goût prononcé pour les textes antiques, qui, relus et commentés, vont donner naissance à une **nouvelle vision du monde**.

• L'humanisme est aussi un **changement de perspective** : l'homme a une perception différente du monde, les cartes en dessinent la forme, la science progresse. L'homme devient intéressant à étudier dans sa diversité, puisque les voyages lointains ont révélé des êtres différents, des pratiques et des cultures variées.

• La **remise en cause des idées religieuses** s'impose : la créature de Dieu n'est plus seulement représentée par l'Européen blanc et chrétien.

b • Principes fondamentaux

• L'homme a pour essence la **culture**. Il ne peut se réaliser qu'en atteignant le plus grand épanouissement intérieur, facilité par l'étude des « lettres anciennes ».

• L'idéal humaniste se manifeste ainsi par le **goût de la mesure** et la volonté de développer harmonieusement le corps et l'esprit, reprenant la maxime de Juvénal, « mens sana in corpore sano » (une âme saine dans un corps sain).

• Il s'agit d'un **mouvement d'idées, européen** ; le courant dépasse les frontières, entre pays comme entre spécialités, entre sciences et, naturellement et surtout, entre les hommes. Il est nourri par la quête de l'homme idéal et une confiance sans faille dans le progrès de l'humanité.

À retenir

Rayonnant dans toute l'Europe à partir de l'Italie, l'humanisme atteint son apogée au cours du XVIe siècle, et définit un grand nombre des idées modernes.

c • Diffusion des idées humanistes

La combinaison de plusieurs facteurs a permis leur diffusion rapide.

• Les découvertes suscitent un intérêt pour le savoir et les penseurs répandent aisément leurs idées grâce à ce goût nouveau pour l'**enseignement**.

• L'**imprimerie**, tout juste inventée, répand vite et en grand nombre les idées nouvelles.

• Les princes et les rois européens, lettrés, les encouragent et les facilitent par leurs actions et leurs finances. **François Ier** en France, les **Médicis** (Cosme, dit l'Ancien, 1389-1464, et surtout Laurent, 1449-1492) en Italie, **Mathias Ier** en Hongrie (v. 1440-1490), le cardinal **Jiménez de Cisneros** (1436-1517) en Espagne contribuent à la diffusion et au développement des thèses humanistes, à l'enseignement des langues anciennes, à l'organisation d'universités et à la protection de savants.

• Enfin, les représentants de ces idées, leur personnalité, leurs enseignements contribuent également à asseoir ces perspectives nouvelles.

d • Les « combats » humanistes

• En politique, les humanistes enseignent l'amour du peuple, le pacifisme, l'équilibre des pouvoirs. Ils veulent, avant tout, faire passer les intérêts moraux et sociaux avant les considérations politiques et financières. Ils luttent pour l'œcuménisme et la paix, comme Érasme, notamment.

• L'éducation est essentielle dans le projet humaniste qui vise à constituer un modèle humain. Il faut « former » les enfants afin de leur permettre d'atteindre la science et la réflexion nécessaires à la réalisation de ce projet. Les traités se multiplient : Érasme et Vivès (1492-1540) proposent des œuvres pédagogiques ; Montaigne et Rabelais, dans leurs textes, critiquent violemment l'éducation scolastique médiévale et prônent, en revanche, une attention permanente à l'élève, une pédagogie qui lie travail, réflexion et jeu, qui respecte les goûts et les choix de l'enfant, qui passe par un dialogue riche et fécond entre maître et disciple.

• Enfin, la religion est un sujet de débats important : le retour à la littérature gréco-romaine, préchrétienne, la volonté d'exercer son esprit critique et de lire en toute liberté les textes fondateurs, sont à la fois fondamentaux pour les idées humanistes de tolérance et d'œcuménisme, mais également dangereux. Ils sont, en effet, perçus comme des tentations hérétiques, comme des remises en cause inacceptables par les théoriciens officiels de l'Église… Ainsi, l'imprimeur humaniste Étienne est pendu comme hérétique et athée, à Paris, en 1546.

e • Quelques figures humanistes

• Cardan (1501-1576)

Philosophe, médecin et mathématicien, Jérôme Cardan invente le dispositif qui porte encore son nom, à l'origine conçu pour stabiliser les boussoles dans les navires, et parvient à résoudre l'équation du troisième degré.

• Galilée (1564-1642)

Mathématicien et mécanicien, Galileo Galilei travaille sur la chute des corps, sur le centre de gravité des solides. Il quitte Pise où ses travaux lui attirent les foudres des partisans des théories d'Aristote et, en 1592, se rend à Padoue où il met au point le thermomètre et le télescope. Cela le conduit à observer les satellites de Jupiter, l'anneau de Saturne, la rotation du Soleil, les phases de Vénus et à confirmer les thèses de Copernic. Malmené par les partisans d'Aristote et de Ptolémée, il perd deux procès face à l'Inquisition et doit abjurer ses idées.

• **Montaigne (1533-1592)**

Michel Eyquem de Montaigne, magistrat à Bordeaux, célèbre pour son amitié avec La Boétie, se retire sur ses terres après avoir voyagé en Europe. Il regroupe ses pensées, ses réflexions et se livre à une entreprise autobiographique novatrice dans les *Essais*, publiés en 1580 pour les deux premiers livres, puis en 1588.

f • Les principaux thèmes humanistes

• **L'utopie**

À la suite de Thomas More, les humanistes vont imaginer des univers clos, coupés du reste de la terre, des « non-lieux »[1]. Là, les hommes peuvent vivre selon les principes humanistes : dans la tolérance, le respect, l'harmonie, la mesure… Rabelais, dans l'abbaye de Thélème, rappelle que le « *fay que vouldras* » correspond à une volonté de pratiquer ensemble l'activité voulue par un seul, en permettant à chacun de s'exprimer et d'entraîner les autres derrière soi.

• **L'homme**

Les aventures amoureuses, guerrières et philosophiques des héros (qu'il s'agisse de reprises de figures mythiques comme Prométhée ou Hercule, de géants issus de la tradition populaire ou de personnages nés de l'imaginaire des auteurs antiques) servent de supports à la littérature. Le corps, observé, étudié, redécouvert et soigné, devient essentiel ; on étudie tout autant la mort que la maladie ou la vieillesse.

• **La guerre**

Défendue ou condamnée, la guerre apparaît dans les textes littéraires. Agrippa d'Aubigné condamne les exactions des catholiques et défend les protestants dans *Les Tragiques* (épopée publiée en 1616), tandis que Ronsard exhorte les catholiques au combat dans les *Discours des misères de ce temps* (1562).

1. « Utopie » est inventé à partir de racines grecques et signifie « le non-lieu, le lieu qui n'existe pas ».

• **Les thèmes antiques**

La poésie reprend le thème antique de la **gloire**, traite de la **nature**, conçue comme une force dynamique, chantée dans ses relations avec le **divin**, mais aussi de la **vertu**, idéal du peuple qui rivalise désormais avec la naissance ; la **joie**, le plaisir sont évoqués ; la **dame aimée** se pare de toutes les qualités, elle est divinisée, peut accorder la vie ou provoquer la mort d'un geste, d'un regard… L'**amour**, puissant, destructeur, mais également pur et profond, est aussi très souvent abordé.

• **Le voyage**

Le voyage est l'un des thèmes essentiels de la littérature. Réel et conté dans un récit, comme Montaigne le fait dans un *Journal* de son voyage en Italie, devenu objet littéraire comme dans *Les Regrets* de Du Bellay, il est aussi un motif abordé dans les romans, notamment dans le *Quart Livre* de Rabelais, où il devient sujet de réflexion sur l'homme et ses coutumes.

SCHÉMA-BILAN

Naissance de la Renaissance en Italie, avec les guerres menées par les Valois

↓

« Rêve italien » et désir de renouer avec l'humanisme antique

↓

Nombreuses découvertes, inventions et modifications sociales qui font naître un intérêt particulier pour l'homme

↓

Interrogations de l'humanisme sur la nature humaine, ses capacités, sa place dans l'univers

↓

Nécessité d'éduquer et de former l'individu, de lui enseigner la mesure

MÉTHODE

→ Analyser un texte du XVIe siècle

Exemple : poème de Joachim Du Bellay (1549-1550).

Déjà la nuit en son parc amassait
Un grand troupeau d'étoiles vagabondes,
Et pour entrer aux cavernes profondes
Fuyant le jour, ses noirs chevaux chassait.

Déjà le ciel aux Indes[1] rougissait,
Et l'aube encore de ses tresses tant blondes
Faisant grêler mille perlettes rondes,
De ses trésors les prés enrichissait :

Quand d'occident, comme une étoile vive,
Je vis sortir dessus ta verte rive,
Ô fleuve mien[2] ! une Nymphe en riant.

Alors, voyant cette nouvelle Aurore,
Le jour honteux d'un double teint colore
Et l'Angevin et l'Indique orient[3].

Joachim Du Bellay, *L'Olive*, sonnet LXXXIII, 1549-1550,
orthographe modernisée.

ÉTAPE 1 ► Relever des indices

→ Observer le thème

Le thème de la « belle matineuse » et la forme fixe retenue, celle du sonnet, chère aux poètes du XVIe siècle servent déjà de guide.

→ Étudier le paratexte

Le paratexte, en vous indiquant le nom de Du Bellay et le titre du recueil, vous conduit à situer le texte dans cette période.

1. À l'est.
2. Il s'agit de la Loire.
3. L'Angevin, c'est lui-même, et l'est indique les directions, évoque l'Inde, d'où l'adjectif « indique ».

→ Relever et analyser les allusions à l'Antiquité

L'utilisation de références à l'Antiquité (les nymphes, les troupeaux d'étoiles et les chevaux notamment) vous guide également vers ce courant.

→ Étudier la langue

L'emploi de références décalées, un jeu sur la langue, une recherche stylistique propre sont également des indices précieux.

→ Conclure

Tous ces indices permettent, d'emblée, de situer le sonnet dans la période humaniste.

Soyez attentif au paratexte qui vous guide dans l'identification du thème et dans la compréhension du texte. Relevez et étudiez les procédés employés : métaphores, allégories, personnifications, recherches stylistiques, etc.

ÉTAPE 2 ▶ Étudier, dans le texte, les éléments propres à l'époque

→ Relever et analyser les figures de style

L'**allégorie** qui fait de la nuit une bergère, qui transforme les étoiles en troupeaux et l'obscurité en chevaux noirs montre une volonté de **syncrétisme** unissant références à l'Antiquité et notations quotidiennes.

De même, l'aube, allégoriquement **personnifiée** en femme blonde aux tresses bienfaisantes qui apportent la rosée, est une reprise de la traditionnelle conception, issue d'Homère (**métaphore homérique**), de l'aurore aux doigts de rose.

La recherche concerne surtout les images : les **métaphores**, « troupeau d'étoiles », « noirs chevaux », « tresses […] blondes », enrichissent la vision d'une dimension esthétique remarquable. Les **qualificatifs** apportent, eux aussi, des notations dynamiques qui évoquent la conception dynamique de la nature : les étoiles sont « vagabondes », celle qui apparaît est « vive ».

→ Identifier les allusions culturelles

Les **majuscules** qui personnifient l'aube, l'aurore, la nymphe et la femme aimée apportent une note mythologique, donc une référence culturelle importante.

Enfin, le poète s'introduit dans son sonnet en se désignant par son origine : l'« Angevin », ou en évoquant son pays (« fleuve mien », qui suggère la Loire). Il traite de l'homme inclus dans la nature, immergé dans un univers dont il est une part.

ENTRAÎNEMENT

► Corrigés p. 216

Tester ses connaissances

1 Que sont les grandes découvertes ?

1. ☐ des progrès scientifiques ?
2. ☐ de grands voyages ?
3. ☐ des évolutions médicales ?

2 Reliez chaque définition au nom qui correspond.

Humaniste •	• Groupe de sept poètes
Pléiade •	• Lettré
Maniérisme •	• Texte royal définissant la langue officielle
Édit de Villers-Cotterêts •	• Jeu artistique sur les codes

S'entraîner

3 ** **Étudiez un tableau humaniste.**

Pieter Brueghel l'Ancien, *La Tour de Babel*, 1568.

ENTRAÎNEMENT

1. Étudiez la composition : observez les différents plans et les lignes de fuite. Que veut mettre en valeur le peintre ?
2. Analysez le message : quelle image Brueghel donne-t-il de l'épisode célèbre de la tour de Babel ? Comment les couleurs et la manière dont le thème est traité permettent-elles au peintre de traduire sa vision de l'épisode ?

4 ** **Analysez ce poème de la Pléiade.**

Ces liens d'or, cette bouche vermeille,
Pleine de lis, de roses et d'œillets,
Et ces coraux chastement vermeillets,
Et cette joue à l'Aurore pareille ;

Ces mains, ce col, ce front, et cette oreille,
Et de ce sein les boutons verdelets,
Et de ces yeux les astres jumelets,
Qui font trembler les âmes de merveille,

Firent nicher Amour dedans mon sein,
Qui gros de germe avait le ventre plein
D'œufs non formés qu'en notre sang il couve.

Comment vivrai-je autrement qu'en langueur,
Quand une engeance immortelle je trouve
D'Amours éclos et couvés en mon cœur ?

Pierre de Ronsard, *Amours de Cassandre*, 1552.

1. Étudiez la composition du poème : comment les sentiments et les idées s'enchaînent-ils ?
2. Quel est le rôle de la forme choisie pour construire ce texte ?
3. Étudiez les rimes : comment peut-on les lier au sens du poème ?
4. Relevez les allusions mythologiques qui en font un texte de la Renaissance.

5 *** **Étudiez les principes éducatifs humanistes**

[Montaigne envisage la manière dont un professeur doit traiter et éduquer un élève.]

Il est bon qu'il le fasse trotter devant lui pour juger de son train, et juger jusques à quel point il se doit ravaler pour s'accommoder à sa force. À faute de cette proportion, nous gâtons tout ; et de la savoir choisir, et s'y conduire bien mesurément, c'est l'une des plus ardues besognes que je sache ; et est l'effet d'une haute âme et bien forte, savoir condescendre à ses allures puériles et les guider. Je marche plus sûr et plus ferme à mont qu'à val. [...] Qu'il ne lui demande pas seulement compte des mots de sa leçon, mais du sens et de la substance, et qu'il juge du profit qu'il aura fait, non par le témoignage de sa mémoire, mais de sa vie. Que ce qu'il viendra d'apprendre, il le lui fasse mettre en cent visages et accommoder à autant de divers sujets, pour voir s'il l'a encore bien pris et bien fait sien.

Michel de Montaigne, *Essais*, livre I, chapitre XXVI, orthographe modernisée.

1. Quelle est la meilleure méthode pour enseigner ?
2. Comment un élève peut-il tirer profit de ses leçons ?

Sujet du Bac

Sujet national, juin 2012, série L 4h 20 points

Corpus

Texte A : Jean de Léry, *Histoire d'un voyage fait en la terre du Brésil*, chapitre XIII, 1578 (orthographe modernisée).

[Artisan d'origine modeste et de religion protestante, Jean de Léry participa à une expédition française au Brésil. À cette occasion, il partagea pendant quelque temps la vie des Indiens tupinambas. Vingt ans après son retour en France, il fit paraître un récit de son voyage.]

Au reste, parce que nos Tupinambas sont fort ébahis de voir les Français et autres des pays lointains prendre tant de peine d'aller quérir leur Arabotan, c'est-à-dire bois de Brésil, il y eut une fois un vieillard d'entre eux qui sur cela me fit telle demande : « Que veut dire que vous autres Mairs et Peros, c'est-à-dire Français et Portugais, veniez de si loin pour quérir du bois pour vous chauffer, n'y en a-t-il point en votre pays ? » À quoi lui ayant répondu que oui et en grande quantité, mais non pas de telles sortes que les leurs, ni même du bois de Brésil, lequel nous ne brûlions pas comme il pensait, ains (comme eux-mêmes en usaient pour rougir leurs cordons de coton, plumages et autres choses) que les nôtres l'emmenaient pour faire de la teinture, il me répliqua soudain : « Voire, mais vous en faut-il tant ? – Oui, lui dis-je, car (en lui faisant trouver bon) y ayant tel marchand en notre pays qui a plus de frises et de draps rouges, voire même (m'accommodant toujours à lui parler de choses qui lui étaient connues) de couteaux, ciseaux, miroirs et autres marchandises que vous n'en avez jamais vu par deçà, un tel seul achètera tout le bois de Brésil dont plusieurs navires s'en retournent chargés de ton pays. – Ha, ha, dit mon sauvage, tu me contes merveilles. » Puis ayant bien retenu ce que je lui venais de dire, m'interrogeant plus outre, dit : « Mais cet homme tant riche dont tu me parles, ne meurt-il point ? – Si fait, si fait, lui dis-je, aussi bien que les autres. » Sur quoi, comme ils sont aussi grands discoureurs, et poursuivent fort bien un propos jusqu'au bout, il me demanda derechef : – « Et quand donc il est mort, à qui est tout le bien qu'il laisse ? » « – À ses enfants, s'il en a, et à défaut d'iceux à ses frères, soeurs et plus prochains parents. » « – Vraiment, dit alors mon vieillard (lequel comme vous jugerez n'était nullement lourdaud), à cette heure connais-je que vous autres Mairs, c'est-à-dire Français, êtes de grand fols : car vous faut-il tant travailler à passer la mer, sur laquelle (comme vous nous dites étant arrivés par-deçà) vous endurez tant de maux, pour amasser des richesses ou à vos enfants ou à ceux qui survivent après vous ? La terre qui les a nourris n'est-elle pas aussi suffisante pour les nourrir ? Nous avons (ajouta-t-il), des parents et des enfants, lesquels, comme tu vois, nous aimons et chérissons ; mais parce que nous nous assurons qu'après notre mort la terre qui a nous a nourris les nourrira, sans nous en soucier plus avant, nous nous reposons sur cela. » Voilà sommairement et au vrai le discours que j'ai ouï de la propre bouche d'un pauvre sauvage américain.

Texte B : Michel de Montaigne, *Essais*, Livre III, chapitre VI, « Des coches », 1588.

[Dans ce passage de ses Essais, *Montaigne se fonde sur les témoignages qu'il a lus pour critiquer le comportement des conquérants européens dans le Nouveau Monde.]*

La plupart de leurs réponses et des négociations faites avec eux montrent que [ces hommes] ne nous étaient nullement inférieurs en clarté d'esprit naturelle et en justesse [d'esprit]. La merveilleuse magnificence des villes de

Cusco et de Mexico et, parmi beaucoup d'autres choses semblables, le jardin de ce roi, où tous les arbres, les fruits et toutes les herbes, selon l'ordre et la grandeur qu'ils ont dans un jardin [normal], étaient excellemment façonnés en or, comme, dans son cabinet, tous les animaux qui naissaient dans son État et dans ses mers, et la beauté de leurs ouvrages en joaillerie, en plume, en coton, dans la peinture, montrent qu'ils ne nous étaient pas non plus inférieurs en habileté. Mais en ce qui concerne la dévotion, l'observance des lois, la bonté, la libéralité, la franchise, il a été très utile pour nous de ne pas en avoir autant qu'eux. Ils ont été perdus par cet avantage et se sont vendus et trahis eux-mêmes. Quant à la hardiesse et au courage, quant à la fermeté, la résistance, la résolution contre les douleurs et la faim et la mort, je ne craindrais pas d'opposer les exemples que je trouverais parmi eux aux plus fameux exemples anciens que nous ayons dans les recueils de souvenirs de notre monde de ce côté-ci [de l'Océan]. Car, que ceux qui les ont subjugués suppriment les ruses et les tours d'adresse dont ils se sont servis pour les tromper, et l'effroi bien justifié qu'apportait à ces peuples-là le fait de voir arriver aussi inopinément des gens barbus, différents d'eux par le langage, la religion, par l'aspect extérieur et le comportement, venant d'un endroit du monde où ils n'avaient jamais imaginé qu'il y eût des habitants, quels qu'ils fussent, [gens] montés sur de grands monstres inconnus, contre eux qui non seulement n'avaient jamais vu de cheval mais même bête quelconque dressée à porter et à avoir sur son dos un homme ou une autre charge, munis d'une peau luisante et dure et d'une arme [offensive] tranchante et resplendissante, contre eux qui, contre la lueur qui les émerveillait d'un miroir ou d'un couteau, échangeaient facilement une grande richesse en or et en perles, et qui n'avaient ni science ni matière grâce auxquelles ils pussent, même à loisir, percer notre acier ; ajoutez à cela les foudres et les tonnerres de nos pièces [d'artillerie] et de nos arquebuses, capables de troubler César lui-même, si on l'avait surpris avec la même inexpérience de ces armes, et [qui étaient employées] à ce moment contre des peuples nus, sauf aux endroits où s'était faite l'invention de quelque tissu de coton, sans autres armes, tout au plus, que des arcs, des pierres, des bâtons et des boucliers de bois ; des peuples surpris, sous une apparence d'amitié et de bonne foi, par la curiosité de voir des choses étrangères et inconnues : mettez en compte, dis-je, chez les conquérants cette inégalité, vous leur ôtez toute la cause de tant de victoires.

6 Quelles qualités des peuples du Nouveau Monde les textes proposés mettent-ils en relief ?

☑ *4 points*

7 Vous traiterez, au choix, l'un des trois sujets suivants.

☑ *16 points*

- **Vous ferez le commentaire du texte de Jean de Léry (texte A).**

- **Dissertation**

Dans le premier livre des *Essais*, Michel de Montaigne explique que, pour se former, il faut « frotter et limer notre cervelle contre celle d'autrui ».
En quoi peut-on dire que l'humanisme, à la Renaissance, se caractérise par une ouverture à l'autre et une interrogation sur l'autre ? Vous répondrez à cette question en vous appuyant sur les textes du corpus et sur vos connaissances et lectures personnelles.

- **Écriture d'invention**

Quelques années plus tard, l'un des Indiens tupinambas qui avait rencontré Jean de Léry (texte A) raconte à son peuple, lors d'une cérémonie publique, l'arrivée et le séjour de cet Européen dans leur village du Brésil.

CHAPITRE 6 Les réécritures, du XVIIe siècle jusqu'à nos jours

I La réécriture

Définition

Le terme de « réécriture » désigne un écrit qui, reprenant un texte préexistant, l'adapte, le transforme, en jouant sur ses procédés littéraires et sur ses codes. La réécriture interroge sur les notions d'originalité et de singularité stylistiques.

1 Les origines et les enjeux

Écrire une nouvelle version d'un texte antérieur est une pratique ancienne, attestée, et qui suppose un texte source.

- Dès l'Antiquité, imiter n'est pas copier, mais s'inspirer, pour proposer une création nouvelle, personnelle. C'est alors soit un témoignage d'admiration, soit une manière de renouveler la littérature.
- À la Renaissance, la langue française se constitue en idiome culturel valorisé. Il faut donc une littérature de qualité. Motifs et thématiques proviennent des modèles antiques.
- Durant le siècle classique, l'imitation des Anciens est au cœur de la création pour montrer une érudition, mais aussi réfléchir sur les grandes interrogations de l'homme.
- Les romantiques s'opposent à la « servilité » de la réécriture littéraire.

Le petit + pour la mention

La querelle des Anciens et des Modernes, à la fin du XVIIe siècle (1687-1715), oppose les Anciens, pour qui « tout est dit » (Boileau) et pour qui l'art est dans la variation, et les Modernes, qui croient que la création littéraire originale est possible.

2 La transtextualité

Gérard Genette, en France, a élaboré le concept d'intertextualité, puis de transtextualité ou « transcendance textuelle », en s'attachant à « tout ce qui met le texte en relation, manifeste ou secrète, avec d'autres textes » (G. Genette, *Palimpsestes*, Le Seuil, coll. « Poétique », 1982).

Il distingue donc **cinq types de relations transtextuelles** :

• L'**intertextualité**, « relation de coprésence entre deux ou plusieurs textes ».

• La **paratextualité**, « relation que le texte entretient, dans l'ensemble formé par une œuvre littéraire », avec son paratexte : titre, sous-titre, intertitres, préfaces, postfaces, avertissements, avant-propos, notes.

• La **métatextualité**, « relation, dite "de commentaire", qui unit un texte à un autre texte dont il parle, sans nécessairement le citer ».

• L'**hypertextualité**, « toute relation unissant un texte B (hypertexte) à un texte antérieur A (hypotexte) sur lequel il se greffe d'une manière qui n'est pas celle du commentaire ».

• L'**architextualité**, « l'ensemble des catégories générales, ou transcendantes – types de discours, modes d'énonciation, genres littéraires, etc. – dont relève chaque texte singulier ».

L'intertextualité : histoire

Avant les études de G. Genette, dans les années 1960, Julia Kristeva note que « tout texte se construit comme une mosaïque de citations, tout texte est absorption et transformation d'un autre texte » (Julia Kristeva, « Le mot, le dialogue et le roman », *Semeiotike : recherches pour une sémanalyse*, Paris, Seuil, p. 82-112, 1969).

II Les différents types de réécritures

• Les **reprises et variations :** l'intertextualité a deux modalités différentes : la **coprésence**, la citation ou plagiat, et la **transformation.**

• La **citation :** véritable reprise d'un texte antérieur, elle est généralement signalée graphiquement par les guillemets et, parfois, l'italique.

• Les **allusions :** l'allusion **explicite** : réécriture d'un mythe (*La Machine infernale* de Cocteau reprend et joue sur *l'Œdipe roi* de Sophocle), témoignage d'influence et / ou d'admiration (Nerval s'inspire de Rousseau et de sa *Nouvelle Héloïse* pour *Sylvie*), inspiration attestée (*La Curée* de Zola est une vision moderne de la *Phèdre* de Racine)… La référence **implicite** : plus difficile à repérer (*Madame Bovary* est une critique acerbe des romans de chevalerie et d'amour).

• La **traduction :** elle est souvent considérée comme une réécriture puisque le changement de langue invite à interpréter, commenter parfois, le texte d'origine.

La réécriture pose le problème essentiel de la « mimesis », concept introduit par Aristote dans la *Poétique*.

Définition

On appelle **imitation ou « mimesis »** la reprise fidèle d'une œuvre, ou d'un genre, la représentation du réel grâce aux mots et à la littérature. Le « nouveau » texte est vraisemblable, mais indépendant de son modèle réel.

Lorsqu'un auteur s'inspire fortement d'une œuvre, l'adapte à son temps, l'introduit et la divulgue, on parle d'**innutrition**. Cela peut être considéré comme un facteur de progrès, et comme un hommage rendu à l'auteur original.

La réécriture peut se faire par **transformation**.

- La **parodie** : elle consiste à imiter les procédés en les grossissant pour mieux les dévoiler et, parfois, les critiquer. Patrick Rambaud, par exemple, pousse le jeu jusqu'à adopter le pseudonyme de « Marguerite Duraille » et à écrire *Mururoa mon amour* en pastichant le célèbre texte de Marguerite Duras…
- Le **travestissement** : il se définit par le choix d'un type unique de transformation stylistique. Il s'agit généralement d'une « trivialisation ». Scarron reprend *L'Énéide* et écrit son *Virgile travesti* (1648-1653).
- La **transposition** : un même thème ou un même personnage sont repris et développés avec des variations propres à un écrivain, à une époque (certains mythes sont réécrits au XXe siècle).

Mais la réécriture peut aussi être réalisée par simple **imitation**.

- Le **pastiche** : il consiste à écrire un texte « à la manière de ». Il exige une connaissance précise du style d'un auteur et une grande maîtrise. Proust est célèbre pour ses *Pastiches et Mélanges* (parus en 1919).
- La **charge** : elle exagère les procédés, en amplifiant les usages d'un auteur.

À savoir

Critères de différenciation : pour Genette, on ne peut pasticher que des genres, alors que la parodie ne porte que sur un auteur, un style.

- La « **forgerie** » : imitation sérieuse, différente de la charge ou de la parodie.
- Le **burlesque et l'héroï-comique**.

– Le **burlesque** : de l'italien *burlesco*, dérivé de *burla*, « farce, plaisanterie », il repose sur la conception ancienne de la « roue des styles ». Chaque genre doit être écrit selon un style. Le « noble » est réservé à la tragédie, par exemple, le « bas » à la farce. Le burlesque correspond à toutes les formes de décalage dévalorisant ; le texte passe du vers à la prose, du sérieux au comique, d'un langage recherché à une expression vulgaire.

– L'**héroï-comique :** l'inverse du burlesque, il s'agit de traiter de manière noble et raffinée un sujet vulgaire et « bas ».

C'est aux XVIIe et XVIIIe siècles surtout que ce registre connut son apogée. Il se développa particulièrement dans la critique, la satire du monde féodal et des romans de chevalerie médiévaux.

Histoire Littéraire

Don Quichotte ridiculise les romans de chevalerie, devenus désuets.
En France, Boileau, dans *Le Lutrin* (1672), transforme l'épopée homérique, *L'Iliade* et son hypotexte, *L'Enéide* de Virgile, et bâtit une œuvre particulièrement sérieuse sur un sujet en apparence insignifiant.

III Les autres modes de réécriture

Enfin, on peut noter que la « réécriture » peut également être une transposition d'un genre à un autre, mais aussi d'un art à un autre. Le procédé est alors plus difficile à analyser parce que plus complexe, puisque supports et techniques diffèrent.

1 D'un genre littéraire à un autre

La réécriture peut souvent porter sur le passage d'un genre littéraire à un autre (roman et théâtre, notamment). L'auteur lui-même peut choisir de réécrire son œuvre en changeant de genre : le roman devient pièce de théâtre (Vercors (Jean Bruller), fait des *Animaux dénaturés* en 1952 une pièce, *Zoo ou l'Assassin philanthrope* en 1963).

• Un autre écrivain peut réécrire, dans un autre genre, une œuvre connue. Henry Bauchau, écrit une seconde adaptation romanesque de la pièce de Sophocle, *Antigone*, en 1997.

Les poètes peuvent également réécrire des œuvres : Dom Juan, protagoniste de théâtre, devient un sujet essentiel pour Baudelaire (1861), un personnage de nouvelle ou de roman (Balzac, *L'Elixir de longue vie* (1830), *Les Trois Dom Juan* de G. Apollinaire (1914).

2 De la littérature aux autres arts

Un même thème, un personnage identique, passent aussi dans d'autres arts, peinture, opéra, cinéma notamment et inspirent d'autres artistes qui utilisent d'autres techniques et des supports variés, révélateurs de la « relecture » de l'œuvre originale et originelle.

• Les cas de « citations » sont nombreux, Gérard Garouste, en 1998, reprend le personnage de Don Quichotte dans un tableau célèbre, « Le Masque » :

Gérard Garouste, *Le Masque*, 130 x 97 cm, huile sur toile, 1998.

• Une œuvre littéraire peut devenir un opéra (*Dom Juan*, par exemple avec Mozart) et acquérir parfois une valeur différente. *La Dame de pique*, de Pouchkine (1834), est ainsi adaptée à l'opéra par Tchaïkovski en 1890, puis au cinéma en 1916 (Protazanov) et en 1937 (Ozep).

Le petit + pour la mention

On peut d'ailleurs noter que ces passages d'un genre à un autre transforment souvent le destin du personnage essentiel. Orphée, notamment, est déchiqueté par les Bacchantes dans la version mythique, emmené au ciel par Apollon dans L'*Orfeo* de Monteverdi (opéra composé en 1607), se suicide dans l'*Eurydice* d'Anouilh en 1942, devient immortel et vit heureux avec Eurydice dans le film de Jean Cocteau en 1950…

- Toute œuvre d'art est une production humaine qui témoigne de la manière dont on analyse la réalité.
- Ainsi l'on peut citer, parodier tout en jouant sur la représentation culturelle des valeurs d'une œuvre : Georges Fourest réécrit la fin du *Cid* dans un sonnet célèbre (*La Négresse blonde*) mais, en 1909, le thème de l'honneur paraît bien loin et la réécriture se moque des normes héroïques classiques.
- Toute représentation est une réécriture : chaque mise en scène d'une pièce de théâtre est une interprétation, faite par le metteur en scène et son équipe, du texte.
- Si l'on élargit la réécriture à la peinture, on peut constater qu'il existe des modalités identiques : Manet cite le célèbre *El Tres de Mayo* de Goya (1814) lorsqu'il peint *L'Exécution de Maximilien* en 1868. Mais un peintre peut aussi interpréter, parodier, transposer…

SCHÉMA-**BILAN**

La réécriture consiste à reprendre des thèmes, un genre, des personnages et à les **transformer** pour produire un nouveau texte.

↓

Les réécritures sont donc nombreuses et s'inscrivent dans l'**intertextualité**.

↓

Réécrire n'est pas copier.

↑ De nombreuses réécritures s'attachent aux mythes, à des personnages célèbres.

↑ La réécriture peut également concerner le passage d'un art à un autre.

MÉTHODE

Analyser une réécriture

Exemples

Texte 1 : extrait du *Cid* (acte V, scène 7), de Corneille, 1637.

CHIMÈNE
Relève-toi, Rodrigue. Il faut l'avouer, sire,
Je vous en ai trop dit pour m'en vouloir dédire.
Rodrigue a des vertus que je ne puis haïr :
Et quand un roi commande, on lui doit obéir.
Mais, à quoi que déjà vous m'ayez condamnée,
Pourrez-vous à vos yeux souffrir cet hyménée ?
Et quand de mon devoir vous voulez cet effort,
Toute votre justice en est-elle d'accord ?
Si Rodrigue à l'État devient si nécessaire,
De ce qu'il fait pour vous dois-je être le salaire,
Et me livrer moi-même au reproche éternel
D'avoir trempé mes mains dans le sang paternel ?

Texte 1 : extrait de *La Négresse blonde*, de Georges Fourest, 1909.

Le palais de Gormaz, comte et gobernador,
est en deuil : pour jamais dort couché sous la pierre
l'hidalgo dont le sang a rougi la rapière
de Rodrigue appelé le Cid Campeador.

Le soir tombe. Invoquant les deux saints Paul et Pierre
Chimène, en voiles noirs, s'accoude au mirador
et ses yeux dont les pleurs ont brûlé la paupière
regardent, sans rien voir, mourir le soleil d'or…

Mais un éclair, soudain, fulgure en sa prunelle :
sur la plaza Rodrigue est debout devant elle !
Impassible et hautain, drapé dans sa capa,

le héros meurtrier à pas lents se promène :
« Dieu ! » soupire à part soi la plaintive Chimène,
« qu'il est joli garçon l'assassin de Papa ! »

MÉTHODE

ÉTAPE 1 ▶ Étudier les ressemblances dans la transposition

→ **Identifier les sources :** Comment savoir si un texte est original ou s'il a eu des modèles ?

- Les éditions élaborées permettent toujours de le savoir, par des introductions ou des notes. Ainsi, toutes les éditions dites « savantes » indiquent les prédécesseurs, les hypertextes, parfois le texte-source.

- On peut aussi trouver les références en bibliothèque, par des index, ou des dictionnaires d'œuvres. La littérature comparée étudie ainsi un thème ou un mythe à travers les époques et les différentes civilisations.

→ **Identifier les ressemblances**

- Les deux extraits sont centrés sur le personnage de Chimène. À la fin de l'intrigue, Rodrigue, qu'elle aimait avant le début de l'action, est toujours celui auquel elle pense.

- Tous les personnages essentiels à l'intrigue sont conservés : Chimène, Rodrigue, le Cid, et les circonstances fondamentales aussi : le duel, la mort du Comte (père de la jeune fille).

- Le personnage éponyme est cité (« le Cid Campeador », Rodrigue), les repères spatio-temporels sont les mêmes : le lieu est bien le palais et le moment est situé après la mort du père, le duel. Les plaintes du deuil sont présentes, puisque dans les deux extraits, Chimène pleure son père, un héros du royaume.

ÉTAPE 2 ▶ Analyser les différences

- Corneille met en relief les valeurs de son temps : la jeune fille s'exprime publiquement ; constante dans l'amour au-delà des obligations familiales et sociales (« Rodrigue a des vertus que je ne puis haïr »), obéissant aveuglément aux volontés royales (« Et quand un roi commande, on lui doit obéir. »), elle n'en reste pas moins attachée à la gloire familiale et au respect de la mémoire de son père et de l'amour filial qu'elle lui doit (« Si Rodrigue à l'État devient si nécessaire, (…) D'avoir trempé mes mains dans le sang paternel ? »). Les images sont violentes (« tremper ») et la « reddition » lente et difficile à accepter, du moins à dire.

- G. Fourest, en revanche, joue sur l'ambiguïté contenue dans le texte de Corneille : la jeune fille ayant auparavant fait comprendre à Rodrigue qu'elle ne le haïssait point (ce qui devrait être le cas en de tels instants). Il situe la scène un peu plus tardivement que le dénouement de la tragédie cornélienne. Chimène ne s'adresse plus au roi, devant la cour, mais observe de loin le jeune Rodrigue. Sa parole n'est destinée qu'à elle-même et, dans cet aparté, elle peut donc laisser libre cours à ses sentiments.

ÉTAPE 3 ▶ Caractériser les registres

- Le registre est tragique chez Corneille. Le lexique, la situation, les tonalités renvoient bien à cet univers théâtral.

- Chez Fourest, en revanche, le registre est orienté vers le comique. La parodie touche au burlesque et réside dans le comique même de la situation et des mots. L'exclamation finale (« qu'il est joli garçon l'assassin de papa ! ») est en décalage absolu avec la situation (les voiles noirs du deuil, la situation « plaintive », les pleurs), d'autant plus que le vocabulaire trivial (« joli garçon ») dénote par rapport au registre tragique et que la remarque est saugrenue dans un tel contexte. Le comique naît de l'inadaptation et de la transgression des valeurs (on n'aime pas l'assassin, mot fort, de son père, on ne fonde pas son amour en de pareilles circonstances sur le physique…).

- Il s'agit bien d'une parodie, puisque si Fourest « imite », il imite Corneille et son œuvre maîtresse, et il le fait en exagérant.

Attachez-vous à l'analyse des procédés utilisés pour mieux cerner les textes. Il ne s'agit pas d'un pastiche, puisque Fourest n'écrit pas une scène de tragédie en vers, mais un sonnet qui imite en transposant.

ENTRAÎNEMENT

► Corrigés p. 220

Tester ses connaissances

1 Comment peut-on définir l'intertextualité ? S'agit-il :

- ☐ d'un procédé d'écriture ?
- ☐ d'un concept philosophique ?
- ☐ d'une notion qui analyse les relations qu'entretiennent les textes entre eux ?
- ☐ d'un texte qui en copie un autre ?

2 Faites correspondre les définitions et les noms :

Réécriture comique •	• Burlesque
Texte imité d'un autre •	• Héroï-comique
Réécriture qui exagère les procédés •	• Parodie
Utilisation d'un style bas pour un sujet noble •	• Pastiche
Utilisation d'un style noble pour un sujet insignifiant •	• Charge

S'entraîner

3 * Étudiez la reprise des éléments thématiques dans les extraits suivants.

Extrait 1 :

Ô toison, moutonnant jusque sur l'encolure !
Ô boucles ! Ô parfum chargé de nonchaloir !
La langoureuse Asie et la brûlante Afrique,
[…] Tout un monde lointain, absent, presque défunt,
Vit dans tes profondeurs, forêt aromatique !
Comme d'autres esprits voguent sur la musique,
Le mien, ô mon amour ! nage sur ton parfum.
[…]
Cheveux bleus, pavillon de ténèbres tendues,
Vous me rendez l'azur du ciel immense et rond ;

Sur les bords duvetés de vos mèches tordues
Je m'enivre ardemment des senteurs confondues
De l'huile de coco, du musc et du goudron.

Longtemps ! toujours ! ma main dans ta crinière lourde
Sèmera le rubis, la perle et le saphir,
Afin qu'à mon désir tu ne sois jamais sourde !
N'es-tu pas l'oasis où je rêve, et la gourde
Où je hume à longs traits le vin du souvenir ?

Charles Baudelaire, « La Chevelure », *Les Fleurs du mal*, 1857.

Extrait 2 :

[…] Si tu pouvais savoir tout ce que je vois ! tout ce que je sens ! tout ce que j'entends dans tes cheveux ! Mon âme voyage sur le parfum comme l'âme des autres hommes sur la musique.

Tes cheveux contiennent tout un rêve, plein de voilures et de mâtures ; ils contiennent de grandes mers dont les moussons me portent vers de charmants climats, où l'espace est plus bleu et plus profond, où l'atmosphère est parfumée par les fruits, par les feuilles et par la peau humaine.

Dans l'océan de ta chevelure, j'entrevois un port fourmillant de chants mélancoliques, d'hommes vigoureux de toutes nations et de navires de toutes formes découpant leurs architectures fines et compliquées sur un ciel immense où se prélasse l'éternelle chaleur.

[…] Dans l'ardent foyer de ta chevelure, je respire l'odeur du tabac mêlé à l'opium et au sucre ; dans la nuit de ta chevelure, je vois resplendir l'infini de l'azur tropical ; sur les rivages duvetés de ta chevelure je m'enivre des odeurs combinées du goudron, du musc et de l'huile de coco.

Laisse-moi mordre longtemps tes tresses lourdes et noires. Quand je mordille tes cheveux élastiques et rebelles, il me semble que je mange des souvenirs.

Charles Baudelaire, « Un hémisphère dans une chevelure », *Le Spleen de Paris*, 1869.

4 ** **Analysez la réécriture à partir des deux extraits suivants.**

1. Étudiez les variantes, l'originalité d'un texte et de l'autre.

2. Identifiez l'objectif de la réécriture de La Fontaine.

ENTRAÎNEMENT

Texte 1 : source

Horace présente cet apologue.

[…] « Un jour, le rat des champs reçut, dit-on, le rat de ville dans son misérable trou : c'étaient de vieux amis qui se voyaient depuis longtemps. Le rat des champs était rude, il ne gaspillait pas ses provisions ; mais, quand il recevait, il se relâchait de ses habitudes d'économie. Bref, il n'épargna ni sa réserve de pois chiches, ni son avoine au grain allongé ; il présenta des grains de raisin sec, des morceaux de lard à demi rongés, cherchant à vaincre par la variété des mets les dégoûts de son ami, qui touchait chaque plat du bout des dents. L'amphitryon lui-même, couché sur la paille de l'année, mangeait du blé et de l'ivraie, laissant à son hôte les meilleurs morceaux. À la fin, le rat de ville parla : « Quel plaisir, mon ami, peux-tu bien trouver à vivre de privations sur le flanc de ce bois escarpé ? Ne préférerais-tu pas la ville et la société des hommes à tes forêts sauvages ? Crois-moi, viens avec moi : tout ce qui vit sur terre a reçu du sort une âme mortelle ; grand ou petit, on n'échappe pas à la mort ; donc, mon bon, pendant que tu le peux, vis heureux dans la joie, et rappelle-toi combien la vie est brève. »

Horace, *Satires*, II, 6, vers 79-117, traduction de François Richard, éd. GF, 1967, © Flammarion.

Texte 2 : réécriture

Le Rat de ville et le Rat des champs

Autrefois le Rat de ville
Invita le Rat des champs,
D'une façon fort civile,
À des reliefs d'ortolans.

Sur un tapis de Turquie
Le couvert se trouva mis.
Je laisse à penser la vie
Que firent les deux amis.

[…]

La Fontaine, *Fables*, I, 9.

5 ** **Étudiez un pastiche, à partir des extraits suivants : observez et comparez notamment les personnages, le lexique, la structure des phrases.**

Extrait 1 :

Le narrateur, « néo-Marcel », livre des récits révélateurs de ses fantasmes :

« Humilié et même mortifié grave de ne pas savoir nager, j'avais décidé de me lancer dans l'apprentissage de la natation, tout réjoui à la perspective, que j'espérais prochaine, de me mouvoir facilement dans l'onde, et ne doutant pas que l'acquisition et la maîtrise de cet art me vaudraient d'entrer enfin en contact avec la petite bande de ces jolies jeunes filles, ornement de notre station, que du bord de la piscine du Grand Hôtel (« Vous ne trouverez nulle part ailleurs d'aussi jolies sylphilles, me soufflait le directeur, elles ont les censurations idéales pour goncourir pour être élues graines de beauté, même pour le titre de Miss Onde ou de Miss Unilever. Qu'attendez-vous pour jouer les cavaliers savants ? ») [...]

Jacques Géraud, *Petits Proustillants*, PUF, 2005, pp. 14-15.

Extrait 2 :

Le narrateur séjourne avec sa grand-mère dans le Grand Hôtel de Balbec ; il observe un groupe de jeunes filles sur la plage.

Et cependant, la supposition que je pourrais un jour être l'ami de telle ou telle de ces jeunes filles, que ces yeux dont les regards inconnus me frappaient parfois en jouant sur moi sans le savoir, comme un effet de soleil sur un mur, pourraient jamais par une alchimie miraculeuse laisser transpénétrer entre leurs parcelles ineffables l'idée de mon existence, quelque amitié pour ma personne, que moi-même je pourrais un jour prendre place entre elles, dans la théorie qu'elles déroulaient le long de la mer – cette supposition me paraissait enfermer en elle une contradiction aussi insoluble, que si devant quelque frise antique, ou quelque fresque figurant un cortège, j'avais cru possible, moi spectateur, de prendre place, aimé d'elles, entre les divines processionnaires. Le bonheur de connaître ces jeunes filles était-il donc irréalisable ?

Marcel Proust, *À l'ombre des jeunes filles en fleurs*, 1919.

ENTRAÎNEMENT

6 * Jeux de l'Oulipo : identifiez les poèmes imités et la règle adoptée. Portez un jugement sur l'œuvre obtenue.**

Dans la publication de 1973, les écrivains de l'Oulipo inventent le lipogramme (interdiction d'utiliser une lettre donnée), ou comme ici la technique dite « S + 7 », qui consiste à remplacer un mot par le septième qui le suit dans un dictionnaire donné.

Texte 1 :

Le Desdonado

Je suis le tensoriel, le vieux, l'inconsommé
Le printemps d'Arabie à la tourbe abonnie
Ma simple étole est molle et mon lynx consterné
Pose le solen noué de la mélanémie.
[...]

Raymond Queneau, Oulipo, *La Littérature potentielle*, 1973, © Éditions Gallimard.

Texte 2 :

Luth, prends ton poète et me donne une fleur ;
Le baiser des bourgeons sent l'églantier éclore.
Le soir naît ce printemps ; les bergeronnettes vont s'embrasser ;
et les vents, en attendant les buissons,
à la première aurore verte commencent à se poser.
[...]

Jean Lescure, « Permutations plates », Oulipo, *La Littérature potentielle*, 1973, © Éditions Gallimard.

Sujet du Bac

D'après sujet, série L, juin 2010 4 h 20 points

Corpus

Texte A : Gustave Flaubert, *L'Éducation sentimentale*, troisième partie, chapitre VI, 1869.

Fréderic Moreau reverra Mme Arnoux, éprise de lui, mais leur union n'aura pas lieu. Vers la fin de mars 1867, des années après leur dernière rencontre, elle revient voir Frédéric chez lui. La scène se passe au retour d'une promenade.

Quand ils rentrèrent, Mme Arnoux ôta son chapeau. La lampe, posée sur une console[1], éclaira ses cheveux blancs. Ce fut comme un heurt en pleine poitrine. Pour lui cacher cette déception, il se posa par terre à ses genoux, et, prenant ses mains, se mit à lui dire des tendresses.

– Votre personne, vos moindres mouvements me semblaient avoir dans le monde une importance extrahumaine. Mon cœur, comme de la poussière, se soulevait derrière vos pas. Vous me faisiez l'effet d'un clair de lune par une nuit d'été, quand tout est parfums, ombres douces, blancheurs, infini ; et les délices de la chair et de l'âme étaient contenues pour moi dans votre nom que je me répétais, en tâchant de le baiser sur mes lèvres. Je n'imaginais rien au-delà. C'était Mme Arnoux telle que vous étiez, avec ses deux enfants, tendre, sérieuse, belle à éblouir et si bonne ! Cette image-là effaçait toutes les autres. Est-ce que j'y pensais, seulement ! puisque j'avais toujours au fond de moi-même la musique de votre voix et la splendeur de vos yeux !

Elle acceptait avec ravissement ces adorations pour la femme qu'elle n'était plus. Frédéric, se grisant par ses paroles, arrivait à croire ce qu'il disait. Mme Arnoux, le dos tourné à la lumière, se penchait vers lui. Il sentait sur son front la caresse de son haleine, à travers ses vêtements le contact indécis de tout son corps. Leurs mains se serrèrent ; la pointe de sa bottine s'avançait un peu sous sa robe, et il lui dit, presque défaillant :

– La vue de votre pied me trouble.

Un mouvement de pudeur la fit se lever. Puis, immobile, et avec l'intonation singulière des somnambules :

– À mon âge ! lui ! Frédéric !... Aucune n'a jamais été aimée comme moi ! Non, non, à quoi sert d'être jeune ? Je m'en moque bien ! je les méprise, toutes celles qui viennent ici !

– Oh ! il n'en vient guère ! reprit-il complaisamment.

Son visage s'épanouit, et elle voulut savoir s'il se marierait.

Il jura que non.

– Bien sûr ? pourquoi ?

– À cause de vous, dit Frédéric en la serrant dans ses bras.

1. Petit support, généralement petite table appuyée à un mur.

Elle y restait, la taille en arrière, la bouche entrouverte, les yeux levés. Tout à coup, elle le repoussa avec un air de désespoir ; et, comme il la suppliait de lui répondre, elle dit en baissant la tête :

– J'aurais voulu vous rendre heureux.

Frédéric soupçonna Mme Arnoux d'être venue pour s'offrir ; et il était repris par une convoitise plus forte que jamais, furieuse, enragée. Cependant, il sentait quelque chose d'inexprimable, une répulsion, et comme l'effroi d'un inceste. Une autre crainte l'arrêta, celle d'en avoir dégoût plus tard. D'ailleurs, quel embarras ce serait ! – et tout à la fois par prudence et pour ne pas dégrader son idéal, il tourna sur ses talons et se mit à faire une cigarette.

Elle le contemplait, tout émerveillée.

– Comme vous êtes délicat ! Il n'y a que vous ! Il n'y a que vous ! Onze heures sonnèrent.

– Déjà ! dit-elle ; au quart, je m'en irai.

Elle se rassit ; mais elle observait la pendule, et il continuait à marcher en fumant. Tous les deux ne trouvaient plus rien à se dire. Il y a un moment dans les séparations, où la personne aimée n'est déjà plus avec nous.

Enfin, l'aiguille ayant dépassé les vingt-cinq minutes, elle prit son chapeau par les brides, lentement.

– Adieu, mon ami, mon cher ami. Je ne vous reverrai jamais ! C'était ma dernière démarche de femme. Mon âme ne vous quittera pas. Que toutes les bénédictions du ciel soient sur vous !

Et elle le baisa au front, comme une mère. Mais elle parut chercher quelque chose, et lui demanda des ciseaux. Elle défit son peigne ; tous ses cheveux blancs tombèrent. Elle s'en coupa, brutalement, à la racine, une longue mèche.

– Gardez-les ! adieu !

Quand elle fut sortie, Frédéric ouvrit sa fenêtre. Mme Arnoux, sur le trottoir, fit signe d'avancer à un fiacre[1] qui passait. Elle monta dedans. La voiture disparut. Et ce fut tout.

Texte B : Louis Aragon, *Blanche ou l'Oubli*, troisième partie, chapitre III, « Une mèche de cheveux n'est pas une hypothèse », 1967.

Ce roman brouille toutes les pistes. Aragon parle du « doute perpétuel qui règne sur l'existence des personnages du roman, sur la personnalité du (ou des)

1. Voiture de louage tirée par un cheval et conduite par un cocher.

narrateur(s), etc. ». Pour lire ce passage, il suffit de savoir que le narrateur, Geoffroy Gaiffier avait été quitté par sa femme, Blanche. Longtemps après, dix-huit ans plus tard, elle a réapparu.

[...] Et moi, tout d'un coup, peut-être à cause de cette ressemblance, je cesse à nouveau d'entendre Blanche, est-ce que je n'ai pas rêvé tout ça ? J'avais un peu bu. J'ai beau la voir, Blanche. Elle m'explique : « Je suis restée très longtemps à t'attendre, Geoff', il faut comprendre. Le comprendre. Cette maison noire... nous deux... » De quoi parle-t-elle ? De qui[2] ? Le klaxon a encore appelé, au dehors, parce que c'est un klaxon. Je pourrais demander, qui est-ce ? je pourrais dire, ne t'en va pas sans m'avoir... Blanche dit : « Tu l'entends, tu l'entends ? Il s'impatiente. Il a dû tourner toute la soirée comme un fou dans les montagnes. Je le connais. Il est vraiment capable de toutes les folies... » Je la regarde. Elle n'est plus jeune, c'est-à-dire si on compare avec la mémoire... mais si on la compare avec l'oubli. Un visage lisse encore. Voilà la différence : autrefois je n'aurais jamais pensé *encore*. Qu'est-ce qu'il y a donc dans ses yeux, les mêmes ? Comme un regret ou une peur, je ne sais. Les deux, probable. Mais ce n'est pas de moi qu'elle a peur. Plus de moi. Ni pour moi. Je dis : « Alors, nous allons nous quitter comme ça ? » Elle a eu un geste inattendu, levé ce bras nu, ce bras d'enfant, toujours, dont j'ai le souffle coupé. Elle a porté sa main à sa tête. Qu'est-ce qu'elle fait ?

Elle a arraché ce voile blond, elle passe les doigts dans les cheveux qui se défont. J'ai vu. Mon Dieu, mon Dieu. Est-ce possible ? C'est terrible, comme ça tout d'un coup. Mais jamais elle n'a été plus belle, cela lui donne une autre douceur du visage que la dureté des cheveux noirs et lourds... Elle dit : « tu as des ciseaux... », et ce n'est pas une question. Personne comme Blanche ne fait à la fois la question et la réponse (*« Tu permets que je t'embrasse ? »*, comme elle disait après l'avoir fait). Les ciseaux... elle sait qu'il y a des ciseaux, ici, dans le tiroir de la desserte, comme il y a Pulchérie[3], elle me les demande, feint de me les demander avec ce geste agité de la main, de quelqu'un qui ne dispose pas de son temps. Je ne comprends pas. Alors elle les prend elle-même.

... Elle défit son peigne ; tous ses cheveux blancs tombèrent. Elle s'en coupa, brutalement, à la racine, une longue mèche. – Gardez-les ! adieu !

---

2. L'homme qui attend Blanche à l'extérieur.
3. Le narrateur réside chez des amis. Pulchérie a ouvert la porte à Blanche. Le narrateur s'est étonné que Blanche connaisse sa présence.

C'est incroyable, parfaitement insensé, dans un moment pareil, de ne pouvoir faire autrement que de penser à Frédéric Moreau, à Mme Arnoux.

« Non, – dit Blanche –, ne m'accompagne pas, Geoff', c'est un fou, tu sais… et il a si longtemps attendu… »

Quand elle fut sortie, Frédéric ouvrit sa fenêtre. Mme Arnoux sur le trottoir fit signe d'avancer à un fiacre qui passait.

Je n'ai pas reconduit Blanche à la porte, je n'ai pas soulevé le rideau de la fenêtre. Je ne lui avais pas demandé, quand elle a dit *c'est un fou* : « Et tu l'aimes ? » Il n'y avait pas besoin. La voiture là-bas démarrait avec une brutalité de fauve. Je ne suis pas si sourd. D'où j'étais, d'ailleurs, dans la pièce, j'ai vu tourner les phares. Et je me suis caché les yeux dans les mains, pour ne plus voir que l'oubli. Les cendres chaudes de l'oubli.

7 En quoi le texte B est-il une réécriture du texte A ? Vous vous en tiendrez aux éléments principaux.

☑ 4 points

8 Vous traiterez ensuite, au choix, l'un des sujets suivants.

☑ 16 points

- **Vous ferez le commentaire du texte B** (texte d'Aragon).
- **Dissertation :** selon vous, réécrire, est-ce chercher à dépasser son modèle ? Vous développerez votre argumentation en vous appuyant sur les textes du corpus, ainsi que sur ceux étudiés en classe et sur vos lectures personnelles. Vous pourrez vous intéresser à d'autres genres que le roman.
- **Écriture d'invention :** récrivez la dernière rencontre de Frédéric Moreau avec Mme Arnoux (texte A), cette fois, sous la forme d'un monologue intérieur de Frédéric qui dévoilera ses sentiments et ses pensées. Vous resterez fidèle au texte de Flaubert en vous gardant, toutefois, d'en recopier des passages.

CHAPITRE 7

Notions de rhétorique et de langue

I La rhétorique

1 Origine et définitions

À retenir

La rhétorique naît en **Grèce antique**, en même temps que la démocratie et la justice.

• Étymologiquement, c'est « l'art de l'orateur » ; elle vise à persuader l'auditoire et, en cela, constitue une technique. Sa maîtrise suppose un apprentissage et une habileté technique.

• La rhétorique se présente comme un ensemble de règles permettant à l'orateur d'être efficace (persuader lors d'un procès, en vue d'une élection) dans le choix des mots et des procédés destinés à convaincre l'interlocuteur.

• Il existe trois grands genres, à l'origine :

– le judiciaire : pour accuser, défendre, prouver une culpabilité ou une innocence. Le discours repose sur les notions morales (bien et mal) ou juridiques (vrai ou faux, juste ou injuste). L'orateur cherche souvent à émouvoir.

– le délibératif : pour pousser à agir ou dissuader de le faire, conseiller, interdire…

– l'épidictique : consiste à louer ou blâmer.

À retenir

Un **texte argumentatif** vise toujours à faire adhérer l'autre à ses propres convictions, donc à modifier ses croyances et son avis ou ses représentations. Il nécessite une connivence, des valeurs communes et l'évaluation de la place du narrateur et de celle du destinataire.

❷ Les principes

Pour convaincre ou persuader, il faut organiser son discours et, pour cela, suivre des étapes nommées depuis l'Antiquité :
• **l'Inventio** (l'invention) pour trouver les idées ;
• **la Dispositio** (la disposition) afin de les organiser selon un ordre efficace ;
• **l'Elocutio** (l'élocution) qui consiste à orner le discours ;
• **l'Actio** (l'action) qui est sa mise en scène, l'art de le jouer comme un acteur ;
• **la Mémoria** (la mémoire) qui désigne le recours aux faits enregistrés par la mémoire, fixés, souvent stéréotypés.
Les deux dernières sont peu utilisées dans les œuvres littéraires.

❸ La mise en œuvre

Les arguments peuvent être :
• d'ordre **affectif** : le narrateur cherche à donner une image de lui-même (*ethos*), à s'adapter au public pour rendre ses arguments crédibles et susciter chez lui des sentiments (*pathos* : passions : colère, crainte, pitié).
• d'ordre **logique ou rationnel** : les preuves, indépendantes de l'orateur ou naturelles et internes s'appellent les « **lieux** » (ou *topoï*). L'orateur dispose d'un réservoir dans lequel il puise à sa convenance.
• deux types de raisonnement sont possibles :
– par **déduction** (le **syllogisme** est souvent utilisé, composé de deux prémisses (la majeure et la mineure), il aboutit à une conclusion incontestable, une conclusion nécessaire : « Le loup a quatre pattes, Isengrin et Lupin ont quatre pattes, donc Isengrin et Lupin sont des loups ».
– par **induction** : ou **exemplum**, on part du particulier pour trouver le général.
L'organisation du texte est fondamentale. Elle s'articule autour de grands axes :
• L'**Exorde** (ou introduction) doit attirer l'attention, elle vise la « *captatio benevolentiae* », fait appel aux sentiments, pose la question de l'ethos (mœurs de l'orateur) annonce le projet et le plan (*partitio*). Toutefois, certains discours débutent « in medias res », sans aucune ouverture.

Définition

L'**enthymème** est un syllogisme simplifié, qui n'est composé que de deux propositions : l'antécédent et le conséquent : « je pense donc je suis ».

• La Narratio (ou diégésis) est le récit des actes accomplis ou prétendus tels. Ce passage doit être bref et vraisemblable et répondre aux questions essentielles : à qui ? quand ? où ? avec qui ? pourquoi ? comment ?
• La Confirmatio contient les arguments et les preuves pour étayer la thèse présentée dans la narratio.
• La Péroraison (ou conclusion) constitue la fin du texte et débute par un bilan synthétique (*enumeratio*) qui rappelle les acquis de la démonstration, nouvelle étape de pathos pour convaincre en émouvant.

Le petit + pour la mention

D'ordinaire, la « *captatio benevolentiae* » était obligatoire pour séduire le lecteur et lui donner envie de lire la suite, mais un texte peut débuter « *in medias res* ». On entre alors directement dans le sujet, dans l'histoire.

4 Les figures de style

Initialement conçues comme des ornements, des « fleurs » rhétoriques, les « figures » constituent un double écart : elles agrémentent le discours en se détachant de l'expression la plus simple et en jouant sur la norme.
Différents classements sont possibles, mais on les analyse souvent en fonction du lien qu'elles établissent. Elles sont fort nombreuses, mais les plus utilisées sont les suivantes :
• Figures d'analogie : elles rapprochent des éléments, grâce à un outil (la comparaison), identifient totalement deux éléments (la métaphore), rapprochent un être non humain des caractéristiques humaines (la personnification) ou rendent concrète une idée, une abstraction (l'allégorie).
• Figures de substitution : elles désignent un être ou une chose par un terme qui est lié, qui est proche (la métonymie et la synecdoque : une partie pour le tout), développent en plusieurs mots un seul terme (la périphrase) ; expriment le contraire de la pensée (l'antiphrase dont l'effet est l'ironie).
• Figures d'opposition : elles présentent des éléments qui ne vont pas ensemble, introduisant deux termes contraires employés dans un contexte proche (l'antithèse) ou accolés l'un à l'autre (l'oxymore), font se succéder deux expressions dont l'ordre est interverti (le chiasme).

• Les figures d'**amplification** ou d'**atténuation** modifient l'intensité de l'expression, en exagérant (l'**hyperbole**) ou en atténuant (pour ne pas choquer : l'**euphémisme**, ou pour suggérer implicitement davantage : la **litote**).
• Les figures d'**accumulation** et d'**insistance** : reprennent et répètent une même structure phrastique (le **parallélisme**), une même expression en tête de groupe (l'**anaphore**) ou en fin (l'**épiphore**), accumule des termes d'intensité croissante ou décroissante (**gradation**, crescendo ou decrescendo).

5 Les principaux procédés rhétoriques à connaître

Enfin, pour analyser un texte, il faut être attentif à certains procédés de mise en valeur du message :
• La **prosopopée** donne la parole à un absent, un mort ou un dieu et influence le destinataire.
• L'**hypotypose** donne à voir, comme si l'on y assistait, une scène.
• La **mise en abyme** inclut un genre, une scène, un motif à l'intérieur de ces mêmes genre, scène, motif (le « théâtre dans le théâtre »).
• Les **rythmes** donnent dynamisme et force aux phrases (binaire ou ternaire) et introduisent des « cadences » majeure (la fin est plus longue que le début) ou mineure.
• Les **interrogations**, totales ou partielles, et les exclamations constituent des modalités affectives, et certaines questions n'attendent pas de réponse puisqu'elles la contiennent (elles sont « rhétoriques » ou « oratoires »).
• Les **registres** littéraires, enfin, sont essentiels : **didactique**, le texte est explicatif et vise à apprendre, **lyrique**, il transmet les sentiments du locuteur (il est **élégiaque** quand celui-ci se lamente), **polémique**, il apparaît dans les pamphlets et les diatribes, **satirique**, il condamne en se moquant de son objet, **comique**, il tourne en ridicule les mœurs, les comportements ou les caractères, **tragique** et **pathétique**, il vise à purifier (« catharsis ») et à émouvoir, **épique,** il valorise les exploits des héros.

II Langue

1 Récit et discours

On distingue le discours (qui implique un engagement du narrateur, qui utilise des déictiques, les trois personnes, et certains temps : passé composé, présent d'énonciation, futur, imparfait) et le récit (qui rapporte des événements, souvent au passé (imparfait, passé simple) ou au présent (de narration ou de vérité générale).

2 Le discours rapporté

Les paroles peuvent être rapportées :

• Au discours direct : telles qu'elles ont été prononcées, comme si elles étaient authentiques, elles sont introduites ou signalées par des verbes de parole, souvent en incises : « Il fait beau » dit-elle.

• Au discours indirect : on rapporte le contenu des paroles, le plus souvent à l'aide de subordonnées, la concordance des temps est imposée par le verbe de la principale et les indicateurs spatiotemporels dépendent de la situation d'énonciation du rapporteur : « Elle disait qu'il faisait beau ».

• Au discours indirect libre : très fréquent dans les récits littéraires, il rapporte les paroles sans les guillemets mais également sans les contraintes de l'indirect. Le locuteur est à la troisième personne, la concordance des temps s'applique : « Elle s'exclama. Il faisait beau ! »

• Enfin, le discours narrativisé résume les propos, précise seulement le contenu dans son ensemble : « Elle parla du temps qu'elle trouvait beau ».

3 Les connecteurs logiques

• On appelle connecteurs les mots qui marquent un rapport, un lien logique entre les phrases, les parties d'un texte. Ils sont invariables.

• Ils fonctionnent souvent par deux, on parle de corrélatifs : si…alors, non seulement… mais encore…

• Les connecteurs logiques mettent en valeur les liens dans un ensemble argumentatif ou explicatif : ils expriment la cause (parce que, car, en effet.. .), la conséquence (donc, c'est pourquoi…), la condition et l'hypothèse (si, à condition que.. .), l'opposition (mais, alors que, toutefois...), la **conclusion** (ainsi, bref, en somme...), l'**addition** (de plus, en outre, d'ailleurs...), **l'alternative** (ou, soit...), **l'épanorthose ou la reformulation** (c'est-à-dire, en d'autres termes...).

❹ La phrase

Pour étudier un texte, il faut aussi faire appel à quelques notions simples sur la phrase :

• La phrase est un ensemble de mots organisé, avec un sens, débutant par une majuscule, s'achevant par un point.

• Elle peut être **verbale** ou **nominale** (le nom est le noyau central, mais le sens est clair).

• Elle est **simple** quand elle ne contient qu'un verbe conjugué, **composée** lorsqu'elle contient plusieurs indépendantes, coordonnées ou juxtaposées, et **complexe** quand elle comprend une proposition rectrice, la principale et une ou des propositions subordonnées.

• Les **relatives** sont introduites par un pronom relatif qui a un antécédent dans la principale, qui joue un rôle dans la proposition subordonnée. Elles peuvent être **explicatives**, lorsqu'elles sont supprimables et n'apportent que des précisions, **déterminatives** quand elles ne peuvent disparaître (« il viendra dans les jours qui viennent »).

• Les **subordonnées conjonctives** sont introduites par des conjonctions de subordination. Lorsqu'elles suivent des verbes de volonté, de perception, de parole, elles sont alors **complétives**. Les **circonstancielles** jouent le même rôle que les groupes nominaux circonstanciels.

• Lorsqu'une phrase complexe est très longuement développée, on parle de **période**. Celle-ci est composée d'une **protase** (le premier élément, ascendant), d'une **apodose** (élément descendant) et, parfois, d'une **clausule** (la conclusion).

• **L'ordre des mots** est un point à étudier : dès qu'il y a écart, changement, la phrase attire l'attention du destinataire. Il peut y avoir **antéposition** d'un élément, **inversion** du sujet ou **mise en relief** par une extraction (un présentatif, une mise en relief, un tour impersonnel).

• Enfin, les **modalités** de la phrase sont souvent essentielles : la **déclarative** formule une affirmation, une négation, un doute ou est emphatique.

L'**interrogative** peut être totale (fermée : elle attend une réponse oui ou non), partielle (ouverte : elle ne porte que sur un élément), oratoire ou rhétorique, ou exprimer un ordre atténué. L'**exclamative** exprime une émotion, un sentiment (surprise, colère, déception). L'**impérative** ou **injonctive** transmet un ordre, une défense, un conseil ou un souhait.

SCHÉMA-BILAN

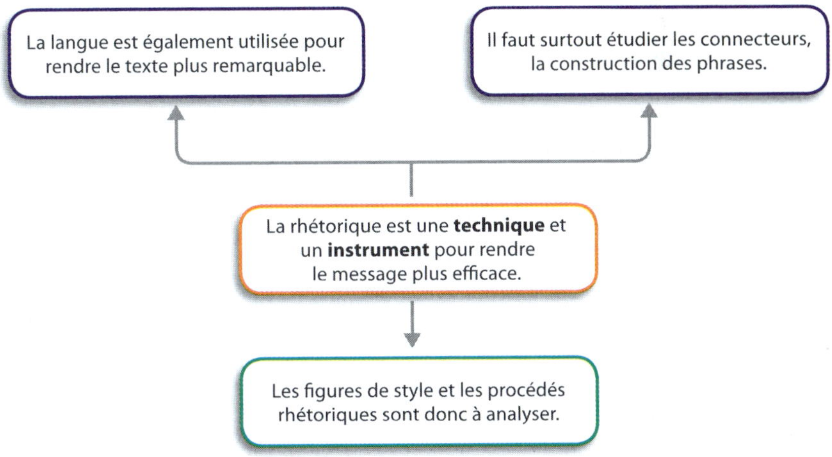

À retenir

Il ne faut jamais séparer l'étude de la forme de celle du fond. Toutes deux sont indissociables.

MÉTHODE

→ Procéder à l'analyse stylistique d'un texte

Exemple : Charles Baudelaire, « L'Ennemi », *Les Fleurs du mal*, 1857.
L'Ennemi

Ma jeunesse ne fut qu'un ténébreux orage,
Traversé çà et là par de brillants soleils ;
Le tonnerre et la pluie ont fait un tel ravage,
Qu'il reste en mon jardin bien peu de fruits vermeils.

Voilà que j'ai touché l'automne des idées,
Et qu'il faut employer la pelle et les râteaux
Pour rassembler à neuf les terres inondées,
Où l'eau creuse des trous grands comme des tombeaux.

Et qui sait si les fleurs nouvelles que je rêve
Trouveront dans ce sol lavé comme une grève
Le mystique aliment qui ferait leur vigueur ?

Ô douleur ! ô douleur ! Le temps mange la vie,
Et l'obscur ennemi qui nous ronge le cœur
Du sang que nous perdons croît et se fortifie !

ÉTAPE 1 ▶ Étudier les figures de style

→ Relever les figures : quelles sont les figures essentielles ?

La métaphore est fondamentale : elle ouvre le sonnet (« […] ne fut qu'un ténébreux orage »), elle est ensuite filée (avec toutes les allusions au soleil, à la pluie). Ensuite, le « jardin » et « l'automne des idées » ouvrent le second réseau métaphorique (« fruits », « pelle », « râteaux », « fleurs nouvelles », « terres inondées »), avant que « l'obscur ennemi », expression métaphorique de la douleur, achève le poème. La comparaison est aussi utilisée (« comme des tombeaux », « comme une grève »), tout comme la personnification (« Le temps mange la vie », « […] l'obscur ennemi qui nous ronge le cœur »). L'hyperbole sous-tend le texte (« tel ravage », « ronge »), la prosopopée préside à l'invocation (« ô douleur ») et la synecdoque du cœur désigne le poète.

→ Analyser leur effet : qu'apportent-elles au sens ? Comment valorisent-elles le « message » ?
La métaphore identifie, assimile jeunesse et temps perturbé, montrant une alternance de bonheur (moments rares, les « soleils ») et de douleur (il reste peu de fruits). Le poète expose une intimité présentée comme douloureuse par un jardin et des terres inondées, délavées ; outre l'intertextualité (*Candide*), l'image crée une représentation métonymique de l'esprit, de la poésie. Le sonnet expose aussi une mélancolie importante (le spleen) indiquée par les comparaisons, une isotopie de la douleur. La prosopopée donne une existence autonome à la figure allégorique de la douleur et la place en ennemi véritable. La mise en relief du tourment justifie le titre. La personnification rend plus difficile la lutte, il s'agit finalement d'une guerre intime et intérieure, perdue.

→ Relever et étudier les procédés rhétoriques remarquables.
On note une personnification et une animalisation de la douleur : elle est « l'ennemi » mais « ronge » et se fortifie du sang, comme un vampire. De nombreuses expressions modulent le sonnet : restrictives (« ne fut que, çà et là »), présentatif pour simplifier le constat (« Voilà que »), caractérisations axiologiques (« obscur, ténébreux, brillants, lavé, mystique »…)

ÉTAPE 2 ▶ Analyser la mise en œuvre de la langue

→ Relever les connecteurs et les types de relatives
La relation de causalité est évidente (« un tel ravage, / Qu'il… » annonce la conséquence), le constat, lancé par le présentatif consécutif (« Voilà que ») initie un tableau assez sombre d'une situation intérieure perturbée. Les circonstances ensuite sont logiques : but (« Pour rassembler »), hypothèse pour l'interrogation indirecte (« Et qui sait si… »). Les relatives, explicatives, précisent des circonstances ou des caractéristiques (« qui ferait, où l'eau, qui nous ronge, que nous perdons ») et la déterminative (« que je rêve ») situe l'entreprise poétique elle-même, il s'agit des « fleurs de la douleur », donc des Fleurs du mal…

→ Étudier les modalités
Trois modalités essentielles, deux qui structurent le poème : l'interrogative qui envisage une possibilité, l'exclamative, d'invocation à la douleur et qui porte la lamentation, la déclarative, enfin, structure le poème et accumule les constats (passé ambivalent, présent douloureux, rêve d'un futur poétique).

ENTRAÎNEMENT

▶ Corrigés p. 227

Tester ses connaissances

1 Faites coïncider exemples et figures.

Il vend du Limoges à Paris. •	• Métaphore
C'est un jeune vieillard. •	• Gradation
Il nage bien, c'est un véritable poisson. •	• Oxymore
« Va, cours, vole » •	• Métonymie

2 Une phrase peut être :

- ☐ simple
- ☐ complexe
- ☐ nominale
- ☐ averbale
- ☐ une période

S'entraîner

3 * Relevez les différentes figures de style dans ce passage. Précisez leurs effets.

« Messieurs, vous le savez, les choses qu'on ne dit pas tout haut sont souvent celles qui font le plus de mal. Ici, les paroles publiques sont pour la foule, les paroles secrètes sont pour le vote. Eh bien ! Je ne veux pas, moi, de paroles secrètes quand il s'agit de l'avenir du peuple et des lois de mon pays. Les paroles secrètes, je les dévoile ; les influences cachées, je les démasque : c'est mon devoir. »

Victor Hugo, *Discours contre la misère*, juillet 1849.

1. Relevez les parallélismes et tout ce qui relève de la répétition, de l'opposition.
2. Analysez la progression du passage.

4 ** **Étudiez les phrases et analysez les effets produits par les choix effectués par Théodore de Banville dans ce début de sonnet.**

La Déesse

Quand les trois déités à la charmante voix
Aux pieds du blond Pâris mirent leur jalousie,
Pallas dit à l'enfant : Si ton cœur m'a choisie,
Je te réserverai de terribles exploits.

Junon leva la tête, et lui dit : Sous tes lois
Je mettrai, si tu veux, les trônes de l'Asie,
Et tu dérouleras ta riche fantaisie
Sur les fronts inclinés des peuples et des rois.

Théodore de Banville, *Les Cariatides*, 1843.

1. Étudiez les changements dans l'ordre des mots.
2. Analysez les discours rapportés.

5 *** **Étudiez les choix rhétoriques et linguistiques dans ce poème.**

La Tristesse

L'âme triste est pareille
Au doux ciel de la nuit,
Quand l'astre qui sommeille
De la voûte vermeille
A fait tomber le bruit ;

Plus pure et plus sonore,
On y voit sur ses pas
Mille étoiles éclore,
Qu'à l'éclatante aurore
On n'y soupçonnait pas !
[…]

Lamartine, *Harmonies poétiques et religieuses*, 1830.

1. Relevez les figures de style et précisez leurs effets.
2. Étudiez la construction des phrases.

CHAPITRE

8 Maîtriser la rédaction

I Phrase simple et phrase complexe

Définition – Rappel

• La **phrase** est un ensemble de mots organisé, avec un sens, débutant par une majuscule et s'achevant par un point.
• Elle peut être **verbale** ou **nominale**.
• Elle est **simple** quand elle ne contient qu'un verbe conjugué ; **composée** lorsqu'elle contient plusieurs indépendantes, coordonnées ou juxtaposées, et **complexe** quand elle comprend une proposition rectrice, la principale et une ou des propositions subordonnées.

1 Construction de la phrase

• Une phrase est faite d'une ou plusieurs propositions.
• Chaque proposition s'organise autour d'un verbe, d'un sujet et de compléments.
• Il y a autant de propositions dans une phrase que de verbes à un mode personnel (indicatif, conditionnel, subjonctif et impératif).
• L'ordre des mots est un point à étudier : dès qu'il y a écart, changement, la phrase attire l'attention du destinataire. Il peut y avoir antéposition d'un élément, inversion du sujet ou mise en relief par une extraction (un présentatif, un tour impersonnel).

2 Les types de phrase

• Il existe quatre types de phrase :
– déclarative ;
– négative ;

– interrogative ;
– exclamative ;
– nominale.

• Les modalités de la phrase sont souvent essentielles :
– la déclarative formule une affirmation, une négation, un doute ou est emphatique ;
– l'interrogative peut être totale (fermée : elle attend une réponse par oui ou par non), partielle (ouverte : elle ne porte que sur un élément), oratoire ou rhétorique, ou exprimer un ordre atténué ;
– l'exclamative exprime une émotion, un sentiment (surprise, colère, déception) ;
– l'impérative ou injonctive transmet un ordre, une défense, un conseil ou un souhait.

3 La phrase simple

Elle ne comprend qu'une seule proposition que l'on appellera indépendante.
Exemple : Un soleil radieux égayait notre promenade.

4 La phrase complexe

Elle comporte une proposition principale et au moins une proposition subordonnée.
Exemple : Il toussote toujours (Proposition principale) parce qu'il fume trop (Proposition subordonnée).

5 La phrase nominale

• Une phrase sans verbe est dite elliptique ou nominale.
• Elle produit un effet de style.
• Elle ne relève pas du registre argumentatif qu'on attend dans un devoir de type commentaire ou dissertation.
• On peut l'utiliser en écrit d'invention, mais à titre exceptionnel.

Exemples :

C'était là une vraie cuisine. Une salle immense.
Proposition indépendante — Proposition indépendante elliptique du verbe

Un des murs occupés par les cuivres, l'autre par les faïences.
Proposition indépendante — Proposition indépendante elliptique du verbe

Au milieu, en face des fenêtres, la cheminée, énorme caverne qu'emplit
Proposition principale elliptique du verbe — Proposition subordonnée relative

un feu splendide.

Victor Hugo, *Le Rhin*, 1842[1].

à retenir

Sans effet particulier, une phrase doit comporter un verbe principal. Les phrases sans verbes sont appelées **nominales** ; elles sont réservées aux titres.

II L'interrogation directe et indirecte

1 L'interrogation directe

• Quand on pose une question, on utilise :
– soit la locution est-ce que :
Exemples : Pourquoi est-ce que tu es en retard ? Est-ce que le facteur est passé ce matin ?
– soit l'inversion du pronom sujet :
Exemples : Pourquoi es-tu en retard ? Le facteur est-il passé ce matin ?
• On ne doit en aucun cas mélanger les deux tournures.
Exemple de tournure incorrecte : Est-ce que quelqu'un peut-il venir m'aider ?
• On peut employer l'une ou l'autre des deux tournures.
Exemples :
Quelqu'un peut-il venir m'aider ?
Est-ce que quelqu'un peut venir m'aider ?

1. Alexandre Dumas a tellement aimé cette phrase qu'il l'a reproduite telle quelle dans *La Route de Varenne*, 1858.

2 L'interrogation indirecte

• La question est posée par l'intermédiaire d'un verbe comme *demander*, *savoir*, *ignorer*, ou un équivalent.
• La proposition est alors une subordonnée interrogative indirecte, commençant par un mot interrogatif.
Exemple : A-t-il trouvé mon portefeuille ? →Je me demande s'il a trouvé mon portefeuille.

3 La concordance des temps

• Le temps de la proposition subordonnée complétive varie avec le temps de la principale dont elle dépend.

Principale au présent *Je crois*	**Action de la subordonnée** – antérieure : passé → *qu'il est venu* – simultanée : présent → *qu'il vient* – postérieure : futur → *qu'il viendra*
Principale au passé *Je croyais*	**Action de la subordonnée** – antérieure : plus-que-parfait → *qu'il était venu* – simultanée : imparfait → *qu'il venait* – postérieure : conditionnel présent → *qu'il viendrait*

• On peut relever les différences suivantes :
– la présence d'un interrogatif ;
– la ponctuation ;
– le temps et la personne des verbes ;
– la non-inversion du sujet.

III Accords du participe passé : principaux emplois

1 Participe passé employé comme adjectif

Le participe passé employé adjectivement s'accorde en genre et en nombre avec le nom auquel il se rapporte.

Exemples :
Les villas édifiées sur la colline jouissent d'une vue étendue.
Surprise, Jeanne se retourna brusquement, effrayée, inquiète.

2 Participe passé conjugué avec l'auxiliaire « être »

Conjugué avec l'auxiliaire « être », le participe passé des verbes passifs et de certains verbes intransitifs s'accorde en genre et en nombre avec le sujet du verbe.
Exemples : La villa a été louée pour les vacances. Les feuilles sont tombées.

3 Participe passé conjugué avec l'auxiliaire « avoir »

• Règle générale : Le participe passé conjugué avec l'auxiliaire « avoir » (temps composés des verbes actifs) s'accorde en genre et en nombre avec son complément d'objet direct lorsque ce complément le précède.
Exemple : Vous avez pris la bonne route. → C'est la bonne route que vous avez prise.
• Le participe reste invariable :
– lorsqu'il n'a pas de complément d'objet direct ;
Exemples : Ils ont répondu. Ils ont répondu sans retard. Ils ont répondu à notre lettre par retour du courrier.
– lorsque le complément d'objet direct est placé après.
Exemples : Nous avons mangé des fruits. Il a reçu de bonnes nouvelles.

IV Focus : accords du participe passé conjugué avec l'auxiliaire « avoir »

Règle à retenir

Le participe passé conjugué avec l'auxiliaire « avoir » s'accorde en genre et en nombre avec son complément d'objet direct lorsque ce complément le précède.

❶ Suivi d'un infinitif

Le participe passe conjugué avec l'auxiliaire « avoir » et suivi d'un infinitif complément d'objet reste invariable.

Exemples :

Vous auriez dû écouter.

Vous auriez dû écouter nos conseils.

Les conseils que vous auriez dû écouter →dans cette phrase, le COD « que » se rapporte à « écouter » et non à « dû ».

• Cette construction se trouve avec les verbes : *voir, entendre, sentir, laisser, faire, vouloir, devoir, pouvoir, omettre de*, etc.

• Avec les verbes *voir, entendre, sentir, laisser*, il faut se demander si le COD se rapporte au participe ou à l'infinitif.

Exemples :

La rockeuse que j'ai entendue chanter (« que » représente la rockeuse et est COD de « entendue » → il y a accord).

La chanson que j'ai entendu chanter (« que » représente la chanson et est COD de « chanter » → il n'y a pas d'accord).

❷ Précédé du pronom « en »

Le participe passe conjugué avec l'auxiliaire « avoir » et précédé du pronom « en » reste invariable, car le pronom « en » n'est pas un COD.

Exemple : J'ai cueilli des fraises et j'en ai mangé.

→ Si l'on remplace « en » par son antécédent, cela donne « j'ai mangé des fraises », complément partitif : « une partie des fraises ».

❸ Verbes intransitifs

Les participes passés *couru, coûté, pesé, valu, vécu* restent invariables quand ils sont employés au sens propre.

Exemple : La somme importante que m'a coûté ce pardessus.

→ « somme » n'est pas un COD, mais un complément de prix : si l'on pose la question, ce n'est pas « m'a coûté quoi ? », mais « m'a coûté combien ? ».

Exemple : Les vingt minutes que nous avons couru. →« combien de temps ? »

En revanche, l'accord se fait si le verbe est utilisé au sens figuré.
Exemple : Les dangers que nous avons courus.

4 Verbes impersonnels

Le participe passé des verbes impersonnels ou employés impersonnellement reste invariable.
Exemple : Les nombreux accidents qu'il y a eu cet été…

V Accord du participe passé des verbes pronominaux

Les verbes pronominaux utilisent l'auxiliaire « être », mais l'accord des participes suit celui de l'auxiliaire « avoir ». Il faut donc se demander si le pronom est COD ou non.
Exemples :
Elle s'est regardée dans la glace.
→ « s' » est COD de « regardée » ; il le précède, donc on accorde.
Ils se sont lavé les mains.
→ Le COD est « les mains » ; il est placé après le participe, donc on n'accorde pas.
Ils se sont battus.
Ils se sont envoyé la balle.
La balle qu'ils se sont envoyée.

VI Les négations

- « Ne… que » signifie « seulement ». Cette tournure exprime une restriction. Les deux termes de la locution sont obligatoires, même si « n' » est employé avec « on » suivi d'une voyelle.
- « Seulement » et « ne… que » ayant le même sens, on utilise indifféremment l'un ou l'autre.

Attention

Il faut veiller à ne pas oublier le « ne » dans les locutions « ne… plus », « ne… jamais », « ne… guère », « ne… personne ».

VII La subordonnée relative

Définition

La subordonnée relative est une extension d'un groupe nominal qu'on appelle l'**antécédent**. Elle est introduite par un pronom relatif.
Exemple : Il observe l'abeille qui se pose.

1 Le mode

• La subordonnée relative est, le plus souvents à l'indicatif.
Exemple : Cadet Rousselle a trois maisons/Qui n'ont ni poutres ni chevrons.
• Elle est au subjonctif pour exprimer le but ou la conséquence, ou quand l'antécédent comprend l'expression « le premier, le dernier, le seul » ou un superlatif.
Exemples :
Trouvez un ami qui fasse le voyage avec vous. (*but*)
Je refuse une cause que je ne puisse défendre. (*conséquence*)
C'est le seul dont je me souvienne. (*superlatif*)
• Elle est au conditionnel quand elle exprime la possibilité.
Exemple : La personne qui le rencontrerait devrait aussitôt le prévenir.
• Elle peut aussi être à l'infinitif.
Exemple : Je ne voyais personne à qui demander ma route.

2 Le pronom relatif

• Il est à la fois pronom (il remplace un nom ou un pronom) et relatif, c'est-à-dire qu'il introduit la proposition subordonnée. Il a donc le genre et le nombre de son antécédent, et peut avoir toutes les fonctions d'un nom dans la proposition relative.

Pronoms relatifs simples	Pronoms relatifs composés
Qui, que, quoi, dont, où	Lequel, laquelle, lesquels, lesquelles Duquel, desquels, de laquelle, desquelles Auquel, auxquels, à laquelle, auxquelles

• Ces subordonnants peuvent être précédés d'une préposition ou d'une locution prépositive.
Exemple : On a coupé l'arbre près duquel je m'asseyais.

3 L'accord du verbe de la relative

Le relatif simple « qui » peut représenter un antécédent masculin ou féminin, singulier ou pluriel, et de le 1re, 2e ou 3e personne.
Exemple : C'est toi qui étais le maître, c'est moi qui le suis à présent.

VIII Emplois à retenir

1 Emploi de « dont »

• Le pronom relatif « dont » introduit une relative dont le verbe se construit avec la préposition « de ». Attention, cependant, cette préposition « de » ne doit pas être répétée dans la phrase ; on ne dit pas « C'est de ce livre dont j'ai besoin ».
Exemples :
Il raconta l'accident dont il avait été victime.
Il saisit une pierre dont il le frappa.
• Il peut être complément de nom, complément circonstanciel, complément d'agent, etc.
• On l'utilise avec les verbes comme : *avoir besoin de, avoir peur de, avoir envie de.*
Exemple : C'est le livre dont j'ai besoin.

❷ Emploi de « quoique » ou « quoi que »

a • Quoique

• Cette conjonction de subordination introduit une subordonnée circonstancielle d'opposition ou de concession (elle indique la circonstance défavorable malgré laquelle s'accomplit l'action principale).
• Elle peut être remplacée par *bien que* ou *encore que*.
• Le verbe qui suit est au subjonctif.
• Après *quoique*, on peut faire l'ellipse du verbe, notamment lorsqu'il s'agit du verbe « être ».
Exemple : Mon ami Jean, quoique plus jeune que moi, me distance toujours à la course.
• *Quoique* s'emploie devant un participe présent ou passé et forme avec celui-ci une subordonnée participiale exprimant la concession.
Exemple : Quoique sachant qu'elle n'était pas en très bonne santé, je lui ai conseillé de faire du sport.

b • Quoi que

• *Quoi* associé avec *que* marque une concession indéterminée et signifie « quelle que soit la chose que ».
• Ce pronom est suivi du subjonctif.
Exemple : Quoi que je dise ou fasse, vous n'êtes jamais satisfait.
Quoi qu'il en soit est une formule d'indétermination très usitée qui énonce une concession provisoire.
Exemple : Quoi qu'il en soit, nous continuerons notre voyage.
Quoi qu'il en soit est une locution exprimant l'indétermination au plus haut degré.
Exemple : Je suis incapable de faire quoi que ce soit aujourd'hui.

Règle

Quoique en un seul mot signifie « bien que ».
Quoi que en deux mots signifie « quelle que soit la chose que ».

❸ Emploi de « quelque » ou « quel que »

a • « Quelque », adjectif indéfini

• Cet adjectif indéfini, employé au pluriel, signifie « plusieurs ».
Exemple : Va cueillir quelques roses.

• Cet adjectif indéfini, employé au singulier, signifie « certain, quelconque ».
Exemple : Cherchons pour nous reposer quelque endroit agréable, quelque clairière éloignée de l'autoroute.

• Dans la tournure « quelque... que » associée à un nom, il s'écrit en un seul mot et s'accorde avec le nom qu'il précède. Le verbe qui suit est au subjonctif.
Exemple : Quelques précautions qu'il prenne, il attrapera la grippe.

b • « Quelque », adverbe

• Lorsque cet adverbe est placé devant un adjectif, il peut être remplacé par « si ».
Exemple : Quelque adroits qu'ils soient, ils n'ont pas gagné la partie.
Ici, il s'agit d'une locution concessive invariable qui est suivie du subjonctif.

• Lorsqu'il modifie un adjectif numéral, cet adverbe, invariable, signifie « environ ».
Exemples : âgé de quelque soixante ans ; avoir quelque trois cents mètres à faire ; une diffusion avec quelque vingt minutes de retard.

c • « Quel », adjectif suivi de « que »

• « Quel que » précède immédiatement le verbe « être » qui se met au subjonctif.

• L'adjectif « quel » est attribut du sujet et s'accorde avec lui.

Exemples :

L'excursion aura lieu <u>quel</u> que soit le temps.
attribut de « temps »

<u>Quelles</u> que soient ses qualités, je n'aime pas ce roman.
attribut de « qualités »

Règle

Quelque, devant un nom, est invariable.
Quelque, lorsqu'il signifie « environ » ou « si », est invariable.
Quel que, suivi du verbe « être » au subjonctif, est variable et s'écrit en deux mots.

IX Cohérence des personnes : nous/on

1 Nous

- Il s'agit d'un pronom personnel, de la 1re personne du pluriel.
- Il commande un verbe au pluriel et les pronoms et adjectifs possessifs qui l'accompagnent sont : *notre, nos, le nôtre, la nôtre, les nôtres.*

Exemples :
Nous, nous sommes ici.
Nous faisons notre propre pain.

Attention

La présence de l'accent circonflexe permet de distinguer l'adjectif ***notre*** du pronom ***le nôtre***.

2 On

- Il s'agit d'un pronom indéfini singulier, même si son sens peut être collectif.
- Il commande un verbe à la 3e personne du singulier et les pronoms et adjectifs possessifs qui l'accompagnent sont : *son, sa ses, le sien, la sienne, les siens, les siennes.*

Exemples :
On doit faire cela soi-même.
On utilise son propre outil.

Attention

On ne doit jamais mêler « on » et « nous » dans un même sens même si, à l'oral, dans le registre familier, on peut rencontrer ces incohérences.
Exemples de tournures incorrectes : On emploie chacun le nôtre ; nous, on est…

X Homonymes et paronymes

1 Les homonymes

• Les homonymes sont des mots qui se prononcent de la même manière, mais dont le sens et l'orthographe sont différents.

Exemples : *sceau*, *seau*, *sot* et *saut* sont des homonymes, tout comme les deux mots *cousin* dont l'un désigne un parent, et l'autre un insecte.

• Quelques homonymes à ne pas confondre

Acquis *(du verbe « acquérir » : obtenu)*	Acquit *(du verbe « acquitter » : payer sa dette)*
Aigle *(masculin : oiseau de proie)*	Aigle *(féminin : enseigne militaire)*
Air *(atmosphère)*	Aire *(surface)* Ère *(division du temps)* Hère *(homme misérable)*
Cahot *(secousse)*	Chaos *(désordre)*
Censé *(supposé)*	Sensé *(raisonnable)*
Cession *(abandon)*	Session *(séance)*
Différend *(désaccord)*	Différent *(qui n'est pas semblable)*
Empreint *(d'empreindre : imprimer)*	Emprunt *(prêt)*
Envi (à l'envi) *(en rivalisant)*	Envie *(jalousie)*
Éthique *(morale)*	Étique *(maigre)*
Fond *(point le plus bas)*	Fonds *(somme d'argent)* Fonts *(sources, fontaines)*
Mémoire *(masculin : exposé écrit)*	Mémoire *(féminin : faculté du souvenir)*
Mite *(petit insecte)*	Mythe *(récit légendaire)*
Pair *(personne de rang équivalent ; nombre divisible par deux)*	Paire *(association de deux)* Père *(parent)*
Pause *(arrêt)*	Pose *(façon de se tenir)*
Quand *(lorsque)*	Quant (à) *(en ce qui concerne)*
Raisonner *(argumenter)*	Résonner *(produire un son)*

Satire *(féminin : critique)*	Satyre *(masculin : personnage myhtologique)*
Tant *(autant, dans la mesure où)*	Temps *(moment)* Taon *(insecte)*
Tribu *(peuplade)*	Tribut *(impôt)*
Voie *(route)*	Voix *(ensemble de sons humains)*

2 Les paronymes

- Les paronymes sont des mots de forme voisine, mais de sens différent.
- Ils entraînent des erreurs de sens, mais sont aussi très utilisés en poésie.

- Quelques paronymes (à lire avec dictionnaire)

Acceptation	Acception
Adhérence	Adhésion
Affecter	Affectionner
Amoral	Immoral
Compréhensible	Compréhensif
Décade	Décennie
Dénué	Dénudé
Effraction	Infraction
Evoquer	Invoquer
Justesse	Justice
Original	Originel
Personnaliser	Personnifier
Sceptre	Spectre
Septique	Septique
Suggestion	Sujétion

→ Corriger ses erreurs

ÉTAPE 1 ▶ Apprendre à relire des phrases

Analysez les phrases suivantes, puis corrigez-les.

Exemples :

→ Naît du héros de nombreuses interrogations quant à son origine.
L'organisation est fautive. Il suffirait de débuter par le thème même de la phrase : « l'origine du héros » pour que l'évidence s'impose ; le sens du propos est immédiatement plus clair si l'on écrit : « l'origine du héros est source de nombreuses interrogations », ou « pose de nombreuses questions », ou encore « est problématique ».

→ Car l'essence héroïque, c'est celle d'apparaître en héros.
Est-il vraiment utile de formuler une telle banalité ? Voilà la question à se poser. Si l'on tient, malgré tout, à conserver une affirmation, il faudrait écrire : « l'essence héroïque est manifeste », ou « le héros, par essence, est visiblement héroïque » (manifestement).

→ Donc l'héroïsme n'est donc pas inné mais se révèle à travers des faits héroïques qui relient aura et image.
Là encore, il faut simplifier et clarifier : « le héros se révèle dans (par) ses actes ». Un être devient « héroïque parce qu'il se conduit selon les normes (les valeurs) propres à l'héroïsme ». Peut-être pourriez-vous simplement écrire : « on ne naît pas héros, le plus souvent on le devient en agissant ».

ÉTAPE 2 ▶ Alléger une rédaction

Certaines phrases peuvent aisément être réécrites et allégées.

Exemples :

→ Parce qu'il a été nonchalant, il a manqué la conclusion d'un contrat intéressant, à la suite de quoi il est aujourd'hui sans travail.
Il serait plus simple d'écrire « Sa nonchalance lui a fait manquer un contrat ; il est aujourd'hui au chômage ». Plus légère serait la formulation suivante : « Ayant, par nonchalance, manqué un contrat, il est aujourd'hui chômeur ».

→ Quand est-ce que vous êtes arrivé ?
Les tours avec « est-ce que » sont des expressions orales, utiles parce qu'elles évitent les inversions du sujet, mais à proscrire à l'écrit. « Quand êtes-vous arrivé ? » s'impose donc.

ÉTAPE 3 ► Maîtriser la correction de la langue

Exemples :

→ À peine arrivé, on est surpris par le silence, on entend aucun bruit.
Plusieurs erreurs peuvent ici être corrigées : le « on » est vague et semble renvoyer à un « nous » dans lequel s'inclut le locuteur. Or, à l'écrit, on ne peut reprendre une 1re personne du pluriel par un pronom de 3e personne du singulier. La négation est oubliée devant le verbe « entendre » et est pourtant imposée en corrélation avec le « aucun » qui suit. Les deux propositions (silence/aucun bruit) répètent la même idée, tautologie à éviter. Le lien entre « à peine arrivé » et « on » est maladroit. Peut-être pourrait-on dire : « Nous étions à peine arrivés que nous fûmes surpris par le silence » (la suite est redondante et inutile). Ou bien, pour éviter le passé simple de la 1re personne du pluriel, très soutenu : « Nous étions à peine arrivés que le silence nous surprit », plus simple encore : « Le silence nous surprit dès notre arrivée ».

→ On hésite devant ces rues vides, on y pénètre qu'avec précaution : sur votre passage, des volets grincent, mais pas un être vivant.
L'ambiguïté du « on » et du « vous » est une trace de l'oralité de cette phrase. Il faut choisir, à l'écrit, la clarté : la première proposition est redondante avec la suivante, il est possible, donc, d'écrire : « Lorsque vous pénétrez dans ces rues vides, aucun être vivant n'est visible, seuls les volets grincent » ou, plus simplement encore : « Dans ces rues vides, pas de trace d'être vivants, un seul bruit, celui des les volets qui grincent », voire : « En pénétrant dans ces rues vides, vous ne remarquerez aucune présence humaine, n'entendrez aucun autre bruit que le grincement des volets ».

→ L'été dernier, j'ai fait les gorges du Tarn.
Vous ne fabriquez pas les paysages, vous les parcourez, les visitez, les découvrez…

Se relire impose de se questionner, de chercher si la phrase est claire, bien construite.

ENTRAÎNEMENT

▶ Corrigés p. 229

Tester ses connaissances

1 Quelles sont les phrases complexes ?

1. ☐ À Paris, en hiver, l'air est très pollué.
2. ☐ À Paris, en hiver, les fumées qui s'échappent des usines qui fonctionnent jour et nuit provoquent une pollution excessive de l'air.
3. ☐ Au fur et à mesure que nous progressons, la neige accumulée en quantités énormes s'épaissit sur le sentier.
4. ☐ Parce que vous êtes un grand seigneur, vous vous croyez un grand génie ! (Beaumarchais)

2 Pour chaque phrase, cochez C si elle est correcte ou I si elle est incorrecte.

1. Connais-tu mon pays ?	☐ C	☐ I
2. Est-ce que ton frère sait-il conduire ?	☐ C	☐ I
3. Est-ce que vous l'auriez reconnu ?	☐ C	☐ I
4. Est-ce que l'orage a-t-il fait des dégâts ?	☐ C	☐ I
5. Est-ce qu'il faut tout recommencer ?	☐ C	☐ I
6. Est-ce que ta cousine joue-t-elle au tennis ?	☐ C	☐ I
7. Avez-vous très mal ?	☐ C	☐ I
8. Est-ce que sa mère travaille-t-elle ?	☐ C	☐ I
9. Est-ce que l'entraîneur est-il bon ?	☐ C	☐ I

3 Cochez les participes passés correctement accordés.

1. ☐ Des réputations rapidement fondées tombent souvent de même.
2. ☐ Les bonnes nouvelles sont toujours bien accueillies.
3. ☐ La petite fille que j'ai vue pleurer, perdue dans la foule, cherchait ses parents. Je ne sais pas si elle les a retrouvés.
4. ☐ Soyez exact : passé dix heures, il ne vous recevra pas.
5. ☐ Si vos amis avaient voulu venir, nous les aurions reçu avec plaisir, et nous aurions pu facilement les loger.

6. ☐ Exportés dans le monde entier, les vins de France sont renommés.
7. ☐ La cigale fut dépourvue quand la bise fut venue.
8. ☐ Blés coupés et vignes vendangées, les paysans ne demeurent pas inactifs.
9. ☐ Les matelots, rassemblés sur le quai, ont embarqué et nous les avons vu partir.
10. ☐ Je voulais des aventures, j'en ai eues !

4 Pour chaque phrase, cochez C si elle est correcte ou I si elle est incorrecte.

1. On attend personne.	☐ C	☐ I
2. On n'arrive pas à sortir.	☐ C	☐ I
3. On imagine mal la suite.	☐ C	☐ I
4. On entend rien.	☐ C	☐ I
5. On entrera pas.	☐ C	☐ I

5 Cochez la réponse qui convient pour complétez chaque phrase.

1. Le dauphin atteint une vitesse .... seuls les voiliers de compétition peuvent égaler.
a. ☐ que
b. ☐ dont
c. ☐ auquel

2. L'explorateur marchait vers le détroit de Béring .... l'Amérique rejoint l'Asie.
a. ☐ où
b. ☐ dont
c. ☐ auquel

3. Le saumon .... la peau est très épaisse, remonte des torrents glacés.
a. ☐ qui
b. ☐ dont
c. ☐ auquel

4. Enzo évoquait un aspect de la question .... Nina n'avait pas réfléchi.
a. ☐ auquel
b. ☐ dont
c. ☐ que

6 Pour chaque phrase, cochez C si elle est correcte ou I si elle est incorrecte.

1. Choisissez les gâteaux que vous avez envie. ☐ C ☐ I
2. C'est ce film-là que j'ai vu hier. ☐ C ☐ I
3. Laisse-lui l'argent qu'il a besoin. ☐ C ☐ I
4. Voici des exercices dont vous avez l'habitude. ☐ C ☐ I

S'entraîner

7 * Mettez les phrases suivantes à la forme interrogative de votre choix.

1. Vous aimez le cinéma.
2. Il est arrivé de bonne heure.
3. Tu attends quelqu'un.
4. L'avion sera à l'heure.
5. Ils peuvent terminer ce soir.
6. L'autocar est déjà passé.
7. Elle conduit bien.
8. Tu m'as téléphoné hier.
9. Il a déjà oublié.

8 * Transformez les phrases interrogatives suivantes en interrogatives indirectes. Vous choisirez des verbes introducteurs variés.

Exemple : Combien de temps seras-tu absent ? → J'ignore combien de temps tu seras absent.

1. Peut-on visiter la maison de Victor Hugo à Paris ?
2. Quand part le prochain train pour Fontainebleau ?
3. Es-tu volontaire ?
4. Répondra-t-il à toutes les questions ?
5. A-t-on averti les pompiers ?
6. Y aura-t-il un contrôle vendredi prochain ?

9 * Remplacez le verbe entre parenthèses par le participe passé, et accordez-le.

1. Pendant les grands froids qu'il a (*faire*), nous avons dû interrompre nos recherches.

2. Pourquoi ne les avez-vous pas (*dresser*), ces beaux chiens ?
3. Elle s'est (*approcher*) trop près du bord et elle est (*tomber*)

10 * **Mettez les phrases suivantes à la forme négative en employant l'expression entre parenthèses.**
Exemple : (*plus*) Je les attends → Je ne les attends plus.
1. (*jamais*) Tu te laves les mains.
2. (*personne*) J'écoute.
3. (*rien*) Tu sais.
4. (*guère*) J'y crois.
5. (*plus*) Nous y allons.

11 * **Mettez le verbe entre parenthèses à la forme voulue.**
1. Toi qui (« chanter », présent) si bien.
2. Le chat guette les moineaux qui (« se poser », présent) sur le prunier.
3. Vous et moi, qui (« être », présent) les plus anciens, devrions conseiller la prudence.

12 * **Récrivez les phrases suivantes en utilisant le pronom relatif qui convient.**
Exemple : J'ai envie d'une pomme. → la pomme dont j'ai envie
1. Nous avons tous envie de vacances.
2. Les hommes ont peur de la maladie.
3. Il a la garde des chiens.
4. Vous avez besoin du dictionnaire.

13 * **Complétez les phrases par la forme qui convient : quoique ou quoi que.**
1. « ..... ce soit que l'on fasse, ne point se demander si l'on a eu raison ou non de le faire. » (Gide)
2. « Je ne parvins plus à faire correctement ..... ce fût de mon programme. » (Duhamel)
3. « ..... il fût encore de bonne heure, l'immobilité, le silence, l'ombre régnant dans la maison, n'étaient pas de bon présage. » (Bosco)
4. Il est difficile de vous reprocher ..... ce soit.

5. « ..... familiarisé avec les difficultés de certaines cavernes, jamais je n'avais éprouvé à un tel degré le sentiment d'isolement qu'inspirent ces mondes souterrains. » (Casteret)
6. « La lune s'était levée depuis une heure et ..... l'on ne la vît pas dans le ciel, elle y répandait une vaste clarté à travers les nuages. » (Bosco)
7. « La lune était maintenant dans le ciel comme un quartier d'orange pelé délicatement ..... un peu entamé. » (Proust)

14 * **On ou nous ? Complétez les phrases par les formes qui conviennent.**
1. … devons juger par … - mêmes.
2. … est satisfait de ce qu'… a inventé.
3. … achetons … ticket au guichet.
4. … hésite à faire … -même … propre malheur.
5. … ne choisit pas toujours … - même … chemin.
6. Nous … servons de … balles, nous préférons les …

15 ** **Faites l'accord des participes passés entre parenthèses.**
« Quand ils ont (*aperçu*) Monsieur le sous-préfet avec sa belle culotte et sa serviette en chagrin (*gaufré*), les oiseaux ont (*eu*) peur et se sont (*arrêté*) de chanter, les sources n'ont plus (*osé*) faire de bruit, et les violettes se sont (*caché*) dans le gazon ».

Alphonse Daudet, *Lettres de mon moulin.*

16 ** **Complétez les phrases par la forme qui convient : quelque(s) ou quel(les)... que.**
1. « La poussière se soulevait parfois de ..... lande sèche et animait l'étendue avec ses colonnes flottantes. » (Giono)
2. « De ..... côté qu'on se tournât alors, il semblait qu'on respirât l'eau, l'air enfin se buvait. Un soir la pluie s'arrêta. » (Camus)
3. « La Sorgue : son débit reste à peu près constant, ... soit la sécheresse. » (Cousteau)
4. « C'est la lucide lumière de janvier ; elle n'est point flatteuse ; ..... paysage qu'elle compose, elle le dépouille, elle le ronge et le réduit à lui-même. » (Arland)

5. « *Dans une grotte :* Les murailles se rapprochent, paraissent même se rejoindre à ..... mètres devant nous. » (Casteret)
6. « *Le soleil de minuit :* Ce jour égal, ... soit l'heure, ne répond plus à rien de connu. » (Vercel)
7. « Aux bons moments, il riait aussi mais doucement, comme s'il eût réservé ses éclats de rire à ..... meilleure histoire, connue de lui seul. » (Alain-Fournier)
8. Elle a ..... trois cents mètres à faire pour aller à la gare.
9. Transmises de ..... 380 000 kilomètres de distance, les images du sol lunaire sont d'excellente qualité.
10. ..... remarquable que soit l'interprétation, je n'ai pas goûté la nouvelle mise en scène de *L'Avare*.

17 ** **Trouvez les homonymes des mots suivants.**
1. livre – **2.** verre – **3.** tendre – **4.** cours – **5.** compte – **6.** sens – **7.** près – **8.** tour – **9.** terme – **10.** sur – **11.** mur.

18 ** **Transformez les phrases suivantes en une seule phrase complexe, en respectant le lien logique.**
1. Charlotte était en train de lire. Lucas sonna avec impatience. Il avait peur d'être en retard.
2. « On se fatigue d'être assis : on se lève. » (Henri Barbusse)
3. Il bavarde trop : il se fait des ennemis.

CHAPITRE 9

Histoire littéraire

I Le XVIe siècle : la Renaissance et l'humanisme

1 La Renaissance

a • Définition

Période de renouveau artistique, littéraire et scientifique, la Renaissance débute au XIVe siècle en Italie du Nord, mais ne concerne la France qu'à partir des guerres d'Italie. Le mot lui-même apparaît en 1550.

b • Les principes

• L'**ordonnance de Villers-Cotterêts**, signée par François 1er (1539), fait du français la langue du pouvoir, du droit et de l'administration. Une « littérature » de qualité peut donc naître.

• Le **retour vers l'Antiquité** : chaque artiste utilise l'Antiquité pour affirmer sa vision du monde et contester les codes médiévaux.

• Le contact avec l'idéal « humaniste » antique engendre un mouvement culturel : l'humanisme.

c • Quelques figures

• **ÉRASME (v. 1469-1536)** : *L'Éloge de la folie*, 1511.

• **LÉONARD DE VINCI (1452-1519)** : venu en France en 1516, à l'invitation de François Ier, il assuma les fonctions d'architecte, d'ingénieur et de peintre du roi.

• **THOMAS MORE (1478-1535)** : *Utopia*, 1516.

Les écrivains français les plus célèbres sont :

• **RONSARD (1524-1585)**, mène la **Pléiade**, *Odes* (1550-1556), *Amours de Cassandre* (1552), *Amours de Marie* (1555), *Sonnets pour Hélène* (1578).

• RABELAIS (v. 1494-1553) : *Pantagruel* (1532), *Gargantua* (1534), *Le Tiers Livre* et *Le Quart Livre* (1546 et 1548), *Le Cinquième Livre*, en partie de sa main (1564).

d • La Pléiade

Groupe de sept poètes, appelé « la Brigade » jusqu'en 1553, fondé par l'helléniste Jean Dorat, « luttant » pour enrichir la langue et lui donner une littérature de qualité.

• Ses membres « imitent » par « innutrition » en adaptant les modèles à leur époque ; ils créent de nombreux mots, imposent leurs choix (alexandrin, sonnet, ode) et leurs thèmes (amour, mort, fuite du temps et nature).

• Le groupe est, à l'origine, composé de Ronsard, Du Bellay, Jacques Peletier du Mans, Jean-Antoine de Baïf, Rémy Belleau, Étienne Jodelle et Pontus de Tyard.

2 L'Humanisme

a • Définitions

• L'« humaniste » – le mot est d'abord péjoratif – est un lettré, un professeur de langues anciennes (les « humanités »), qui se consacre à la transmission des savoirs acquis sur l'Antiquité.

• L'humanisme est un mouvement européen qui, avec la Réforme, bouleverse les fondements de la pensée et de la société médiévales.

• Il introduit un changement de perspective : l'homme a une perception différente du monde grâce aux grandes découvertes. L'imprimerie permet la diffusion rapide, et en grand nombre, des idées nouvelles.

• Ce mouvement est facilité par des souverains (François Ier en France, les Médicis, en Italie) qui contribuent à la diffusion des thèses humanistes, à l'enseignement des langues anciennes, à l'organisation d'universités et à la protection des savants.

b • Les principes fondamentaux

• La quête de l'homme idéal, la confiance dans le progrès de l'humanité.

• L'homme a pour essence la culture.

• Il doit aimer la mesure et vouloir développer harmonieusement corps et esprit, *mens sana in corpore sano* (Juvénal, « une âme saine dans un corps sain »).

• En politique, les humanistes prônent l'amour du peuple, le pacifisme, l'équilibre des pouvoirs et l'œcuménisme.

• L'éducation : pour acquérir science et réflexion. Les traités se multiplient : Érasme, Montaigne et Rabelais critiquent la scolastique médiévale et prônent une pédagogie alliant travail, réflexion et jeu, respectant les goûts et les choix de l'enfant, passant par un dialogue fécond entre maître et disciple.
• La religion : le retour à la littérature gréco-romaine, la volonté d'exercer un esprit critique et de lire en toute liberté les textes fondateurs sont perçus comme des tentations hérétiques par les théoriciens officiels de l'Église.

c • Les principaux thèmes

• L'homme et son corps (observé et soigné), les héros mythiques (Prométhée, Hercule), ou encore les géants populaires peuplent les œuvres.
• L'utopie : univers clos, « non lieux » où, loin des habitudes, les hommes peuvent vivre selon les principes humanistes (tolérance, respect, harmonie, mesure).
• La guerre, défendue ou condamnée.
• Le voyage, réel ou fictif, fait réfléchir sur l'homme et ses coutumes.
• La poésie reprend les thèmes antiques : gloire, nature, relations avec le divin, vertu, joie, plaisir, dame aimée et divinisée, amour puissant, destructeur mais également sentiment pur et profond...

d • Quelques figures humanistes

• GALILÉE (1564-1642) : mathématicien et mécanicien, il met au point le télescope, observe les satellites de Jupiter, l'anneau de Saturne, la rotation du Soleil, les phases de Vénus, et confirme les thèses de Copernic. Lors de deux procès face à l'Inquisition en 1616 et 1633, il doit abjurer ses idées.
• DU BELLAY (1522-1560) : *La Défense et illustration de la langue française*, *L'Olive* (1549), *Les Antiquités de Rome* (1588).
• MONTAIGNE (1533-1592) : Michel Eyquem de Montaigne, *Essais*, (1580 pour les deux premiers livres, puis 1588).

SCHÉMA-BILAN

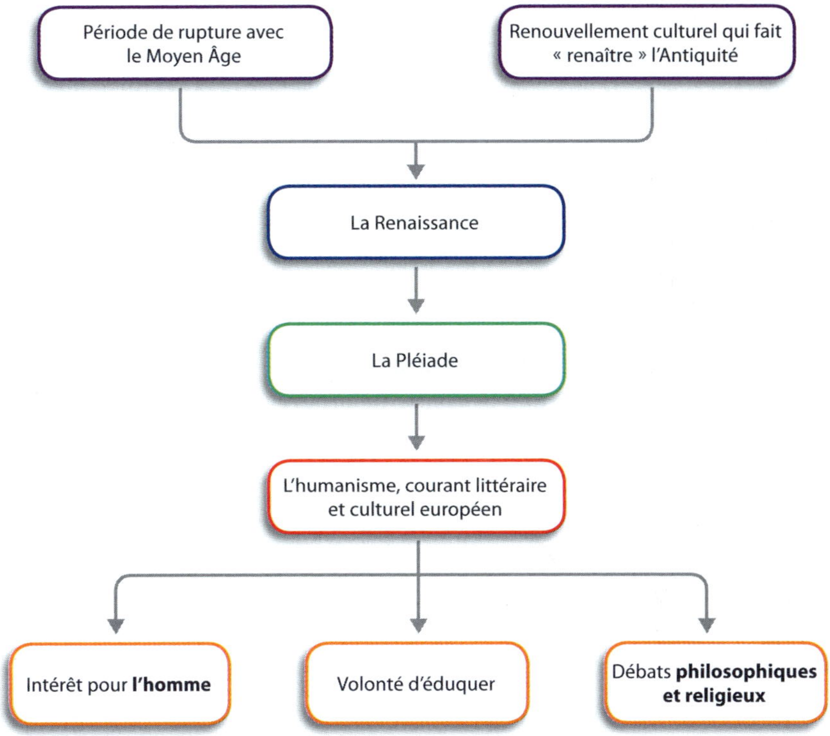

II Le XVIIe siècle : baroque et classicisme

1 Le baroque

a • Définition

• L'adjectif « baroque » vient du portugais « barocco » qui s'applique à un rocher ou à une perle aux contours irréguliers. Il entre dans les dictionnaires français avec cette acception à la fin du XVIIe siècle, et devient synonyme de « bizarre », d'« insolite », avec une connotation péjorative.

• Le terme ne désigne une période de l'histoire des arts qu'au début du XXe siècle. Le style baroque caractérise des œuvres picturales, architecturales, sculpturales, littéraires et musicales, produites entre la seconde moitié du XVIe siècle et les premières décennies du XVIIIe. On lui associe l'éclat, l'exubérance et la richesse ornementale.

b • Contexte politique et religieux

Le baroque est d'abord **l'art de la Contre-Réforme catholique**. En réaction au schisme des religions réformées, l'Église catholique, avec le Concile de Trente (1545-1563), entreprend de reconquérir les âmes, d'une part par l'éducation avec l'initiative de la Compagnie de Jésus (fondée en 1540 par Ignace de Loyola), qui ouvre des collèges, et d'autre part par la construction de nouvelles **églises fastueuses**, dont les dimensions et les œuvres ornementales célèbrent la grandeur de la religion. L'art baroque s'étend dans Europe catholique (Italie, Espagne, Portugal, Autriche, Allemagne du Sud et, dans une moindre mesure, la France) et dans les colonies luso-espagnoles d'Amérique latine.

c • Repères chronologiques

Le baroque commence avec la **Contre-Réforme**, dans la seconde moitié du XVIe siècle. Il s'étend sur tout le XVIIe siècle, mais en France, il est concurrencé et tempéré par le classicisme à partir du règne de Louis XIV. Au XVIIIe siècle, il se prolonge à travers le **rococo** (ou style « rocaille »), dans les arts plastiques et décoratifs. Le néo-classicisme européen vers 1750 marque la fin du baroque.

d • Caractères esthétiques

• La **richesse** et l'**exubérance** (architecture civile et religieuse, peinture sacrée).

• Les **formes courbes**, une certaine **irrégularité** qui n'exclut pas cependant la **symétrie** en architecture.

• Le goût pour l'image originale (poésie et langue précieuses), pour les périphrases et les métaphores. La **préciosité** française, s'illustrant dans une **sophistication** du style en poésie, trouve un écho dans le **marinisme** italien ou le **gongorisme** espagnol.

e • Les thèmes baroques dans la littérature

• On peut parler d'un théâtre, d'une poésie et d'un roman baroques. Dans les trois genres, on voit **le triomphe du surnaturel et du merveilleux**, ainsi que **la place prépondérante accordée au rêve.**

• Exemples au théâtre : Corneille, *L'Illusion comique* (1636) ; Calderón, *La Vie est un songe* (1635).

• La poésie lyrique de l'âge baroque recourt fréquemment aux images évoquant l'instabilité, la fragilité du vivant. Les romans précieux privilégient l'héroïsme chevaleresque et les décors merveilleux.

• Cependant la fiction baroque ne dédaigne pas la parodie, notamment à travers le burlesque (travestissement de l'épopée).

f • Quelques auteurs

Cervantès (1547-1616), Calderón (1600-1681), Shakespeare (1564-1616). En France, Corneille (1606-1684), Mlle de Scudéry (1607-1701), Théophile de Viau (1590-1626), Jean de Sponde (1557-1595).

2 Le classicisme français

a • Définition et contexte politique et culturel

• Le classicisme en France s'affirme dans les premières années du règne de Louis XIV (règne personnel de 1661 à 1715). Mais le terme n'est pas utilisé par les contemporains, et sera inventé au XIXe siècle.

• Il existe une doctrine dite « classique » qui recommande fortement **l'imitation des Anciens dans tous les arts**, s'inspire du rationalisme nouveau défendu par Descartes, exprime un souci d'ordre, d'équilibre, de mesure et de vraisemblance. Il est à l'origine d'une réglementation de la langue française et du théâtre, ainsi que d'un cloisonnement des genres dramatiques. Il est indissociable du modèle de « l'honnête homme ».

• À la fin du siècle, l'esthétique classique imposant l'imitation des Anciens provoque la « **querelle des Anciens et des Modernes** », ces derniers, tel Perrault, défendant la modernité contre l'Antiquité.

a • Les genres dramatiques : l'âge d'or du théâtre

• Le XVIIe siècle peut être considéré comme l'âge d'or du théâtre, avec le rayonnement des comédies de Molière et l'apogée de la tragédie classique avec Racine. **Un premier XVIIe siècle** (1610-1661) voit s'épanouir une multitude de genres dramatiques, tels que la tragi-comédie et la pastorale, où dominent la fantaisie, l'exubérance.

• À partir de 1637 avec *Le Cid*, commence le règne de **Pierre Corneille**. Ses premières pièces, comédies et tragi-comédies, appartiennent à l'ère préclassique et traitent parfois de thèmes baroques. Ses grandes tragédies sont clairement dans **le second XVIIe siècle**, celui de la dramaturgie classique reposant sur des règles. Deux principes commandent ces règles : **la vraisemblance et la bienséance**. Le sujet de la pièce doit paraître vrai, le théâtre se veut une imitation de la vie réelle. Le merveilleux est banni de la scène. De plus, il convient de respecter les convenances. Le souci de vraisemblance commande **la règle des trois unités** : **unité de temps** (l'action représentée doit s'effectuer en vingt-quatre heures), **de lieu** (en un seul lieu), et **d'action** (la pièce se concentre sur une seule action, avec une exposition, des péripéties, un dénouement). Le Grand Siècle est celui des grandes comédies et tragédies.

• **Molière** s'éloigne de la farce et des divertissements royaux, pour donner des **comédies de mœurs et de caractère**. Il se livre à une satire féroce de toutes les formes de pédantisme, celui des hommes de lettres et des précieuses (*Les Précieuses ridicules, Les Femmes savantes*), et celui des médecins (*Le Médecin malgré lui, Le Malade imaginaire*). Il dénonce l'hypocrisie des faux dévots avec *Tartuffe*, comédie deux fois interdite sous la pression des milieux dévots. Il porte un regard à la fois amusé et profond sur les passions qui gouvernent l'être humain, notamment dans *L'École des femmes, Dom Juan, L'Avare,* et *Le Misanthrope.*

• Les tragédies de Corneille sont des tragédies politiques dont les protagonistes défendent l'héroïsme, le courage, le sens du sacrifice, et la quête de la gloire. Outre *Le Cid*, tragi-comédie, les grandes tragédies de Corneille sont : *Horace* (1640), *Cinna* (1640-1641), *Polyeucte* (1641-1642), *Rodogune* (1644). Racine, quant à lui, laisse onze tragédies et une comédie (*Les Plaideurs*, 1668). Inspirée de la tragédie grecque (Euripide) et latine (Sénèque), des légendes homériques, de l'histoire romaine, ou encore de la Bible, la tragédie racinienne peint les excès auxquels conduit la passion amoureuse. Sur fond de conflits politiques, de luttes pour le pouvoir, le héros racinien aime, mais n'est pas aimé. Il tente par la violence d'obtenir les faveurs de l'être aimé. Il est à la fois victime et bourreau. On peut parler d'un théâtre de la cruauté, où les valeurs morales n'ont plus cours. Mais la démesure des conduites et des caractères trouve son expression dans un lyrisme poétique.

• Tragédies de Racine : *Alexandre le Grand, La Thébaïde, Andromaque, Britannicus, Bérénice, Bajazet, Mithridate, Iphigénie, Phèdre, Esther, Athalie.*

c • L'idéal de l'honnête homme

• L'âge classique français impose le modèle social et culturel de l'honnête homme. L'adjectif « honnête » désigne un homme raisonnable, sociable, soucieux de vivre agréablement avec ses semblables, se défiant des passions extrêmes.

• Cet idéal, en partie inspiré par le livre de l'Italien Baldassare Castiglione, *Il Cortegiano* (le courtisan), s'adresse à l'élite de la société. Il valorise autant les qualités du corps (élégance, vaillance), de l'âme (vertus chrétiennes et civiles), et de l'esprit (art de converser, finesse, à-propos).

d • La question religieuse : jansénisme et molinisme

• Indépendamment des idées classiques, le XVIIe siècle est particulièrement préoccupé par les questions religieuses, telles que le salut de l'âme ou le libre arbitre. Les jésuites sont à l'origine d'un renouveau catholique et proposent une doctrine accommodante dans laquelle la pratique des sacrements, l'observance des rites, ainsi que la repentance, même tardive, des péchés, suffisent pour obtenir le salut de l'âme. Cette doctrine est exprimée par le jésuite espagnol Molina, et porte le nom de molinisme. Elle met en avant le concept de « grâce suffisante » : faveur accordée par Dieu, que le chrétien peut à tout moment recevoir.

• À ce catholicisme-là, soucieux de se montrer compréhensif envers les élites, s'oppose, à partir de 1641, le jansénisme. Cette philosophie tire son nom du théologien flamand Jansénius (ou Cornelius Jansen, 1585-1638), qui commenta et rassembla les idées de saint Augustin dans son *Augustinus*, paru en France en 1640. Le jansénisme considère que l'homme est tragiquement marqué par le péché originel, qu'il ne peut être sauvé que par la grâce, extrême faveur accordée par Dieu, indépendante des mérites humains. Il n'est plus question de libre arbitre : l'homme, dans sa condition tragique, est voué à sa perte. Seul un petit nombre d'élus reçoit la « grâce efficace ». Il s'agit d'une vision pessimiste qui induit un choix de vie austère, préférant aux plaisirs du monde la méditation. Le jansénisme est principalement défendu par Pascal, dans *Les Provinciales* (1656-1657), ouvrage polémique contre les jésuites, et dans les *Pensées* (ouvrage inachevé et publication posthume). Le jansénisme est combattu par les autorités religieuses, voyant en lui une menace pour l'autorité du prêtre sur les consciences, et par les autorités monarchiques : l'abbaye de Port-Royal, haut lieu du jansénisme, est d'abord fermée, puis détruite sur ordre de Louis XIV. Le jansénisme exerça cependant une influence profonde et durable sur la pensée française et sur la production littéraire.

e • L'âge des moralistes

• Le règne de Louis XIV (1661-1715) voit fleurir des genres littéraires qui ont en commun de peindre la nature humaine telle qu'elle est, de faire voir ses défauts, ainsi que des travers des mœurs du temps. Leurs auteurs sont appelés moralistes, en ce qu'ils observent les mœurs.

• On peut faire entrer dans ce groupe Jean de La Fontaine, auteur de *Contes* et de *Fables*. Celles-ci ont pour fonction d'instruire de manière plaisante et imagée. Le premier recueil de fables (1668) est adressé au Dauphin, pour son éducation, le second (1678-1679) à Mme de Montespan, favorite du roi. La Fontaine s'inspire du fabuliste grec Ésope, et du latin Phèdre. Ses fables mettent en scène bien souvent des animaux, fortement personnifiés. Outre qu'elles illustrent des défauts tels que la vanité, la cupidité ou l'inconstance, elles présentent une contestation sans détour du pouvoir, de la cour du roi.

• Jean de La Bruyère publie, en 1688, *Les Caractères*, ouvrage qui, par le biais de portraits types précis et réalistes, dépeint les bizarreries de la nature humaine et la comédie sociale qui laisse transparaître la violence des inégalités. La Bruyère porte un regard sévère et pessimiste sur la société du Grand Siècle dans son ensemble, tandis que La Rochefoucauld, dans ses *Maximes* (1664), brosse un portrait du cœur humain, dominé par l'amour-propre.

f • Les mutations du roman

• L'esthétique classique influe aussi sur les fictions romanesques. Tandis que l'âge baroque voit fleurir les romans héroïques, notamment ceux de Mlle de Scudéry, qui laissent place au merveilleux, à des intrigues multiples et enchevêtrées, et les romans comiques de Scarron, Charles Sorel et Furetière, l'âge classique impose au roman le réalisme. En réaction aux romans-fleuves des premières décennies du siècle, le genre de la nouvelle se développe et puise ses sujets dans l'histoire. On évoquera les *Nouvelles françaises* de Segrais (1656) et les nouvelles historiques de Saint-Réal, notamment *Dom Carlos* (1672). Avec *La Princesse de Clèves* (1678), madame de La Fayette laisse le plus bel exemple de roman classique. La matière historique est fortement présente. En effet, la romancière situe la fiction à la cour du roi Henri II, et son héroïne est entourée de personnages historiques tels que Catherine de Médicis ou Marie Stuart. Néanmoins, la romancière laisse aussi une analyse approfondie du désarroi causé par la passion amoureuse.

• Le **classicisme**, soucieux de la définition et de la **hiérarchie des genres littéraires**, ne tient pas en haute estime le roman, soupçonné de ne pas instruire et d'enflammer l'imagination. Cependant, le genre romanesque évolue vers une analyse plus fine de l'être humain et une évocation de la réalité sociale.

g • Quelques auteurs

La Fontaine (1621-1695), Corneille (1606-1684), Molière (1622-1673), Racine (1639-1699), Pascal (1623-1662), Charles Perrault (1628-1703), La Rochefoucauld (1613-1680), La Bruyère (1645-1696), Mme de La Fayette (1634-1693).

III Le XVIIIe siècle : le siècle des Lumières

1 Définition des Lumières

C'est un mouvement intellectuel et culturel européen, s'appuyant sur le rationalisme et le progrès des sciences. Il proclame et défend la liberté de l'individu face aux pouvoirs politiques, à la transcendance divine et à la religion, et promeut le droit au bonheur sur terre.

Repère chronologique

Les **Lumières** trouvent leur racine philosophique dans le **rationalisme** du siècle précédent.
Elles s'expriment en **France** entre la mort de Louis XIV en 1715 et la Révolution française qui débute en 1789.

2 La pensée des Lumières

• Le rationalisme de Descartes (1596-1650) et l'empirisme de la philosophie anglaise, fondant la connaissance sur l'expérience, constituent les fondements théoriques de la philosophie des Lumières.

• **Le primat de la raison humaine**, affirmé durant tout le siècle, favorise le **développement de l'esprit critique**, lequel s'applique dans tous les domaines et n'hésite pas à remettre en question les vérités transmises par la religion.

Le *Dictionnaire historique et critique* (1697) de Pierre Bayle (1647-1706) peut être considéré comme le premier ouvrage combattant les préjugés et proclamant l'indépendance de la morale vis-à-vis de la religion. Bayle met déjà en pratique l'injonction de Kant (1724-1804) dans *Qu'est-ce que les Lumières ?* (1784) : « Sapere aude » (littéralement : « Ose savoir ». Kant ajoute : « Aie le courage de te servir de ton propre entendement »).

• Les Lumières affirment la puissance de la raison humaine et considèrent qu'armé de cette raison, l'homme peut accroître indéfiniment ses connaissances, **s'affranchir de toutes les superstitions**, et par conséquent, améliorer ses conditions de vie sur terre, notamment en recherchant une meilleure forme de gouvernement et une organisation plus juste de la société. Voulant éclairer les consciences et émanciper l'homme, elles se heurtent aux dogmes enseignés par les religions et aux systèmes politiques en place.

• L'homme des Lumières, doté de raison, possède, entre autres droits naturels, la liberté de conscience, de croyance, donc d'expression et de mouvement. Par conséquent, les philosophes des Lumières mènent **un combat pour la liberté et la tolérance**.

• Les Lumières envisagent l'être humain dans sa dimension universelle, doté de la même raison et des mêmes droits, destiné partout au bonheur et au progrès : c'est **le cosmopolitisme**. Elles mènent une réflexion critique sur l'histoire, les sociétés et les gouvernements. Le philosophe des Lumières estime qu'il peut aussi éclairer les gouvernants.

• Le **despotisme éclairé** qui se met en place en Europe (Prusse, Autriche, Russie) semble être la mise en application des principes rationalistes des Lumières. Mais la réflexion des Lumières en matière politique comme en matière religieuse est très diverse.

3 La culture des Lumières

• On peut d'abord parler d'**une Europe des Lumières,** composée de savants, d'érudits et d'écrivains entretenant entre eux des correspondances, souvent accueillis favorablement par les gouvernants. Le siècle des Lumières, c'est l'« Aufklärung » en allemand, l'« Enligthnenment » en anglais. Ainsi, Voltaire est reçu amicalement par le roi Frédéric II de Prusse, et Diderot cultive l'amitié de Catherine II, impératrice de Russie. Les élites sociales et culturelles voyagent en Europe, se rencontrent dans les cours princières et les salons. La mode du voyage en Italie, étape essentielle dans l'initiation aux beaux-arts, mais aussi pour l'observation des gouvernements, se développe particulièrement.

• Les salons et les cafés sont les lieux privilégiés d'échange et de diffusion des idées philosophiques et religieuses. Animés par des femmes d'esprit (Mme Geoffrin, Mme de Genlis, Mlle de Lespinasse), les salons parisiens rassemblent des hommes de lettres et des savants. Le XVIIIe siècle voit la naissance d'une opinion publique, urbaine et instruite, qui lit des journaux dans les cafés. Les villes de province ont des académies qui réunissent les érudits et entretiennent une vie intellectuelle.

• Dans le prolongement de l'âge classique, le XVIIIe siècle voit le rayonnement de la langue française dans l'Europe éclairée. Le français passe pour la langue de la raison, propice à la circulation des idées.

4 Le combat des lumières

En France, les philosophes des Lumières se montrent très critiques envers l'état monarchique et les institutions religieuses.

a • La critique politique

L'œuvre de Montesquieu (*De l'esprit des lois, Lettres persanes*) se montre critique envers l'absolutisme qui risque de dégénérer en despotisme. Membre de la noblesse de robe, Montesquieu défend la séparation des pouvoirs et se veut partisan d'une monarchie aristocratique et parlementaire. De manière polémique, Voltaire fait l'éloge du parlementarisme anglais dans les *Lettres philosophiques*, et d'une société qui récompense le mérite des classes utiles, celles des négociants et des savants. Rousseau, après avoir donné une lecture de l'histoire humaine dans son *Discours sur l'origine de l'inégalité*, appelle de ses vœux un contrat social entre l'État et les citoyens. *Du contrat social* établit le fondement d'un gouvernement démocratique.

b • L'œuvre majeure contribuant à la diffusion des Lumières

• L'*Encyclopédie ou Dictionnaire raisonné des sciences, des arts et des métiers* (1751-1772). Initialement conçu comme traduction de la *Cyclopaedia* de l'Anglais Chambers, l'ouvrage dirigé par Diderot et d'Alembert entend non seulement proposer un bilan organisé des connaissances, mais aussi défendre les idées nouvelles propagées par les Lumières.

• L'entreprise rencontre l'hostilité des pouvoirs politique et religieux. Diderot réunit autour de lui les grands noms du savoir et de la philosophie : Condillac, Dumarsais, d'Holbach, Rousseau, Turgot, Voltaire.

5 Quelques philosophes des Lumières

• **Les grands précurseurs** : Descartes (1596-1650), Hobbes (1588-1679), Locke (1632-1704), Leibniz (1646 -1716).
• **Les grands philosophes étrangers** : David Hume (1711-1776), George Berkeley (1685-1753), Emmanuel Kant (1724-1804), Moses Mendelssohn (1729-1786), Cesare Beccaria (1738-1794), Adam Smith (1723-1790).
• **Les philosophes français** : Fontenelle (1657-1757), Montesquieu (1689-1755), Voltaire (1694-1778), Rousseau (1712-1778), Diderot (1713-1784), d'Alembert (1717-1783), d'Holbach (1723-1789).

6 Le roman au siècle des Lumières

• À l'exception des nombreux contes philosophiques de Voltaire, on ne peut pas dire que les fictions romanesques défendent directement les idées des Lumières. Le roman, genre décrié par les autorités religieuses, connaît tout au long du siècle un remarquable essor, grâce à un lectorat plus nombreux. Attaqué à la fois pour son irréalisme et son immoralité, le roman déclare peindre la réalité psychologique et sociale, pour mieux mettre en garde les lecteurs contre les périls que peuvent rencontrer l'honnêteté et la vertu. C'est là le discours constant des préfaces de romans, qui bien souvent se présentent sous la forme de mémoires authentiques, de confessions de personnages réels.
• La première moitié du siècle est marquée par une abondante production de **romans sur le libertinage**, notamment ceux de Crébillon (fils). Il s'agit de fictions satiriques, présentant sans complaisance les mœurs d'une élite libertine. Évitant toujours l'obscénité, tout en décrivant des scènes suggestives, le roman libertin cultive l'ambiguïté, en raillant des personnages superficiels tout en leur prêtant un langage raffiné, des conduites pleines de finesse, et souvent une aptitude à se critiquer.
• La seconde moitié du siècle, surtout après la parution de *La Nouvelle Héloïse* de Rousseau en 1761, et avec l'influence des fictions anglaises, voit prospérer **le roman sentimental**. Celui-ci exalte la sensibilité et les vertus de

la bourgeoisie et des paysans. Il évoque des personnages sincèrement amoureux, séparés par une série d'événements tragiques. Le roman sentimental peut aussi rechercher les décors historiques, notamment médiévaux.

• À l'extrême fin du siècle, après la tourmente révolutionnaire, le fantastique intervient dans les fictions : c'est **le roman noir**, venu lui aussi d'Angleterre, qui a la faveur du public.

• Cependant, les romans passant à la postérité se détachent de ces grands courants. On citera : *Histoire du chevalier Des Grieux et de Manon Lescaut* (1731), de l'abbé Prévost, *Le Paysan parvenu* (1735) et *La Vie de Marianne* (1731 à 1741), de Marivaux, *La Nouvelle Héloïse* (1761), de Rousseau, enfin *Les Liaisons dangereuses* (1782), de Laclos.

7 Le théâtre au siècle des Lumières

• La **tragédie** demeure un genre noble et apprécié durant tout le siècle, mais aucune grande œuvre n'éclipse ni ne concurrence aujourd'hui les tragédies du Grand Siècle. La **comédie** est un genre qui se renouvelle davantage. Avant 1750, elle est dominée par l'œuvre de Marivaux (*Le Jeu de l'amour et du hasard*, 1730, *Les Fausses Confidences*, 1737). Ses comédies délaissent la satire des milieux et des caractères, elles dépeignent sur un mode amusé les hésitations et les troubles de personnages amoureux. Après 1750, les comédies de Beaumarchais (*Le Barbier de Séville*, 1775, *Le Mariage de Figaro*, 1784 et *La Mère coupable*, 1792) prennent place dans le combat des Lumières car elles présentent une satire féroce de la noblesse et exaltent les valeurs nouvelles du mérite et de l'intelligence, à travers le personnage du valet Figaro.

• La seconde moitié du XVIIIe siècle voit la naissance d'un nouveau genre : **le drame bourgeois** (auteur principal : Sedaine), représentant des situations tragiques vécues par de simples bourgeois, et ayant une visée clairement moralisatrice.

8 Des Lumières au préromantisme

À partir des années 1750-1760, tandis que se diffuse la pensée des Lumières exaltant le pouvoir émancipateur de la raison, se développent dans les arts (peinture, littérature, poésie notamment) et dans les mentalités cultivées un goût marqué pour la nature sauvage, un rejet de la ville et de la société, ainsi qu'une valorisation de la mélancolie et de la solitude. On donne le nom de « préromantisme » à cette nouvelle orientation, présentant presque tous les caractères du romantisme.

• **Le sentiment de la nature** : l'intérêt de l'Europe pour les civilisations lointaines, entretenu par les récits de voyage, nourrit un discours critique sur les sociétés occidentales et leurs travers, et diffuse l'image **d'une nature originelle, séjour d'une humanité innocente et libre**. *Le Supplément au voyage de Bougainville* de Diderot remplit bien cette double fonction. Sur un plan théorique, Rousseau valorise un état de nature ignorant les inégalités et l'injustice. Dans ses écrits autobiographiques (*Les Confessions*, *Rêveries du promeneur solitaire*) comme dans son roman *La Nouvelle Héloïse*, il évoque une vie heureuse au milieu de la nature et vante la beauté des paysages de montagne. La nature apparaît comme un refuge.

• **Le moi sensible** : à la veille de la Révolution française, on ne croit plus à l'idée que l'homme n'est qu'un sujet pensant. Le sensualisme (Diderot, La Mettrie) considère plutôt qu'il est d'abord gouverné par ses sensations. Par ailleurs, la production romanesque d'une part, l'œuvre autobiographique de Rousseau d'autre part, mettent en avant un sujet sensible, trouvant difficilement sa place dans une société injuste et oppressante.

• **Figures du préromantisme** : outre Rousseau, on peut citer Bernardin de Saint-Pierre (1737-1814), auteur de *Paul et Virginie*(1787), ainsi que le philosophe et moraliste Vauvenargues (1715-1747).

IV Le XIXe siècle

1 Le romantisme

a • Origine et définitions

• *La Nouvelle Héloïse* (1761), les *Rêveries du promeneur solitaire*, de Rousseau (1776-1778), le *Sturm und Drang*, mouvement politique et littéraire allemand (*Les Souffrances du jeune Werther* de Goethe, 1774) et le *Gothic Novel*, genre littéraire anglais (*Frankenstein* de Mary Shelley, 1818), la Révolution, la Terreur, les guerres influencent la littérature.

• Le **« moi », l'individu** se sent impuissant.

• En France, Mme de Staël (*De l'Allemagne*, 1813) conteste les codes classiques et dès 1820, le Cénacle réunit Charles Nodier, Hugo, Vigny, Dumas, Musset, Nerval, Gautier, Delacroix, Chopin, Berlioz.

b • Les principes

• Adapter le style pour rendre compte de la « modernité » et du « vague des passions ».
• Se libérer des conventions, mêler grotesque et sublime ; le drame est représentatif d'une génération et de ses aspirations.
• S'engager dans les débats (peine de mort, contestation politique).

c • Les thèmes

• Le « mal du siècle », expression du désenchantement.
• Le goût de la solitude, dans des lieux isolés, des paysages naturels ou des ruines.
• Le lien mystique entre l'homme et la nature.
• La politique, source de malheurs, de désillusions, mais aussi d'engagement.
• L'histoire et ses enseignements.
• La liberté, politique et littéraire.

d • Quelques figures

• FRANÇOIS-RENÉ DE CHATEAUBRIAND (1768-1848) : modèle de la génération romantique, de Hugo. *Atala ou les Amours de deux sauvages dans le désert* (1801), *Le génie du Christianisme ou les Beautés de la religion chrétienne*, et *René (1802)*.
• VICTOR HUGO (1802-1885) : « Je veux être Chateaubriand ou rien » (1816). *Odes* (1822), *Cromwell* (1827, sa préface est le « manifeste » du drame romantique). *Les Orientales*, *Le Dernier Jour d'un condamné* (1829). Chef de file de l'école romantique grâce à la première représentation d'*Hernani*, en 1830, et à sa célèbre « bataille » (menée par ses amis du Cénacle), *Notre-Dame de Paris* (1831), *Ruy Blas* (1838). On date souvent la fin du Romantisme de l'échec *des Burgraves* (1843). *Les Châtiments* (1852).
• ALFRED DE MUSSET (1810-1857) : *La Confession d'un enfant du siècle* (1836) expose l'atmosphère et les idées romantiques. Après l'échec de *La Nuit vénitienne* (1830), il écrit du théâtre à lire ou « théâtre dans un fauteuil », *Les Caprices de Marianne* (1833) et *Lorenzaccio* (1834) et des poèmes (*Nuits*, 1835-1837).
• STENDHAL (1783-1842) : lie roman et histoire et réfléchit sur le « romanticisme », *Racine et Shakespeare* (1823-1825).

2 Le Parnasse

a • Origine et définitions

• En 1866, l'éditeur Alphonse Lemerre, publie une anthologie de la poésie moderne *Le Parnasse contemporain*, en référence à la résidence d'Apollon et de ses filles, les Muses. Les parnassiens s'opposent au romantisme.

• *Mademoiselle de Maupin*, de Théophile Gautier (1835) est la première œuvre parnassienne.

• Gautier, Leconte de Lisle, José Maria de Heredia, Banville, Sully Prudhomme, François Coppée, Villiers de l'Isle-Adam cherchent l'œuvre parfaite, d'où la formule « *ars gratia artis* », l'art pour l'art.

• Les symbolistes poursuivront dans cette voie.

b • Les principes

• **Éloigner l'art** de toute considération sociale, politique ou utilitaire, de tout épanchement lyrique.

• **Célébrer le beau**, rechercher les symboles, la beauté éternelle.

• Le travail poétique est un effort acharné d'extraction de l'harmonie, le ciselage d'une forme impérissable.

• L'art doit viser l'objectivité, la gratuité absolue.

• Les **symbolistes** partagent leurs idées, mais privilégient l'esprit.

c • Les thèmes

• Personnages emblématiques : saltimbanques, fées et femmes divinisées.

• Statues, marbre, métaux précieux, bijoux.

• Évocation des civilisations anciennes, méditation sur leur disparition.

• Réflexions philosophiques et scientifiques.

• Paysages pittoresques, animaux, etc.

d • Quelques figures

• **THÉOPHILE GAUTIER** (1811-1872) : *Mademoiselle de Maupin* (1835), *La Cafetière* (1831), *Le Roman de la momie* (1858). Il devient le chef de file des parnassiens, avec *Emaux et Camées* (1852), *Le Capitaine Fracasse* (1863).

• **LECONTE DE LISLE** (1818-1894) : *Poèmes antiques* (1852), *Poèmes barbares* (1862), *Les Poèmes tragiques* (1884). Meneur du groupe parnassien, ses préfaces sont assimilées à des manifestes.

3 Réalisme et naturalisme

a • Origine et définitions

Le réalisme apparaît aux environs de 1850 et désigne un courant, jamais une « école ».

- Entre 1840 et 1860, les peintres représentent la vie. En 1855, on baptise ce courant, à la suite d'une exposition organisée par Gustave Courbet, intitulée **« Réalisme »**.
- Les romanciers **représentent le réel** sans l'idéaliser, en limitant les interventions et la subjectivité du narrateur.
- Ce courant est marqué par les modifications sociales et politiques : révolution industrielle, progrès scientifiques et techniques, positivisme et scientisme, Second Empire, réflexions sur la démocratie, IIIe République, urbanisation galopante, recul de la religion, apparition de l'athéisme.
- Mais certains écrivains, comme Flaubert, pensent que la littérature ne pouvant produire du réel, ne peut jamais être totalement réaliste.

Le Naturalisme : c'est Zola qui emploie le mot dans le *Roman expérimental* en 1880. Avant lui, il désigne un système philosophique et religieux qui se concentre sur la seule nature, puis les peintres qui représentent ce qu'ils voient. « L'école naturaliste » est ainsi nommée lors du Salon de 1863.

- Le naturalisme veut donner à la représentation du réel une **dimension scientifique** : l'auteur observe les effets conjugués de l'environnement et de l'atavisme sur des personnages marqués par une hérédité dans un milieu donné.
- Zola sous-titre son œuvre ainsi : « Histoire naturelle et sociale d'une famille sous le second Empire ».
- Maupassant ne s'est jamais dit « naturaliste » mais plutôt « réaliste » dans sa célèbre préface de *Pierre et Jean*.

b • Les principes

- **Montrer** la réalité dans sa totalité, sans intervenir dans la narration.
- Pour Maupassant, le réaliste est un « **illusionniste** » : il ne crée pas la réalité, il la montre en donnant une vision organisée, totale, donc plus approfondie.
- Accorder une place prépondérante à la **description** du milieu.

c • Les thèmes

- L'**observation** des différentes classes sociales.
- Le **peuple,** sans idéalisation.

• La mort (et les cadavres), la maladie (et la déchéance physique), l'alcoolisme, la misère.

d • Quelques figures réalistes

• HONORÉ DE BALZAC (1799-1850) : quatre-vingt-onze romans et nouvelles à partir de 1829. *Les Chouans* (1829), *La Peau de Chagrin* (1831), *Le Chef d'œuvre inconnu* (1831), les romans « réalistes » dont *Le Père Goriot* (1834-1835), *Eugénie Grandet* (1833), *Le Colonel Chabert* (1844). Voulant faire « concurrence à l'état civil », *La Comédie humaine* est divisée en « Études » (de mœurs, philosophiques) et selon le principe du « retour » des personnages. Certains constituent des « types » représentatifs de l'époque : l'ambitieux (Rastignac), l'avare (Grandet), le père christique (Goriot).

• GUY DE MAUPASSANT (1850-1893) : *Contes et Nouvelles* (plus de trois cents) et six romans, dont *Une Vie* (1883), *Bel Ami* (1885), *Pierre et Jean* (et sa préface, texte théorique du réalisme, 1887-1888), *Le Horla* (1887). Il participe aussi aux *Soirées de Médan*, recueil collectif de textes naturalistes, avec *Boule de suif* (1880).

e • Quelques figures réalistes naturalistes

• ÉMILE ZOLA (1840-1902) : *Les Rougon-Macquart* (vingt romans). *Thérèse Raquin* (1867), *La Conquête de Plassans* (1874), *La Faute de l'abbé Mouret* (1875), *Le Ventre de Paris*, (1873). Le succès de *L'Assommoir* lui assure l'aisance financière en 1877. Il se consacre à la littérature (« Nulla dies sine linea. » : « Pas un jour sans une ligne. »). Il s'engage pour Dreyfus dans la lettre ouverte « J'accuse » (*L'Aurore*, 13 janvier 1898). Jugé, condamné, il s'exile onze mois pour éviter la prison.

SCHÉMA-BILAN

Le romantisme
→ Exprimer le moi, ses sentiments, le mal du siècle.

Le Parnasse
→ Ne faire de l'art que pour l'art, ne rechercher que la beauté.

Le réalisme
→ Représenter le réel dans toute son ampleur.

Le naturalisme
→ Représenter le réel et l'analyser de manière scientifique, expérimentale.

V Le XXe siècle

Les bourrasques d'un siècle qui a vu deux guerres mondiales, des idéologies violemment appliquées, se reflètent chez des artistes tourmentés, plus que jamais en quête de vérités nouvelles.

1 Au tournant du siècle : l'exploration du moi

• En Autriche, le médecin **Sigmund Freud** (1856-1939) fonde la « psychanalyse », méthode d'investigation psychologique, à partir d'une théorie de l'inconscient.

• Dans son entreprise de « recherche du temps perdu », **Marcel Proust** (1871-1922) explore la mémoire sensorielle pour construire « l'édifice immense du souvenir », donnant ainsi à l'art la mission de recréer une vie imaginaire à mi-chemin du réel et du souvenir. *À la recherche du temps perdu* (1913-1927).

• **Guillaume Apollinaire** (1880-1918) amorce la révolution poétique. Il renouvelle les grands thèmes du passé, chante la modernité, donne à ses poèmes des formes audacieuses, et, d'un coup de génie, supprime la ponctuation, donnant à la lecture de ses vers toute liberté, privilégiant l'image. *Alcools* (1913), *Calligrammes* (1918).

Citation

« La vraie vie, la vie enfin découverte et éclaircie, la seule vie par conséquent véritablement vécue, c'est la littérature. » (Proust, *Le Temps retrouvé*).

2 Le surréalisme

a • Origine

• Le mouvement surréaliste a été fondé par des jeunes gens qui avaient vécu la première guerre mondiale et ses horreurs. André Breton et Louis Aragon furent définitivement convaincus de l'absurdité de la société et révoltés.

• En 1916, Tristan Tzara fonde à Zurich le mouvement dada. Il rencontre André Breton à Paris en 1919, et le mouvement surréaliste est né. Autour d'André Breton se regroupent, avant de rompre bruyamment, de nombreux poètes, peintres et photographes européens, puis américains.

b • Les principes

• Le monde visible n'est qu'une infime partie d'une réalité cachée à laquelle on ne peut accéder par la conscience. Seul l'art permet l'approche de la vérité. Il faut donc trouver les voies qui y conduisent, l'intuition, le rêve, le hasard ou l'absurde, tout ce qui peut mettre au jour l'inconscient. La démarche est parallèle à celle de Freud, et comme lui, ils veulent faire sortir la parole enfouie au fond de l'inconscient. Les surréalistes privilégient :

• La prééminence de la poésie, la création sous hypnose, le jeu du hasard, ou « hasard objectif », la parole onirique (issue du rêve), l'écriture automatique, le collage en peinture.

• Ils sont aussi favorables à toutes les subversions, politiques, morales, artistiques. Ils mettent en avant le couple et l'amour, passionnel et libéré des contraintes et conventions.

c • Les textes fondateurs

• *Les Champs magnétiques*, écrits par André Breton et Philippe Soupault en 1920.

• *Les Manifestes surréalistes*, publiés en 1924, 1930 et 1935.

• *Nadja*, d'André Breton, 1928.

d • L'engagement politique

Le surréalisme se proclame révolutionnaire et accompagne le parti communiste naissant. Les artistes sont pour la plupart inscrits au Parti, avec lequel Breton rompt en 1932. Aragon et Eluard resteront communistes toute leur vie. Ils s'engageront aussi fortement contre le fascisme.

e • Quelques grands noms et œuvres

• ANDRÉ BRETON (1896-1966) : *Nadja* (1928), *Les Vases communicants*, (1932), *L'Amour fou* (1937).

• LOUIS ARAGON, (1897-1982) : romancier (*Aurélien*, 1944, *Les Voyageurs de l'impériale*, 1942) et poète (*Les Yeux d'Elsa*, 1942, *Le Roman inachevé*, 1956).

• PAUL ÉLUARD (1895-1952) : *Capitale de la douleur* (1926), *L'Amour, la poésie* (1929), *Les Yeux fertiles* (1936), *Au rendez-vous allemand* (1944), *Le Temps déborde* (1947).

• PHILIPPE SOUPAULT (1897-1990) : *Les Champs magnétiques* (1920), *Westwego* (1922).

• RENÉ CREVEL (1900-1935) : *Êtes-vous fous ?* (1929).

• ROBERT DESNOS (1900-1945) : *Corps et Biens* (1930), *État de veille* (1943).
• Les peintres Max Ernst, Francis Picabia, Giorgio De Chirico, Salvador Dalí, Juan Miró, René Magritte, Francis Picabia, Marcel Duchamp, Man Ray, Yves Tanguy.
Au cinéma : Luis Buñuel (*Le Chien andalou*, 1929, court-métrage coécrit avec Salvador Dalí).

Postérité

La plupart des surréalistes s'affranchiront de la tyrannie d'André Breton et de la stérilité de certaines démarches, mais le mouvement favorisera la créativité dans toutes les formes d'art, donnant naissance à l'art abstrait, forme extrême de la liberté et de l'exploration de l'inconscient, et à l'engagement politique à la suite de la forte implication des surréalistes dans la résistance au nazisme.

3 Le surréalisme

Le roman devient au XXe siècle le genre le plus prisé et le lieu de toutes les expérimentations. Si l'on peut reconnaître quelques courants, on rencontre surtout de grandes individualités.
• ANDRÉ GIDE (1869-1951) : il prône la libération de tous les carcans. *Les Nourritures terrestres* (1897), *Les Faux-Monnayeurs* (1926), *Retour de l'U.R.S.S.* (1936). C'est l'un des premiers « maîtres à penser ».
• COLETTE (1873-1954) : série des *Claudine* (1900-1903), *Chéri* (1920), *Sido* (1929).
• ANDRÉ MALRAUX (1901-1976) : successivement aventurier, défenseur des libertés, ministre, critique d'art : *La Voie royale* (1930), *Les Conquérants* (1928), *l'Espoir* (1937), *Les Chênes qu'on abat* (1971).
• LOUIS-FERDINAND CÉLINE (1894-1961) : *Voyage au bout de la nuit* (1932), *Mort à crédit* (1936).
• JEAN GIONO (1895-1970) : chantre du régionalisme (*Regain*, 1930), pacifiste militant (*Le Grand Troupeau*, 1931). Dans *Un roi sans divertissement* (1947), *Le Hussard sur le toit* (1951), il étudie l'âme humaine, les turpitudes de la société ordinaire et renouvelle son écriture.

4 L'écrivain s'engage

Les dictatures violentes des années 1930, puis la Seconde Guerre mondiale et ses horreurs (shoah, bombe atomique) suscitent des interrogations et des débats philosophiques, moraux et politiques.

• JEAN-PAUL SARTRE (1905-1980), entouré de l'équipe de sa revue *Les Temps modernes,* définit l'existentialisme et l'illustre dans son œuvre. Pour l'existentialisme, l'homme s'édifie dans sa relation au monde extérieur et se réfère à son expérience vécue, dans une perspective athée. *L'existence précède l'essence.* Œuvre philosophique, *L'Être et le Néant* (1943), romanesque, *La Nausée,* (1938), *Le Mur,* (1939), théâtrale *Les Mouches,* (1943), *Huis clos* (1944), et surtout une autobiographie magistrale, *Les Mots,* 1964. Avec Simone de Beauvoir, (1908-1986), elle-même philosophe et auteur des *Mandarins* (1954) et du *Deuxième Sexe* (1949), il suscite et affronte de rudes polémiques philosophiques et politiques, qui passionnent l'opinion publique

• ALBERT CAMUS (1913-1960) est atypique dans son œuvre et dans sa vie (enfant pauvre et orphelin de père, issu d'une famille illettrée, malade, il devient philosophe et prix Nobel de littérature, et meurt d'un accident de voiture). Lui aussi s'exprime par la philosophie, le roman et le théâtre.

– L'absurde : *Le Mythe de Sisyphe* (essai), 1942 et *L'Étranger* (roman), 1942.
– L'engagement face au mal : *La Peste* (roman), 1947.
– La révolte humaniste, *L'Homme révolté* (essai), 1951, *La Chute* (roman) 1956.
– Divers écrits contre la peine de mort.
– *Noces,* 1939, *L'Exil et le Royaume,* 1957 (nouvelles).

5 Les expérimentions

a • L'Oulipo

• Un groupe d'amis crée l'Oulipo, « ouvroir de littérature potentielle », qui prend le parti d'écrire sous des contraintes absurdes, comme l'absence de la lettre « e » pour le roman de Georges Perec, *La Disparition.* Au-delà du jeu, Perec et Raymond Queneau explorent l'univers romanesque par la poésie et la créativité formelle constante, qui sollicitent l'esprit du lecteur.

• Raymond Queneau, *Loin de Rueil,* (1944), *Zazie dans le métro,* (1959).

• Georges Perec, *Les Choses* (1965), *W ou le Souvenir d'enfance* (1975), *La Vie mode d'emploi* (1978).

b • Le nouveau roman

On désigne ainsi un groupe d'écrivains qui refusent les critères classiques de l'écriture romanesque, sans pour autant « faire école », au cours des années 1950 et 1960 :
Alain Robbe-Grillet, *Les Gommes* (1953), Claude Simon, *La Route des Flandres* (1960), Marguerite Duras, *Moderato cantabile* (1958), Michel Butor, *L'Emploi du temps* (1956), Nathalie Sarraute, *Le Planétarium* (1959).

c • Le théâtre de l'absurde

Sous l'influence des surréalistes et du dramaturge allemand Brecht, Ionesco et Beckett mettent en scène le tragique de notre modernité en recourant à un langage incohérent, un parti-pris d'irréalisme, au refus d'une narration, à des personnages antihéros, et le choix du comique et du grotesque pour exprimer l'angoisse face au monde.
• EUGÈNE IONESCO (1909-1994) : *La Cantatrice chauve* (1950), *Rhinocéros* (1960), *Le roi se meurt* (1962).
• SAMUEL BECKETT (1906-1989) : *En attendant Godot* (1953), *Fin de partie* (1957).

d • La poésie

En marge du surréalisme, des poètes prolongent le renouvellement du genre :
• HENRI MICHAUX (1899-1984) : voyages réels et imaginaires. *Un Barbare en Asie* (1933), *Voyage en Grande Garabagne* (1936).
• RENÉ CHAR (1907-1988) : *Les Feuillets d'Hypnos*, 1946, *La parole en archipel*, 1962.
• PHILIPPE JACCOTTET (né en 1925) : *L'Effraie et autres poésies* (1953), *L'Ignorant* (1958), *La Semaison* (1984).
Et aussi FRANCIS PONGE (1899-1988), YVES BONNEFOY (né en 1923).

6 Le triomphe du roman

Le roman est le genre dominant du XXe siècle, et plus encore en sa fin : là s'expriment les tourments de l'âme face au monde et à son énigme. Quelques noms dominent : Romain Gary, Michel Tournier, Albert Cohen, Marguerite Yourcenar, et surtout : Le Clézio, Patrick Modiano.

7 Aux marges de la littérature

• La littérature prend des formes plus populaires, avec le roman policier, la science-fiction d'où émergent des chefs-d'œuvre.
• La poésie se réfugie parfois dans la chanson.
• Enfin, les sciences humaines naissantes peuvent croiser la littérature. Ainsi, le structuralisme propose des systèmes d'analyse et l'ethnologue Claude Lévi-Strauss l'applique aux faits de langue et de civilisation.

CORRIGÉS

1 Le personnage de roman

1

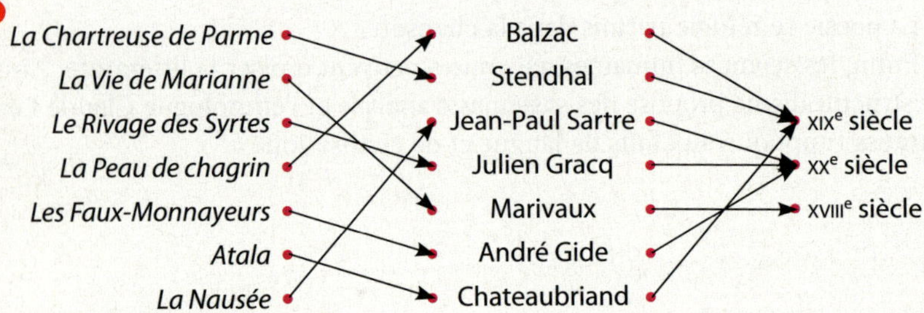

2

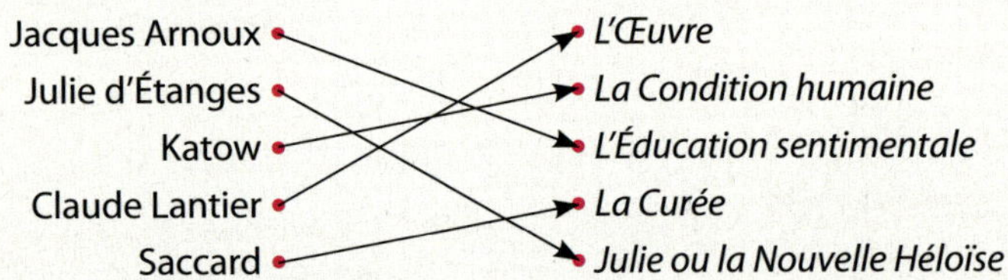

3 On distingue d'abord aisément des **informations sur le physique du personnage**. Elles sont annoncées par la remarque « Voilà un fameux gaillard ! » (l. 3). Les phrases 3 à 5 accumulent des détails convergents qui signalent la force physique de Vautrin. Mais on remarque encore « des rides prématurées » (l. 6), qui laissent supposer que de possibles épreuves ont laissé une trace sur le visage. Le narrateur y voit « des signes de dureté » (l. 6), et souligne le contraste que ces signes forment avec des « manières souples et liantes » (l. 7). **Ce contraste,** dès la phrase 4, suggère que le personnage est peut-être soucieux de dissimuler un caractère violent sous une apparence de sociabilité et d'amabilité.

Le portrait s'oriente ensuite vers les manières de Vautrin et souligne sa serviabilité (« obligeant » (l. 8) ; « [...] il lui offrait aussitôt ses services [...] » (l. 13-14)) associée à la bonne humeur. Vautrin est présenté comme un homme d'expérience, non seulement habile de ses mains (comme le montrent les participes passés juxtaposés « démontée, rafistolée, huilée, limée, remontée » (l. 9)), mais possédant une vaste connaissance du monde (signalée par une autre énumération). **Le lecteur peut lui prêter une vie riche d'aventures romanesques.** Il acquiert aussi la conviction que la serviabilité et « son air bonhomme » (l. 15) sont une façade derrière laquelle percent la dureté, la perspective d'actes violents et inquiétants. Le regard

« profond et plein de résolution » (l. 16) laisse voir ce que Vautrin voudrait cacher. Malgré lui, il inspire la crainte. Le portrait se focalise sur un seul détail de sa conduite, sa manière de cracher, pour évoquer « un sang-froid imperturbable » (l. 17), et l'éventualité de crimes possibles.

Cherchant à dissimuler son passé, son caractère sûrement irascible et violent, et le motif de ses déplacements réguliers, Vautrin est comparé à « un juge sévère » (l. 19) qui sait deviner ce que pensent et ressentent les autres : cette puissance est confirmée dans l'avant-dernière phrase de l'extrait. Il a su gagner utilement la confiance de la propriétaire de la pension, information qui peut étayer les soupçons du lecteur qui voit en Vautrin un homme d'une puissance dangereuse, qui a beaucoup vécu et qui a encore des activités secrètes. Le portrait suggère fortement, il tient le lecteur en haleine et stimule son imagination. Ce Vautrin n'est ni banal, ni dans les normes.

4 Le narrateur-personnage raconte une vive altercation entre son père et une voisine, au sujet de saletés qu'aurait commises devant sa boutique Tom, autre enfant de la famille. Le narrateur emploie un **vocabulaire familier ou argotique**, et des **tournures grammaticales relâchées** qui dénotent d'abord son appartenance sociale aux classes populaires urbaines, mais se prêtent aussi à la dureté des rapports sociaux et suggèrent peut-être une certaine vision de la réalité.

Le lexique affecte d'abord la voisine, qualifiée de « vache » au premier paragraphe, de « rombière » au dernier, terme qualifiant une bourgeoise vieillissante et antipathique. Il s'applique aussi aux comportements des protagonistes : Mlle Méhon « a gueulé » (l. 11) ; ses propos sont aussi entachés de termes familiers et péjoratifs : « qu'il cochonnait toute sa vitrine, notre petit galeux » (l. 12). Quant au père du narrateur, il est comparé à un « tricar » (l. 19) (orthographié généralement : tricard), désignant un malfaiteur, interdit de séjour. Et la mère « chialait » (l. 22). À l'origine de cette dispute burlesque, le petit Tom qui effectivement « pisse » (l. 7) régulièrement sur la devanture de la marchande de corsets, imitant en cela tous « les clebs » (l. 8) (chiens) du quartier.

Le langage parlé et relativement familier se caractérise aussi par des libertés syntaxiques, comme l'**omission du « ne »** dans les locutions négatives (« c'est à pas croire » (l. 1) ; « elle arrêtait pas » (l. 2) ; « qu'auraient pas montré » (l. 5) ; « il était pas le seul » (l. 7) ; « il était plus du tout regardable » (l. 17) ; « j'aurais pas dû » (l. 21)), ou encore par une mise en relief d'un groupe nominal dans la proposition, opérée par ce que l'on appelle **dislocation de la phrase**. (« ici », dans la première phrase, « **mademoiselle Méhon** », antéposé par rapport au pronom « **elle** » ; dans la phrase « **Ses corsets** pourtant, elle **les** vendait bien » (l. 3) ou encore, « tous les clebs [. . .] ils en faisaient » (l. 8) ; « le Passage c'était [...] » (l. 9) ; « elle a traversé exprès, la Méhon » (l. 10) ; « c'était infâme, l'ignoble façon [. . .] » (l. 11) ; « qu'il cochonnait [. . .] notre petit galeux » (l. 12)). On notera cependant que le narrateur employant un **sociolecte** (usages linguistiques propres à un milieu) qui l'inscrit dans une réalité, maîtrise aussi un lexique nettement plus soutenu (« Ce fut une discussion fatale » (l. 14) ; « Grand-mère pourtant bien mesurée dans ses paroles » (l. 14)). Ce contraste rappelle que **le personnage reste une création littéraire**, et n'est pas une copie fidèle de telle ou telle réalité sociale.

5 Le corpus proposé se compose de deux extraits de romans qui appartiennent à la veine réaliste, comme en témoignent aisément les décors précis, les références historiques chez Montherlant, ainsi qu'un ancrage des personnages dans la réalité. Dans l'extrait de *Madame Bovary*, la vieille servante appartient bien sûr aux classes les plus basses de la paysannerie et se retrouve face à des notables, « bourgeois épanouis » (l. 18). Dans l'extrait des *Célibataires*, les deux personnages sont des aristocrates, comme le dénotent leurs patronymes. Ils vivent sous la IIIe République, juste avant ou après la guerre de 1914.

Le passage de *Madame Bovary*, situé dans le chapitre consacré aux comices agricoles, constitue le portrait d'une vieille servante de ferme. Il montre également le face-à-face de celle-ci avec le monde des notables, des messieurs bien mis, installés sur une estrade pour décerner des prix. De nombreux indices dans le portrait de Catherine Leroux (nous apprenons son nom, un peu après l'extrait retenu) indiquent qu'elle a durement travaillé depuis l'enfance, que son corps porte les traces de ses tâches pénibles, en particulier ses mains, qui sont « l'humble témoignage de tant de souffrances subies » (l. 10). La société lui a réservé les travaux les plus durs qui ne l'ont pas enrichie, à en juger par « ses pauvres vêtements » (l. 2), et elle s'apprête à lui remettre une dérisoire récompense. Cette servante incarne « ce demi-siècle de servitude » (l. 18), expression qui dit à elle seule la condition injuste que lui réserve la société. En outre, on est encore frappé par l'incompréhension mutuelle de deux mondes qui se côtoient pourtant à la campagne : la paysannerie pauvre et la bourgeoisie. Catherine Leroux est « effarouchée » (l. 14) par tout le cérémonial et se tient « immobile » (l. 16). Il est vrai qu'elle a aussi « le mutisme » (l. 13) des animaux. Elle ne comprend pas ce qui va se passer ; de leur côté, « ces bourgeois épanouis » (l. 18) ignorent la misère qui est la sienne.

Le portrait de M. de Coantré, dans le premier paragraphe des *Célibataires*, laisse supposer l'avarice ou bien une certaine gêne matérielle, rien de plus. Libre au lecteur d'imaginer que ce comte a fait de mauvaises affaires, ou qu'il n'a pas travaillé. Le second paragraphe révèle la sottise des deux personnages, et l'aigreur que suscite en eux l'actualité. Leur verve n'est pas la marque de quelque esprit critique, ils parlent sans savoir, reproduisent les préjugés de leur classe ou de l'opinion publique. Leur amertume, leur intolérance ne fait pas d'eux des marginaux, mais des stéréotypes ridicules d'une époque et d'un milieu.

Conclusion : On retiendra de la lecture de ces deux extraits la grande **diversité des relations** se tissant entre l'individu et le corps social, et des effets psychologiques de l'histoire collective sur des individus.

6 Commentaire du texte A

Plan détaillé

I. Une vie à travers un portrait.

L'extrait proposé présente le portrait d'un personnage qui n'a aucun rôle dans l'histoire. Le lecteur en ignore encore le nom. Mais Flaubert condense en quelques lignes assez d'informations pour qu'une vie entière se dessine.

a. La pauvreté. Elle apparaît dans la mention des « pauvres vêtements » (l. 2) dans la première phrase. Bien que ce soit un jour de fête, la paysanne porte ses vêtements de tous les jours, son tablier bleu et ses grosses galoches. Le bonnet qui lui entoure la tête n'a aucun ornement, aucune dentelle. La posture du corps (« se ratatine » (l. 2)) renseigne à la fois sur sa position sociale – la pauvreté se lit dans ce maintien craintif – et sur le poids de l'âge et du travail.

b. La souffrance au travail. Se devine aux rides du visage. Comparaison de la phrase 3 : « plus plissé de rides qu'une pomme de reinette flétrie » (l. 5). L'attention se concentre sur les mains, dont « les articulations noueuses » (l. 6) indiquent déjà que les travaux domestiques les ont à la fois renforcées et déformées. La phrase 4 énumère tout ce qui les a usées. L'accumulation des participes passés (« encroûtées, éraillées, durcies » (l. 7)) donne un effet d'insistance. Notation réaliste, les mains de la vieille femme prennent une dimension emblématique : elles représentent toute sa vie de labeur et au-delà, la condition de la paysannerie la plus pauvre. Elles sont un « humble témoignage » (l. 10). L'expression est à mettre en relation avec la fin de l'extrait : Catherine Leroux est un symbole, « un demi-siècle de servitude » (l. 18).

c. La grandeur d'une âme. Visage et regard inexpressifs (phrase 6). Explication fournie à la phrase suivante : elle finit par ressembler aux animaux domestiques qu'elle a soignés toute sa vie. Forme d'aliénation, de régression : une vie d'ignorance, privée de toute instruction. Pourtant, le narrateur évoque « quelque chose d'une rigidité monacale » (l. 10) qui « relevait » (l. 11) sa figure. Il rapproche implicitement cette vie entièrement consacrée aux mêmes travaux pénibles, à première vue aliénante, à la vie des moines et des religieuses, toute de contemplation, de sacrifice consenti. Dans la phrase 6, l'absence d'expression n'est qu'une hypothèse, il faut revenir sur le verbe « amollissait » (« rien [...] n'amollissait ce regard pâle » (l. 12)). Forme de stoïcisme, peut-être une âme forte derrière ce corps usé par le travail.

Transition : Catherine Leroux est seule face à une assemblée, devant l'estrade où siègent les notables. Le « on vit » (l. 1) initial indique bien un regard collectif porté sur une figure isolée.

II. La confrontation de deux milieux

a. L'embarras de la servante. Dès la première phrase, « une petite vieille femme de maintien craintif ». Elle est intimidée par la situation, par les gens qui l'entourent. Elle est également « intérieurement effarouchée » (l. 14) par toute l'assistance, par le cérémonial. Le fait qu'elle semble « se ratatiner dans ses pauvres vêtements » (l. 2) traduit aussi son extrême embarras. Une expérience inédite dans toute sa vie puisque : « c'était la première fois qu'elle se voyait » (l. 13). L'embarras se traduit encore par l'immobilité car « elle demeurait tout immobile, ne sachant s'il fallait s'avancer ou s'enfuir » (l. 16). Plus qu'intimidée, elle ne comprend pas ce qui va se passer. La scène dont elle est le centre n'a pour elle aucun sens. Ignorance.

b. Le décor et les bourgeois. Tout un décorum officiel (musique et drapeaux ; « messieurs en habit noir » (l. 15) et décoration du Conseiller). Ensemble d'indices du monde des notables, inconnu pour la servante, lointain, objet de crainte et de respect. Dans « ces bourgeois épanouis » (l. 18), l'adjectif laisse voir leur assurance, voire leur vanité, mais encore leur prospérité, leur réussite sociale. Il s'agit d'une attitude qui est à l'opposé du « maintien craintif » (l. 1) de la servante.

c. Deux mondes qui s'ignorent. La disposition des personnages dans l'espace a son importance. D'un côté, la « petite vieille femme » (l. 1), de l'autre, les notables. Elle, comme sur une scène, est actrice malgré elle, et ne sait pas quel rôle on attend d'elle ; eux, sont spectateurs. À noter que la pauvre est comme coincée entre la foule qui la presse de s'avancer et les officiels sur l'estrade. Elle offre involontairement un spectacle que les autres ne comprennent pas. Incompréhension mutuelle. La bourgeoisie récompense certes son mérite, mais ne voit pas (ou ne veut pas voir) « la servitude » (l. 18).

Transition : On peut s'interroger sur l'intérêt de ce bref portrait et sur les effets éventuels sur le lecteur.

III. Fonction d'un tel portrait

a. Un parti pris réaliste. Un portrait précis qui convoque la réalité du monde rural. Avec Catherine Leroux, on aperçoit l'entretien de la ferme, les animaux, la tonte des moutons, etc. C'est une scène qui prend bien place dans la description des comices agricoles. Une vision complète des classes sociales, avec la réunion du peuple et des notables. Une prise en compte lucide de la condition du monde rural. Précision du vêtement paysan. La comparaison elle-même, « plus plissé qu'une pomme de reinette flétrie » (l. 5), a quelque chose de très réaliste. Ce fruit pousse en abondance dans la campagne normande.

b. Une possible dénonciation. L'accent mis sur l'usure des mains et surtout l'expression emblématique « demi-siècle de servitude » (l. 18) laissent supposer que le narrateur met en pleine lumière les **criantes inégalités** de son époque. Cette hypothèse est renforcée par l'aspect émouvant du personnage. Son physique marqué par le travail, sa timidité, son ignorance des codes bourgeois, tout cela inspire de la sympathie et laisse croire que **le narrateur prend parti**.

c. Une scène aux limites de l'absurde. Pour le personnage au centre des regards, cette scène n'a pas de sens. A-t-elle été informée que l'on allait la récompenser ? N'a-t-elle pas compris les informations ? Ou bien ne lui a-ton rien dit ? Cette dernière hypothèse est plausible. Son embarras perturbe le rituel de la distribution des récompenses (que nous découvrons dans les pages suivantes), le retarde et en fait finalement voir la vanité. Absence de dialogue entre des classes qui s'ignorent. Le sort réservé à Catherine Leroux fait qu'elle s'est éloignée de la communication humaine, pour adopter le « mutisme » (l. 13) et « la placidité » (l. 13) des animaux. Les inégalités dont elle est la victime sont à l'origine de l'absurdité envahissant les rapports sociaux.

Conclusion : Un bref **portrait emblématique** de toute une condition paysanne et une scène où le pathétique côtoie le **ridicule** et l'**absurde**.

Dissertation

Problématique : Une composante privilégiée par Stendhal : le personnage (son caractère, sa psychologie). De quels sens est-il porteur ? Peut-on ainsi séparer les aventures et le personnage ?

Plan détaillé

I. Le personnage est toujours riche de sens

a. Une conduite renvoyant à un contexte social et historique (Ex. : le personnage de Saccard dans *La Curée* ou dans *L'Argent* de Zola).

b. L'analyse psychologique dans les romans à la première personne (Ex. : *La Vie de Marianne* de Marivaux).

c. Le grand personnage ouvre un questionnement (Ex. : Langlois dans *Un roi sans divertissement* de Giono).

II. Mais le personnage ne prend sens que dans une histoire et un destin.

a. L'aventure révèle la grandeur ou la médiocrité d'un personnage (Ex. : La grandeur de Fabrice del Dongo dans La *Chartreuse de Parme,* de Stendhal, la médiocrité de Frédéric Moreau qui se confirme tout au long de *l'Éducation sentimentale,* de Flaubert).

b. L'action a aussi sa part de mystère (Ex. : Le meurtre commis par Meursault, dans *L'Étranger* de Camus).

c. Le personnage se construit à partir de ses expériences (Ex. : Le roman d'apprentissage, par exemple *Le Père Goriot* de Balzac, avec les leçons tirées par Eugène de Rastignac).

III. Le personnage et les aventures qu'il traverse intéressent tous deux quand ils révèlent une vision du monde

a. Une illustration de la relation de l'homme au monde (Ex. : *L'Étranger* de Camus ; *Le Château* de Franz Kafka).

b. La vision du romancier se lit dans un tout : personnages, décors, actions (Ex. : Le « monde » célinien dans *Voyage au bout de la nuit*).

c. Le roman comme vecteur d'une thèse sur la société (Ex. : Balzac et le projet de *La Comédie humaine,* ou l'illustration des thèses naturalistes dans *Les Rougon-Macquart* de Zola).

Conclusion : Il est vrai que nous gardons davantage en mémoire les personnages marquants de grands romans, plutôt que toutes les aventures qu'ils connaissent. Mais c'est finalement le monde fictif du romancier où se mêlent ses fantasmes, ses obsessions, ses convictions, qui s'imprime en nous, de manière fusionnelle avec une écriture.

Écriture d'invention

Bien relever les termes essentiels du sujet : **personnage en action**, ses aspects inquiétants ou énigmatiques.

Ce qu'il ne faut pas faire : un portrait statique et complet, tel que l'on en lit chez Balzac.

L'adjectif « énigmatique » implique que **votre lecteur se pose des questions sur votre personnage**, sans avoir de réponse claire et immédiate. Par conséquent, ne relatez pas une action parfaitement identifiable (un voleur en train de percer le coffre d'une banque, par exemple).

2 Le texte théâtral et sa représentation, du XVIIe siècle à nos jours

❶ **a.** ; **b.** ; **c.**

❷

- Indications de mises en scène → Didascalies
- Discours d'un personnage seul en scène → Monologue
- Coup de théâtre → Péripétie
- Discours d'un personnage destiné à ne pas être entendu des autres, mais seulemement, du public → Aparté
- Organisation de l'espace scénique → Scénographie

❸ On note la présence de deux types de didascalies. Les premières n'ont qu'une **fonction d'ancrage**, elles indiquent le décor et le moment de l'action : une route, la campagne, un arbre, etc. Sobres et vagues, elles suggèrent le dénuement et l'indétermination. Les secondes précisent les **gestes et les tons des personnages**. Elles aident à indiquer aux acteurs les mouvements à accomplir, permettent d'animer le spectacle. On voit, par exemple, Estragon faire des efforts pour se déchausser, souffrir, être de mauvaise humeur, etc. Elles indiquent aussi la démarche de Vladimir, mécanique et fragile, et laissent deviner la vieillesse et la fatigue.

❹ Dans ce monologue (**extrait 1**), le personnage fait le point sur sa situation, il fait part au spectateur de sa psychologie, rend compte de ses projets, de ses sentiments, etc. Figaro se croit trahi par Suzanne, s'en prend donc à toutes les femmes et au comte, son rival. On identifie le **registre lyrique** grâce aux phrases exclamatives, exprimant la déception et la volonté d'en découdre avec le comte. Mais on peut aussi parler de **registre polémique** puisque le valet, dans le cadre de la **double énonciation**, s'adresse au public et dresse un réquisitoire. Il s'en prend à la société qui ignore le mérite personnel, ne récompense pas les talents. Les deux registres s'unissent pour rappeler l'importance de l'intrigue amoureuse et imposer la critique sociale, digne des Lumières.

La réplique de Sganarelle (**extrait 2**), insérée dans une comédie, trace le portrait de son maître libertin. Le **registre comique** est présent : vocabulaire et tours familiers, critique des mœurs d'un homme, accumulation et énumérations hétéroclites (« un enragé, [...] ce que nous croyons » (l. 2 à 6)), formules drôles et lapidaires (« épouseur à toutes mains » (l. 10) ; « rien de trop chaud ni de trop froid pour lui » (l. 11)) font sourire le spectateur. La comédie est aussi présente dans la thématique : le valet critique l'attitude de son maître. Mais on peut aussi distinguer ici le **registre satirique** : il critique fortement un athée, qui ne respecte aucune convention, aucun sacrement, aucune valeur. La naïveté et la drôlerie se doublent d'une réflexion moralisatrice et d'un ton dénonciateur.

5 Cette scène de comédie montre un médecin imbu de lui-même et furieux de voir son malade ne pas suivre ses conseils et ses prescriptions. Argan, le malade, tente de s'expliquer, de s'excuser. Le comique réside donc d'abord dans la situation et le caractère du personnage, malade imaginaire et terrifié à l'idée d'être abandonné par son médecin. Mais il repose aussi sur les mots. Monsieur Purgon dresse un tableau effrayant des maladies qui vont s'abattre mécaniquement sur le malade. L'**accumulation** des termes savants, comiques dans leur sonorité, leur longueur (« bradypepsie » (l. 9), « dyspepsie » (l. 11)) évoque un enchaînement fait de souffrances conduisant à la mort. Le spectateur rit de cette succession dont la logique semble reposer sur les **sonorités**, la **phonétique** et les jeux analogues à des **rimes**. Le médecin paraît pédant, le malade naïf et craintif, les deux sont ridicules dans leur outrance : Monsieur Purgon décrit le corps déliquescent d'Argan dans une **énumération en gradation crescendo** (« mauvaise constitution, à l'intempérie de vos entrailles, à la corruption de votre sang [...] » (l. 2)). Le comique joue donc sur la **répétition**, **l'exagération** et **l'insistance**. Le malade devient suppliant (Monsieur Purgon, dont le nom est en lui-même comique, parce qu'il évoque la purge et les lavements), se met à genoux devant le médecin, qui tonne et menace. La **satire manifeste de la médecine** dénonce les charlatans qui se gargarisent de noms savants et de fausse science, exploitent la crédulité et la peur de patients effrayés par la mort.

6 Les trois textes sont des monologues : les personnages, seuls en scène, font le point sur leur situation. Mais, dans chacun d'eux, les spécificités sont nettes : Lorenzo répète l'acte à venir, désireux de tuer le duc. Il met au point ses actions (« j'emporterai la lumière » (l. 1-2), « Je passerai le second » (l. 23)) et envisage même les actions de ce dernier (« il posera son épée là – ou là » (l. 24)). Pour accentuer cette impression, Musset lui fait également envisager des conséquences possibles (« que ma mère mourût... » (l. 5)) ou souhaitées sans illusion (« Si les républicains étaient des hommes [...] » (l. 12)).
De même, si le jardinier d'Électre analyse sa situation (« Jamais je ne me résoudrai » (l. 8), « le sirop d'oranges [...] » (l. 12)), ce n'est que pour mieux passer à une **étape analytique** : il met en valeur les spécificités du texte de théâtre. Winnie, elle aussi, établit un constat du moment où elle se trouve. Elle s'insère dans un moment (« on parle de tout » (l. 11)), établit des hypothèses (« tu dois être mort » (l. 15)), évoque le passé (« Je priais autrefois » (l. 28)) mais ce discours, sans destinataire réellement présent, malgré les indices de deuxième personne, montre que l'on peut s'exprimer sans objet ni interlocuteur, sans même chercher à entretenir un dialogue avec le spectateur.
Ces trois monologues sont également marqués par leur **valeur dialogique**. Bien que seuls en scène, les trois personnages ne s'adressent pas seulement à eux-mêmes. Le monologue n'est pas seulement délibératif ici, comme dans les tragédies classiques. Il **ouvre sur un dialogue**, avec un personnage absent physiquement, mais très présent pour le locuteur. Pourtant, chacun des écrivains propose une voie d'accès différente : le duc est l'interlocuteur absent pour Lorenzo qui prévoit mêmes ses réponses (« Si vous y tenez » (l. 7)). Le dialogue fictif n'est ici qu'une mise en scène imaginaire de ce qui va se passer, une sorte de programme des scènes à

venir, une première mise en scène de la suite de l'intrigue. Winnie, enfin, s'adresse bien à Willie, mais il est absent (cf. la didascalie). Cependant, omniprésent dans son discours, il est l'**interlocuteur impossible**, un personnage dont on ignore même s'il est encore en vie. Le dialogue est alors une **prosopopée** ; elle l'interpelle, le nomme, lui parle (« Le sac est là, Willie, pas une ride [...] » (l. 18)). Le jardinier, quant à lui, s'adresse directement au public (« pour venir vous dire que la vie n'a qu'un seul but, aimer » (l. 4), « je suis libre de venir vous dire [...]» (l. 1)). La **double énonciation** est ici exposée et l'**illusion théâtrale** mise à mal.

En fait, bien que différents, ces trois monologues rendent visibles tous les éléments constitutifs essentiels de la création théâtrale.

Chacun des textes, enfin, constitue une **mise en abyme** : Lorenzo met en valeur une forme de théâtre dans le théâtre, faisant alterner **monologue délibératif** et **annonce programmatique**. Le jardinier **met à distance l'illusion théâtrale** et en révèle les artifices, Beckett révèle **l'absurdité de la parole**, la **logorrhée** qui s'empare du personnage annonce et met en lumière celle de l'époque. Son **ironie caustique** (« je pensais que j'apprendrais à parler toute seule [...] mais non » (l. 19-21)) met en relief l'absurdité d'un monde devenu obscur aux êtres humains.

7 Commentaire du texte A

Notez, avant de commencer, que la question vous a offert des pistes d'analyse du texte.

Plan détaillé

I. Une réflexion sur la mise en scène du crime

a. L'ensemble du texte met en lumière l'importance des précisions concernant la représentation et l'accomplissement du crime : Musset consacre une didascalie initiale à la mise en valeur du cadre : extériorité du lieu (« une place » (l. 1)), moment propice à la réflexion et à l'organisation de méfaits (« il est nuit » (l. 1)). Notons que l'emploi du verbe « est » met en lumière le fait que la nuit est commencée, et lie le passage au romantisme (« il était nuit » Aloysius Bertrand). Lorenzo lui-même se fait metteur en scène : il précise la scénographie (choix de la pénombre : « Je n'emporterai pas la lumière » (l. 18)) après une brève hésitation (« non, non » (l. 34)), choix des accessoires (« quant à l'affaire du baudrier » (l. 24)) ou refus de certains (« pourvu qu'il n'ait pas imaginé [...] » (l. 20)).

b. Mise en scène : choix et direction d'acteurs. Lorenzo organise la représentation de son crime futur : ordre d'entrée en scène (« je passerai le second pour entrer [...] » (l. 23), entrée prévue de Scoronconcolo (« enfermé dans le cabinet. Alors nous venons, nous venons » (l. 27-28)), choix du moment selon la position (« il posera son épée là, – ou là – oui, sur le canapé » (l. 24) ; « Couché, assis ou debout » (l. 27)) et, simultanément choix des mouvements et des actes (« Assis plutôt » (l. 26) ; « Je commencerai par sortir » (l. 26-27) ; « Alors nous venons, nous venons » (l. 27-28) ; « J'irai à lui tout droit » (l.29) ; etc. Notons que tout cela lui semble certain : il n'emploie que l'indicatif, et use du futur simple, aucune hésitation quant au geste, seulement quant à la réalisation de l'acte.

c. Enfin, il imagine les obstacles possibles à franchir (« lutter avec des bouts de ferraille croisés les uns sur les autres par la main sale d'un armurier ! » (l. 22-23)) qui dévalorise l'habileté de l'artisan, devenu obstacle dans cette hypothèse, (présenté seulement par une **synecdoque** qui le réduit à un exécutant (« main sale » (l. 22)) et des actes à accomplir, dans toute leur violence (« J'irai droit au cœur; il se verra tuer... » (l. 18-19)). La structure des phrases, **sujet-verbe-complément**, le choix du pronominal (« se verra » (l. 19)) montrent un choix assumé du meurtre. Il envisage d'ailleurs aussi les conséquences possibles de son acte, en imaginant les actions de sa mère (« – Que ma mère mourût de tout cela, voilà ce qui pourrait arriver » (l. 5-6)). Le subjonctif montre que la possibilité existe, qu'il l'assume. Il songe également à la scène qu'il aurait dû affronter s'il l'avait avertie (« Que ma mère mourût de tout cela, ce serait triste. – Et quand je lui aurais dit mon projet, qu'aurais-je pu y faire ? Au lieu de la consoler, cela lui aurait fait dire : Crime ! Crime ! Jusqu'à son dernier soupir ! » (l. 33-36)). La répétition du mot, sans déterminant, de la ponctuation affective, les phrases nominales, le choix de l'opposition (« au lieu de » (l.35)) mettent en lumière sa totale acceptation du crime, mais sa difficulté à l'annoncer à sa mère.

II. Lorenzo, acteur (personnage) et metteur en scène, est également préoccupé par la valeur symbolique de son acte

a. Le dialogue fictif fonde une part de son monologue : il imagine ce que le duc et lui pourraient se dire. Il débute par la manière de l'attirer dans une chambre : une femme, véritable proie pour le duc, servira d'appât à Lorenzo (« Je lui dirai que c'est un motif de pudeur, et j'emporterai la lumière – cela se fait tous les jours – une nouvelle mariée, par exemple, exige cela de son mari pour entrer dans la chambre nuptiale, et Catherine passe pour très vertueuse. – Pauvre fille ! Qui l'est sous le ciel si elle ne l'est pas ? » (l. 1-5)). Il imagine également les questions et les réponses (« Si vous y tenez cependant – mais non pourquoi ? – Emporte le flambeau si tu veux; la première fois qu'une femme se donne, cela est tout simple. – Entrez donc, chauffez-vous donc un peu. – Oh ! mon Dieu, oui, pur caprice de jeune fille [...] » (l. 7-10)). Le langage est simple, proche de l'effet de réel, le présentatif (« cela est tout simple » l. 9)), les ruptures de phrases et l'alternance des voix proposent une sorte de tableau vivant, d'**hypotypose**.

b. Il donne à son crime une valeur forte, il ne s'agit pas d'un assassinat, mais d'un crime politique (« Si les républicains étaient des hommes, quelle révolution demain dans la ville ! Mais Pierre est un ambitieux ; les Ruccellai seuls valent quelque chose. – Ah ! les mots, les mots, les éternelles paroles ! » (l. 14)), les noms célèbres des grandes familles, l'allusion politique (« républicains » (l. 12)), le dépit (l'hypothèse) mettent en lumière la certitude de Lorenzo d'accomplir un acte utile, mais qui ne débouchera sans doute sur rien.

c. Enfin, il se justifie également, aux yeux du public comme aux siens, en proposant un portrait très négatif du duc : prêt à imposer une relation à une jeune fille (« Pauvre fille ! Qui l'est sous le ciel si elle ne l'est pas ? » (l. 4-5)), nullement gêné de lui imposer sa volonté, roué et pusillanime. Il invente sans cesse des protections (« Pourvu qu'il n'ait pas imaginé quelque cuirasse nouvelle, quelque cotte de mailles. » (l. 19-20)). L'indéfini « quelque » (l. 20) indique un souci permanent de sécurité et trace, implicitement, l'image d'un tyran qui, peu aimé, cherche à rester le plus longtemps possible au pouvoir.

III. Mais le monologue révèle aussi un désarroi et une fragilité psychologique

a. La structure même du monologue, haché, rythmé par des exclamations, des tirets indiquant des voix différentes mobilisées par Lorenzo, et les thèmes abordés, montrent une personnalité sûre de devoir agir. Mais en proie à l'agitation, à la nervosité qui précèdent l'action, il fait alterner la préparation du meurtre par les **dialogues fictifs**, les **réflexions personnelles** et les **angoisses**. Le caractère apparemment paradoxal de cette ambiguïté est intéressant : il est, tout à la fois, sûr de lui, se conduit en adulte mûr, inquiet du regard que portera sur lui sa mère, marque de sa jeunesse, et agité, indice de sa peur d'agir. Le monologue est à la fois centré sur le « je » qui agit et apparaît quinze fois, mais c'est surtout dans la dernière partie, celle qui est consacrée à la manière d'occuper l'attente et de se calmer, qu'ils sont les plus nombreux (9 occurrences). Les verbes d'action employés sont intéressants : un seul pour le meurtre, le verbe aller (« j'irai droit au cœur » (l. 18) ; « j'irai à lui tout droit » (l. 29)), si dans le second cas, il marque bien un déplacement du personnage, dans le premier c'est davantage le mouvement du bras et du couteau qui est indiqué.

b. En fait, une forme de désarroi, de malaise apparaît, s'il n'hésite pas sur l'acte, il a du mal à se constituer en meurtrier. Il élargit sa pensée en s'interrogeant sur le rôle de Dieu (« S'il y a quelqu'un là-haut, il doit bien rire de nous tous ; cela est très comique, très comique, vraiment. » (l. 15-16)). Il se situe ainsi à la limite du **blasphème** (par l'hypothèse, par la formule périphrastique vague (« quelqu'un », par la référence verticale) et s'intéresse à l'ironie du sort, **ressort tragique**. Il est comique de devoir tuer pour sauver l'État. Ce désarroi est d'ailleurs amplifié par les désillusions de son regard sur l'humanité : il doute de la valeur des républicains (en leur enlevant les caractéristiques viriles de courage et de force habituellement donnés aux hommes (par « s'ils »), est conscient du réel (il voit la réalité, qui lui fait corriger son espoir de révolution : « Mais Pierre est ambitieux » (l. 13)). Enfin, il est parfaitement lucide puisqu'il sait quelle différence sépare acte et paroles (« Ah ! les mots, les mots, les éternelles paroles ! S'il y a quelqu'un là-haut, il doit bien rire de nous tous ; cela est très comique, très comique, vraiment. – Ô bavardage humain ! Ô grand tueur de corps morts ! Grand défonceur de portes ouvertes ! Ô hommes sans bras ! » (l. 14-18) la personnification du langage en fait un être proprement mythique, capable de tuer, de détruire mais les compléments montrent l'illusion : on ne tue que des cadavres. Le réalisme cru de « corps morts » (l. 17) valorise l'inanité des paroles, mise en valeur par l'**épanorthose** en gradation dans la réplique « comique, très comique vraiment » (l. 16) ou on ne défonce que des « portes ouvertes » (l. 17). Le jeu sur l'expression populaire figé montre la vanité des mots.

c. En fait, c'est un être sans illusion qui se sait condamné, par les siens (« Crime ! Crime ! » (l. 36)), par les républicains, et sans doute, par la société. Il en vient même à employer des expressions communes, voire vulgaires, comme un juron éloquent (« sang du Christ » (l. 19)) parce qu'en rapport avec le meurtre, mais ironique en situation, une expression figée de la lamentation (« Oh ! mon dieu » (l. 10)), et une exclamation qui condamne (« maudite invention ! » (l. 21)).

Il marque ainsi son détachement et le regard qu'il porte sur la société et le monde. Enfin, certaines de ses paroles révèlent un malaise (« – Il faut que j'aille dans quelque cabaret ; je ne m'aperçois pas que je prends du froid, et je viderai un flacon. – Non; je ne veux pas boire. Où diable vais-je donc ? Les cabarets sont fermés. » (l. 29-32)). L'obligation « il faut » (l. 29) est justifiée par une sensation (« prendre froid » (l. 31)) due à l'heure et à la nuit, mais sans doute aussi à la crainte qui précède un acte fort et décisif. L'envie d'ivresse (« je viderai un flacon » (l. 31)), donc d'oubli, de non-accomplissement de l'acte, disparaît devant un effort de la volonté marqué par l'adverbe négatif (« non » (l. 31)) et le verbe de volonté (« je ne veux pas » (l. 31)). L'**errance psychologique** est marquée par l'errance dans la ville (« Où diable vais-je donc ? » (l. 31)). Enfin, on notera que le « diable » est convoqué deux fois ; il sert de référence linguistique vide dans cette dernière formule mais revêt toute sa valeur dans la réplique « Lutter avec Dieu et le diable, ce n'est rien » (l. 21). Si Lorenzo a pris sa décision, elle n'est pas facile à assumer, il est aussi un être humain qui, bien que sûr de lui, a quelques moments de déstabilisation d'autant qu'il est lucide sur la suite : les républicains ne sont pas des hommes, il n'y aura pas de révolution, seulement un régicide-parricide.

Dissertation : Le sujet invite à analyser les relations entre le texte théâtral et la représentation dans notre tradition européenne.

Plan détaillé

I. En effet, le théâtre est, en Occident, avant tout un théâtre de paroles

a. Le texte est une création complète travaillée par les auteurs, comme en témoigne la richesse poétique des tragédies classiques. On citait Racine parmi les grands poètes. En outre, même l'improvisation est souvent codée, organisée autour de gestes ou de canevas simples : la **commedia dell'arte** proposait ainsi des personnages types (Arlequin, fanfaron, etc.), dont le caractère était connu et simple et les gestes codés. Ainsi, les acteurs avaient des lignes à suivre et les paroles étaient aisément attendues.

b. Ainsi, on a longtemps utilisé une « roue des styles » définissant pour chaque genre un registre de langue : à la **comédie**, le « style bas », insultes, injures, jeux de mots et calembours bourgeois, à la **tragédie** le style noble, recherché des rois et des princes. **Les règles classiques** déterminent ainsi des obligations : dans la tragédie, le mariage comique devient l'hymen ou l'hyménée.

c. Il existe d'ailleurs des dramaturges qui accordent tant d'importance au texte que la représentation en est difficile. *Lorenzaccio* est une pièce complexe, dont la mise en scène pose de nombreux problèmes, Musset écrit d'ailleurs du théâtre à lire, des œuvres « dans un fauteuil », ce sont les discours qui priment sur la représentation puisqu'il s'agit souvent d'un théâtre d'idées. La pièce de Beckett *Oh les beaux jours* pousse d'ailleurs cette attention à la parole jusqu'à l'immobilisation totale du personnage. Enterrée jusqu'à mi-corps puis jusqu'au cou, Winnie ne peut que parler.

Pourtant, le théâtre occidental n'a jamais totalement exclu la part spectaculaire du genre

a. Le théâtre populaire, les farces ou encore les pièces italiennes ont développé une véritable prise en compte du jeu, du mouvement et de la représentation. *Le Malade imaginaire, Le Bourgeois gentilhomme* sont des comédies-ballets où danse, musique, mais aussi mouvements des personnages sont essentiels. Argan se lève pour poursuivre Toinette, Monsieur Jourdain apprend à danser le menuet. Les Italiens, au XVIIIe siècle, interdits de paroles à certains moments, inventent des jeux : ils brandissent des panneaux où se trouve leur texte que lisent à voix haute les spectateurs ou utilisent des marionnettes qui parlent à leur place. Arlequin, interprété par Dominique Biancolelli, va même jusqu'à faire du trapèze en scène, courir, sauter, se balancer, etc.

b. Les « machines » et le *deus ex machina* ont également souvent apporté des représentations spectaculaires. À la fin de la tragédie de Corneille, Médée s'envole sur un char tiré par des dragons, Dom Juan tombe dans des enfers d'où sortent des flammes, etc. Et à partir du XIXe siècle et de l'apparition du **drame romantique**, les didascalies fleurissent dans les textes mêmes. *Ruy Blas* débute par de longues précisions, données par l'auteur, pour ancrer l'intrigue dans une époque et une couleur locale. C'est surtout la tradition scolaire qui occulte souvent les passages chantés et dansés des comédies-ballets ou des vaudevilles parce que l'on y étudie les textes et non la mise en scène.

c. Enfin, avec l'apparition du metteur en scène à proprement parler à la fin du XIXe siècle, puis du scénographe au XXe siècle, ce sont souvent les metteurs en scène qui, en interprétant les textes, leur apportent une vision, une dimension spectaculaire forte et en font non seulement des textes mais des spectacles à part entière. On n'y regarde plus seulement des personnages qui parlent et dont seule la parole est action, mais aussi des personnages qui bougent selon des choix qui ne sont pas nécessairement définis par les auteurs. Antoine Vitez, Daniel Mesguisch ont ainsi revisité de nombreuses œuvres classiques.

II. En réalité, on ne peut pas séparer parole et représentation aussi simplement

a. À l'origine, dans la Grèce antique, les « dialogues de boucs » (= tragédies) permettaient, même si les personnages étaient totalement statiques, de régler des conflits, entre les hommes et les dieux, entre les grandes familles, parce que la parole n'y était pas seulement des mots, mais constituait aussi des actes. Au théâtre, « dire » c'est « faire » et les grandes œuvres permettaient de dépasser la simple dimension linguistique : la **catharsis** ou le *castigat* montrent bien cette ambition. Le dialogue y est combat, selon le mot de Ionesco (dans *Notes et contre-notes*). Le spectacle agit sur le spectateur puisqu'il le **purifie** ou le **corrige** : il n'est donc pas que mots.

b. Si la parole est essentielle en Occident, c'est aussi parce que le genre théâtral s'est constitué dans un univers où le sacré et l'oral sont étroitement liés. Parler, c'est créer, tout autant pour un Grec que pour un chrétien des XVIIe et XVIIIe siècles. Ainsi, chez Marivaux, par exemple, toute l'intrigue vise à faire avouer à un personnage un amour interdit ou caché. Dans *Les Fausses Confidences*, l'essentiel pour Araminte n'est donc pas de parler, mais de « dire » qu'elle aime quelqu'un en-dessous de son rang et donc de se situer, de se donner un statut, d'en confier un à son intendant, bref, de transformer les préjugés sociaux, ou, à tout le moins, de les dénoncer. La représentation peut alors s'appuyer sur un tableau, des mensonges, des mises en scène et des jeux.

c. Le théâtre peut donc ainsi jouer un rôle essentiel dans la société : son effet premier est **moral**. Molière rappelle dans la préface de *Tartuffe* qu'il est nécessaire de donner la parole aux hypocrites, de les représenter, pour mieux les dépeindre et apprendre au public à s'en défier. Lorsque Tartuffe y révèle sa duperie, c'est en posant la main sur la femme de son hôte, ou en captant sa fortune plus que par ses discours. La fin de *Dom Juan* révèle d'ailleurs que les mots du libertin sont des actes qui l'ont engagé, son défi à la statue du commandeur l'entraîne symboliquement en enfer. *Andromaque* enseigne au roi (à Louis XIV en particulier) que l'on ne peut pas oublier son royaume ni privilégier son désir. Si l'on ne montre pas le meurtre sur scène, **bienséance** oblige, le récit qui en est fait suscite des images mentales fortes, que certains metteurs en scène modernes projettent d'ailleurs sur scène. Mais le théâtre a également des effets plus concrets : certaines pièces orientent la société. Lorsque Louis XVI entendit la lecture du *Mariage de Figaro*, il en interdit la représentation. Pour lui, la donner en spectacle pourrait entraîner la chute de la Bastille, jugement prémonitoire s'il en fut. Or, tout y repose sur le **droit du seigneur**, l'utilisation du décor (les pavillons), des costumes (les déguisements) et d'un objet (la lettre). Si le théâtre agit, c'est aussi parce qu'il met en mots et expose ce que chacun pense. Le défi d'un Figaro rappelant au comte qu'il est un homme ordinaire, sans talent, rejoint les enseignements de pièces plus engagées comme *Les Mouches* de Sartre ou *Les Justes* de Camus. La parole n'y est pas seule, elle est essentielle pour conduire la société à changer. Même si la parole joue un rôle essentiel, elle est investie de pouvoirs que les mises en scène modernes valorisent. *Rhinocéros* révèle les dangers du conformisme, de la soumission au politiquement correct du fascisme par exemple. La parole y est alors aidée par les têtes de rhinocéros, mais, sans elles, le spectateur comprendrait-il moins le message ?

Écriture d'invention

Choisissez attentivement la **désillusion**, posez-en, au brouillon, tous les aspects.

Il faut rédiger un **monologue**. Construisez-le avec minutie, mettez en valeur le **passage d'un état émotionnel à un autre**, utilisez les ressources du corpus (celles que la question vous a permis d'identifier) : dialogue fictif, retour sur soi, ponctuation affective, mise en abyme, etc.

C'est un exercice de baccalauréat, donné comme un commentaire ou une dissertation. Consacrez-lui du temps et de l'attention, réfléchissez au vocabulaire à employer, au plan à suivre, à la longueur minimale d'un tel travail, mettez-le brièvement en situation, etc.

Proposition :

Jean Nairien est un auteur prolixe, mais dont tous les manuscrits sont régulièrement refusés. Seul en scène, à l'acte III, il exprime son dépit :

ACTE III

SCÈNE 1

Une place, un banc au centre de la scène, la nuit est tombée. Jean entre, il marche de long en large.

Trente ans ! trente ans ! oui, Monsieur Géditepas, voilà trente ans que je vous envoie mes manuscrits ! Un chaque année, un différent ! et vous, vous ne les lisez même pas !

Je n'en peux plus, Monsieur ! He ! là-haut ? y a quelqu'un ? Est-ce qu'il y a quelqu'un là-haut ? Pourquoi ? Pourquoi me persécutez-vous ? pourquoi ne me donnez-vous pas une chance ? hein ? Que n'ai-je pas ? Qu'ai-je de trop ? Pourquoi ne puis-je être édité moi aussi ? J'en connais de plus mauvais, des petits auteurs dont on réédite sans cesse les œuvres ! tiens, votre Racine, est-ce qu'il écrit mieux que moi ? Ses « pour qui sont ces serpents », etc. , c'est mieux que mon célèbre incipit « Quand la lune se leva, la nuit sembla éclairée » ? Personne ne m'a jamais dit que c'était beau ! pourtant, on y entend toute la poésie du monde. Mais, non, non, si les éditeurs étaient des hommes de goût, ils se précipiteraient sur mes manuscrits. Non, non, je ne suis qu'un malheureux génie ignoré. Tiens, je suis encore plus mal loti que Chatterton ! Lui, au moins, il avait sa Kitty Bell. Moi, je suis seul, seul dans ma nuit. Personne ne m'aime. Et pourtant, j'ai du talent. Je pourrais leur montrer à tous si je voulais. *(Il s'arrête, s'asseoit sur le banc, prend sa tête entre ses deux mains).* Que puis-je faire ? Il me faudrait un ami, riche, haut placé, alors là, oui, on me lirait ! Je ne demande pas d'autre faveur, je veux juste que l'on me publie. (*Il se lève*) Oui, je sais ! Je vais aller voir le maire, il doit m'aider, lui, c'est à lui qu'incombe la nécessité de rendre ses concitoyens heureux ! j'y vais. (*Il fait quelques pas, s'arrête, revient s'asseoir*). Non, non, c'est stupide, il va me dire que cela ne le concerne pas...Comment faire ? je ne peux pourtant pas prendre un fusil... Mais, oui, c'est cela ! un fusil ! il faudra qu'ils m'écoutent, tous, si je les menace ! j'irai droit à eux, je les mettrai en joue, ils n'auront pas de gilet pare-balles, ni de porte de sortie ! Ah mais ! Je vais leur faire voir qui je suis, moi ! (*Il se lève, dans, saute, puis s'arrête net, regarde le public, songeur).* Oui, mais vous allez me dire que c'est mal, que je ne suis pas un criminel, que c'est un motif dérisoire...Oui, oui, vous avez raison, mais alors...Dois-je me résigner à vivre dans l'obscurité, à n'être qu'un crapaud sous les feuillages, à ne jamais devenir aussi célèbre qu'un Corbière ou un Balzac ? De quel droit ferais-je peur à d'autres humains ? Qui me permet d'utiliser la force ? non, mon arme, à moi, c'est la plume, l'encre, enfin, le clavier et l'ordinateur... Je vais les vaincre, je vais déchirer tous mes manuscrits, oui, voilà, je vais tout refaire, je vais produire l'œuvre, l'incontournable, celle que tout le monde voudra lire et publier (*il s'enthousiasme, fait de grands gestes parle fort*). Oui, voilà, je veux être Chateaubriand, Dante, Hugo et Proust...ou rien ! Non, je serai tous réunis, mieux, plus doué, plus adulé qu'eux tous ! (*Il se calme, regard autour de lui*) mais il est tard, il faut rentrer, maman va me disputer, je n'ai rien à faire dans les rues à deux heures du matin, à trente-huit ans, je suis encore trop jeune...(*Il part vers le fond de la scène, se retourne.)* Oui, je vais tout reprendre, vous ne m'aimez pas mais je vous défie. À nous deux, éditeurs, lecteurs ! Non, je ne dois pas être méchant, je vais travailler et vous devrez m'apprécier... Sinon, c'est que vous ne me méritez pas...(*Il sort.*)

3 Écriture poétique et quête de sens, du Moyen Âge à nos jours

1 2 ; 2 3 ; 3 1 ; 4 2 ; 5 3 ; 6 1 ; 7 2 ; 8 3.

9 Les vers sont inégaux (**hétérométrie**) pour rendre la légèreté de la marche de la jeune laitière, et la légèreté de sa pensée. Sans que ce soit une règle absolue, les **octosyllabes** interrompent la régularité de l'**alexandrin** et rendent le sautillement, le rêve.

Les **césures à l'hémistiche** correspondent à la perfection du rêve de Perrette (vers 6-11).

Les rimes proposent des associations de sens intéressantes (rapprochement : pas/plats ; lait/coussinet ; argent/diligent ; opposition troussée/pensée). Mais surtout on remarque une **rime triplée** « triple couvée » (v. 10) qui s'ajoute aux rimes précédentes. La triple couvée (en fait ses poules vont produire trois fois, donc il y aura une progression géométrique à partir des cent œufs initiaux) n'existe que dans sa pensée, avec qui elle rime, et arrive en surnombre du cadre logique qui veut que seuls deux mots riment.

10 Ce poème décrit un soldat mort surpris dans la nature. Le scandale de la mort du jeune homme, Rimbaud l'exprime dans le **désordre des rythmes**. Au niveau de la première lecture, on peut croire le voir dormir. Plus profondément, il veut dénoncer la folie meurtrière des hommes, et la générosité de la nature, véritable mère pour cet enfant que les hommes n'ont pas protégé.

Ainsi, certains rejets n'ont aucun sens clair ; ils semblent n'être qu'un jeu pour s'écarter du rythme convenu, par exemple aux vers 3 et 4. En revanche, au vers 7, le verbe « dort » est valorisé, peut-être mis en doute, et annonce l'erreur tragique du passant. Ce verbe sera repris deux fois, aux vers 9, 13 et indirectement dans « il fait un somme » (v. 10). Même effet de surprise dans « Tranquille » (v. 14), qui relève aussi de l'ironie. De même le **contre-rejet** des vers 9 /10.

Le dernier vers, révélation terrible, est encore plus surprenant. Apparemment, le découpage dû à la césure est 3/9. Mais cette coupe évite l'**élision du e** de « tranquille », ce qui prolonge la syllabe précédant la révélation, comme si on attendait, incapable de dire cette vérité terrible.

11 Un mètre connu, l'**alexandrin**, avec césures régulières, souvent à l'hémistiche, mais des rimes inexistantes, ou vagues assonances, pour les deux derniers vers. On peut donc parler d'un **rythme régulier**. L'essentiel de la poésie vient pourtant du thème, **élégiaque**, la fuite du temps, qui se concrétise par la conscience du vieillissement et de la mort.

L'originalité est due à l'image dominante, sous forme de **métaphore filée**, le *fugit aetas* étant représenté par les « chevaux du Temps » (v. 2), qui traduisent la rapidité du temps, sa puissance, mais aussi le fait qu'il se nourrit de notre force et nous laisse faible, comme s'il buvait notre sang. Enfin, le cheval est un animal très aimé de Supervielle, que l'on trouve dans l'ensemble de son œuvre, et qui est toujours rassurant. Le passage du temps est donc un quotidien familier, peu agréable, mais dont l'angoisse est atténuée par cet animal familier.

⓬ **Extrait 1**. Le deuxième vers est une **périphrase**. Il remplace le mot « roseaux ». Il ajoute une description, donc des informations. De plus, il apporte un rythme (il suffit de déplacer l'adjectif antéposé « humide » et de le mettre après le substantif. On voit l'importance de la place des mots.) Il suggère la présence d'autres éléments dans lesquels les roseaux s'épanouissent. L'eau, « humides » (v. 2), et le « vent » (v. 2) sont deux facteurs de mouvement gracieux qui ajoutent à l'imaginaire. Les deux pluriels, « bords » (v. 2) et « royaumes » (v. 2), élargissent la perspective. Quant à la nature, elle est animée puisque le vent est roi. Les sonorités sont douces, avec la nasale « **an** » au début et à la fin du vers, la répétition des « **u** » à la première et à la troisième syllabe, la triple occurrence des « **r** », à la puissance suggestive.

Extrait 2. Apollinaire développe une **comparaison** entre les yeux de Marie et les colchiques, fleurs d'automne. Le point commun évident est la couleur. Mais cette fleur est réputée empoisonner les vaches qui pourtant la mangent avec gourmandise. On comprend que la vache est une représentation du poète, qui se nourrit du regard de la femme aimée. Mais l'amour n'est pas payé de retour, et n'apporte que souffrance et mort. « N » peut aussi noter le jeu des mètres. Apparemment, ce sont des **vers libres**, mais en fait, on compte les mètres 12, 6, 6, 12, 12, 13, 12. On peut donc dire que ce sont des **alexandrins**, avec deux exceptions, les vers 2 et 3, qui en réalité sont un alexandrin coupé en deux, ce que confirme le jeu des rimes. Le vers 6 est quant à lui, signe de dérèglement. Observons enfin la cadence du vers 7, régulièrement coupé en quatre groupes égaux, montrant le caractère inexorable de l'« empoisonnement » (v. 3).

⓭ *Les Fleurs du mal* : l'une des clés se trouve dans le poème « Une charogne ». Le poète fait surgir **la beauté de la laideur** apparente. Le cadavre du cheval est répugnant, mais il participe de la grande création de la vie, et de la mort sortiront les fleurs. Le mal est physique, mais aussi moral, métaphysique et affectif. De son côté, le poème est aussi métaphoriquement une fleur. Un recueil est, en effet, une **anthologie** ou un **florilège**. Ces deux mots, le premier d'origine grecque, le second d'origine latine, désignent un « recueil de fleurs ».

Gravitations : ce recueil de Jules Supervielle est inspiré par les longs voyages maritimes que l'auteur a effectué entre l'Uruguay et l'Europe. Il recherche la place de l'homme entre immensité du ciel et des terres, où il puisse s'ancrer pour trouver son poids (« gravitas ») et ne plus flotter.

Capitale de la douleur : la douleur est due à des éléments biographiques de Paul Éluard, mais aussi à la souffrance existentielle de l'homme. Qu'est-ce que la capitale ? Un lieu géographique, sachant que le poète a fui dans un long voyage ? Le cœur du poète ? La poésie elle-même ?

Les Yeux d'Elsa : Louis Aragon fait l'**éloge de la beauté de la femme aimée**, mais surtout, c'est à travers ses yeux qu'il voit le monde, et peut créer, comme ses compagnons surréalistes.

⓮ Le poète doit transmettre, et c'est urgent (« Hâte-toi » (v. 4)). Le sujet est tout ce qu'il éprouve et qui est un apport aux hommes. L'expression poétique est difficile, voire inexprimable. L'inspiration vient de soi et de son passé que Char appelle « sources » (v. 3), et qu'il faut accompagner et honorer en un cortège. Son propre passé, son enfance, ses sentiments, mais aussi le passé commun à l'humanité. La **métaphore** de « sources » (v. 3) est élogieuse pour un méditerranéen, pour qui l'eau est l'origine de la vie. Le **tutoiement** situe dans un système d'énonciation connu, le poète donne des conseils à un autre poète. Les **impératifs redoublés**, l'**absence de ponctuation**, l'**énumération**, l'**hétérométrie**, tout cela contribue à donner une forte charge émotionnelle au poème.

15 Les trois textes présentent une conception de la fonction du poète vis-à-vis des autres hommes. Les points de vue de Jules Supervielle, de Victor Hugo et de Charles Baudelaire sont très proches, et présentent quelques divergences.
Les trois poètes montrent un homme supérieur aux autres : Baudelaire l'appelle « prince des nuées » et le peint en albatros survolant et dominant ; il a des « ailes de géant » : c'est un voyant pour Hugo, qui voit plus loin et éclaire les hommes : « lui seul a le front éclairé. » Pour Supervielle (Texte A), c'est surtout un interprète, donc il traduit ce que les autres ne comprennent pas.
Hugo l'appelle « le rêveur sacré » : (vers 2, 9-10) ; pour lui, comme pour Supervielle, c'est un prophète, donc qui transmet aux hommes la parole de Dieu, ou la vérité.
Enfin, dans l'ensemble du corpus, il est incompris ou méprisé : le texte A et le texte C sont les plus forts sur ce point : le traitement infligé à l'albatros de Baudelaire ressemble à « Donnant pour nous, bonne bête/Son pauvre corps aux corbeaux » ; il souffre, et est méprisé comme un animal. Victor Hugo mentionne une fois « malgré les épines/L'envie et la dérision », aux vers 11 et 12.
Les textes sont donc en accord, même si chacun souligne un point différent et si le ton varie de l'apparente légèreté de Supervielle au discours prophétique de Hugo ou au sonnet noble et pathétique de Baudelaire.

16 Commentaire du texte B

Plan détaillé

Introduction

[Ouverture] Victor Hugo a toujours eu une très haute idée du rôle du poète dans la société. Dès ses premiers recueils, par exemple dans *Les Orientales*, en 1828, il s'engage dans « L'Enfant » contre les massacres de Grecs perpétrés par les Turcs à Chio, et il ne cessera jamais de toute sa vie, dans *Les Châtiments*, *Les Contemplations*, ou *L'Année terrible*, en 1871
[Présentation du texte et de ses centres d'intérêt] Son recueil *Les Rayons et les Ombres* publié en 1840, commence par un long poème intitulé « La Fonction du poète » dont les trois dernières strophes résument la pensée : le poète est un mage qui éclaire les hommes. En liaison avec Dieu, il comprend le cosmos et son rêve est sacré.
[Annonce des axes du devoir] Nous analyserons tout d'abord le domaine de compétences du poète, selon Hugo, donc ce qu'il voit ; puis nous étudierons ce qu'il dit, il apporte aux hommes lumière et avenir, et nous finirons par sa position de « rêveur sacré ».

I . Que voit le poète ?

Victor Hugo détaille le champ de compétence du poète : tout !

a. Une vision universelle

Le poète voit tout : dans l'univers, il a accès à tout : le passé et l'avenir, la nature, les hommes, Dieu, « tout ce qui couvre le monde », vers 16. Il est homme, mais « doux comme une femme », et Dieu le prend pour confident. Il voit ce qui n'est pas né, comme ce qui est caché dans les ruines, mot valorisé par la diérèse*.

b. La poésie du cosmos

Le titre du recueil *Les Rayons et les Ombres* invite à méditer sur le domaine de réflexion. Il pourrait convenir d'ailleurs à ce poème même. Le voisinage des « forêts » et des « flots », vers 10, comme l'énumération spatiale des vers 26 et 27, ainsi que l'ensemble du poème, montrent que rien de ce qui appartient au monde n'est étranger au poète. Il ne se contente pas du cœur humain, des petits problèmes, mais il est « en haut », vers 28, et interprète le monde. Son champ d'étude, c'est la création tout entière, ombre et lumière.

c. Le géant

Dans son occupation de l'espace, le poète atteint une taille de géant : la troisième strophe le décrit comme gigantesque : « lui seul a le front éclairé ». Ce front unique est grossi par la lumière, et fait penser aux caricatures qui représentaient Hugo avec un énorme front, celui du penseur, et visaient plutôt la satire. Hugo retourne l'image et symbolise ainsi la pensée supérieure. La métaphore « inonde de sa lumière » pourrait sembler incohérente en mêlant deux réalités, l'eau d'« inonder » et la lumière ; mais en fait elle traduit l'abondance et le rôle bienfaiteur et généreux du poète qui distribue ses bienfaits à profusion.

[Transition] Le poète voit donc plus loin, plus profond, mais sa connaissance est destinée à la diffusion et à l'enseignement.

II. Il apporte la lumière, éclaire l'avenir

Le thème de la lumière est développé dans un vaste champ lexical : « Il rayonne ! » qui atteint la dimension d'une métaphore de la lumière universelle, donc la connaissance, l'intelligence, opposée à l'obscurantisme.

a. Une parole féconde

Le poète est un créateur, suivant l'étymologie de son nom, « poiein » signifie en grec « créer ». L'idée est dans l'image du « germe » au vers 7, dans la « tradition féconde » qu'il sait réveiller pour construire l'avenir, et dans les bienfaits que son rayonnement répand à profusion sur les hommes, dans la troisième strophe « rayonne, fait resplendir, inonde ». La parole poétique n'est pas évoquée explicitement, elle n'apparaît que dans cette lumière qui jaillit de son front.

b. Il réconcilie le passé et l'avenir

Le deuxième dizain montre le lien qu'établit le poète dans le temps, comme un médiateur entre les générations. Loin de la modernité révolutionnaire, faisant table rase du passé, Hugo voit dans le poète celui qui fait naître l'avenir à partir de la tradition, et même à partir des ruines. La métaphore végétale évoque l'arbre « Qui prend le passé pour racine / A pour feuillage l'avenir ». C'est donc le poète qui, avec minutie, « marche, courbé dans vos ruines » pour établir la continuité entre les hommes dans l'éternité. Mais l'essentiel est la construction de l'avenir, et la foi dans le progrès. C'est donc une œuvre civilisatrice.

c. Mais sa parole n'est pas toujours entendue

Les obstacles ne manquent pas, même s'ils ne sont pas au centre du poème comme dans les deux autres textes du corpus. Ils sont concentrés aux vers 11-12 : « les épines, / L'envie et la dérision » : le premier symbolise les difficultés matérielles, les deux autres sont dus aux hommes, et révèlent leur petitesse. De plus, on ne peut « envier » qu'un plus grand, c'est donc une reconnaissance implicite de la qualité du poète. Quant à la dérision, elle est très proche de ce qu'endure l'albatros baudelairien. Tous le font souffrir et laissent des traces, mais n'arrêtent pas sa marche. Mais on sait qu'un prophète ne peut être entendu. Peut-être est-ce pour cette raison que l'extrait commence par l'apostrophe « Peuples, écoutez… »

Transition : Nous venons de voir les fonctions classiques du poète : lire le monde, le traduire aux hommes. Mais Hugo lui assigne une tâche plus noble encore, la perception du divin.

III. Le prophète

Le poète perçoit le mystère et le révèle aux hommes.

a. Il parle avant et devant

Le prophète est étymologiquement celui « qui parle », « pro » qui veut dire « devant, ou avant, ou à la place de ». Tous ces sens sont intéressants. Il est l'étoile, dit la vérité, et ses rayons évoquent les représentations picturales des prophètes, ou encore la statue par laquelle Michel-Ange représente Moïse dans l'église Saint-Pierre-aux-Liens à Rome, avec des rayons sortant de son front, que les touristes mal intentionnés ou peu cultivés prennent pour des cornes. Il est au-dessus des partis, et conduit les hommes, « rois et pasteurs », à Dieu. Ses bienfaits sont universels, comme l'expriment les contrastes « ville et déserts, Louvre et chaumière…rois et pasteurs ». Le Louvre symbolise ici le palais royal. Le verbe poétique se trouve investi des pleins pouvoirs. Car il devient même un guide, comme l'étoile qui a conduit les « rois et pasteurs », allusion à l'épiphanie qui a permis aux rois mages et aux bergers de venir adorer Jésus, l'enfant dieu, d'après la tradition chrétienne.

b. Lien avec le sacré, le mystère

Il a une figure de mage, qui voit le mystère, essaie de résoudre l'énigme de la création. Comme dans « Correspondances » de Baudelaire, le poète entend ce que les autres hommes ne perçoivent pas, ici la parole de Dieu, vers 9-10. Le « rêveur sacré » est l'homme des utopies. Sa démarche n'est pas rationnelle, mais intuitive, conceptuelle, comme s'il englobait dans son rêve ce qui pourrait définir l'activité poétique de conception et de création, la révélation divine.

c. Un héros prométhéen

Enfin, ce héros, qui apporte aux hommes la flamme qui les élève et les rapproche de Dieu rejoint la lignée des héros prométhéens, libérateurs de la race humaine. Prométhée avait, selon la légende, désobéi à Zeus et donné aux hommes le feu qui, en les libérant de la nuit et du froid, et de la nourriture crue propre aux animaux, les avait rapprochés des divinités. Lui-même en avait été puni par un châtiment éternel. Sa démarche est héroïque car elle est une épreuve, qui demande un combat, une recherche, un dépassement de soi rendu par la tonalité épique : grossissement, pluriels, points d'exclamation, les anaphores « lui seul », « tout ce que… ». Le poème est un discours d'exhortation pour que les hommes reconnaissent enfin la valeur de celui qui leur apporte tant. On pourrait dire que Victor Hugo fait un plaidoyer prophétique pour défendre la fonction prophétique du poète, comme dans une mise en abyme*.

Conclusion :

[Bilan, synthèse du devoir] Ce poème prophétique invite donc les hommes à reconnaître la place du poète qui voit ce que les autres ne voient pas, le transmet, et élève ainsi les hommes au rang du divin.

[Ouverture finale] Dans la tradition romantique, à l'instar de Vigny ou de Lamartine qui professent la même conception, Hugo exprime ici sa haute ambition en plaçant le poète au-dessus de tout, au service des hommes et de leur progrès.

Écriture d'invention

Quelles sont les contraintes ?

Le locuteur : un poète, sa thèse. Il réfute la position de Hugo. Il faut donc trouver des arguments qui s'opposent à ceux qui sont exposés dans ce corpus. Cela souligne la difficulté réelle de l'exercice. Ne vous repliez pas sur l'écrit d'invention comme solution de facilité. Il faut aussi mobiliser des exemples, pris en dehors du corpus : pensez à votre programme de cette année et des années antérieures et à vos lectures personnelles.

Quelle est la forme imposée ?

Un « court essai » implique bien un texte argumentatif, donc un schéma argumentatif, des arguments, des exemples : on est plus proche de la dissertation que de la poésie, à la différence que l'on demande la brièveté, et une seule thèse. Vous n'êtes donc pas tenu de voir toutes les positions possibles. Toutefois, la réfutation prend en compte les arguments du corpus, donc doit les rappeler.

Quelques idées

Précisez qui est le poète en question : pensez à être vraisemblable. Rien n'interdit de prendre un poète connu, par exemple un poète du Parnasse pour qui seul compte l'art pour l'art. Comme le disait Théophile Gautier « Tout ce qui est utile est laid ». Vous pouvez aussi faire parler un poète contemporain anonyme.

Il faut donner quelques arguments solides, donc vous opposer à Hugo, rude tâche ! Pourquoi ne pas plaider pour une poésie purement intérieure, expression du moi et de ses émois ? Ou une vision nervalienne d'une poésie savante, fermée au grand public ? Ou encore une poésie ornementale ou descriptive ? On attend des exemples, donc, comme dit plus haut, mobilisez vos connaissances. Si vous-même avez écrit, citez-vous !

Mais pensez toujours aux exigences de cet exercice, qui, comme l'ensemble de l'épreuve de français, évalue votre logique, votre expression et vos connaissances.

4 La question de l'homme dans les genres de l'argumentation du XVIe siècle à nos jours

1 **Ordre chronologique des événements historiques** : la Pléiade (XVIe siècle) – les libres-penseurs libertins (XVIIe siècle-XVIIIe siècle) – l'Encyclopédie (XVIIIe siècle) – la Déclaration des droits de l'homme et du citoyen (1789) – le mal du siècle (XIXe siècle) – le théâtre de l'absurde (XXe siècle).

2

- Forme épistolaire destinée à la publication → Lettre ouverte
- Court récit à but moralisateur → Apologue
- Prises de position esthétiques ou idéologiques → Manifeste
- Exposé méthodique et didactique sur un sujet → Traité
- Réflexion libre sans contrainte formelle → Essai

3 **1.** Deux thèses explicites : d'abord la thèse refusée, formulée d'entrée et rejetée sévèrement (première phrase exclamative), ensuite la thèse proposée, en une formule concise, comme une maxime « la vénalité est une vertu cardinale » (l. 4-5) (= primordiale).

2. L'argumentation se développe en **deux temps** : le premier argument met en valeur le caractère « rationnel » et « universel » (l. 1-3) de l'argent et justifie que l'on passe de la thèse rejetée à celle revendiquée. Le deuxième argument de même vient mettre à bas la thèse réfutée : l'argent est facteur de sociabilité. Des jeux d'opposition soulignent le caractère contradictoire du texte : ce qui est habituellement reconnu se trouve systématiquement dévalorisé. L'adverbe « malheureusement » (l. 7) accompagne l'expression « hommes désintéressés » (l. 8), qui suit les « échanges fructueux » (l. 7). L'argument final est renforcé par une image apocalyptique (un monde à feu et à sang). Écriture du retournement.

3. Robinson est seul sur son île et se lance dans une entreprise de provocation et de séduction de son lecteur potentiel, pour compenser le vide social. Il joue autant avec les valeurs perdues qu'avec les mots, en prenant le contre-pied de la pensée communément admise et en récrivant l'histoire. Le plaisir d'écrire (aussi rêve de retour) compense le vide de l'existence.

4 **1.** Le 13 mars 1762, Jean Calas, un protestant, est roué à Toulouse, accusé d'avoir tué son fils qui aurait envisagé de se convertir au catholicisme. Ses enfants viennent à Ferney à la fin du mois de mars demander l'appui de Voltaire, qui obtient dès 1765 la réhabilitation du condamné.

2. Il s'agit d'une lettre adressée par Voltaire (« je ») à un personnage influent à Paris (« vous », en relation avec l'intendant du Languedoc), dans laquelle éclate l'indignation de l'auteur (« je défie Paris [...] je suis hors de moi »).

3. Il s'agit de prouver l'innocence de Calas tout en dénonçant « l'horreur » (l. 3) de l'événement et « l'horreur du fanatisme ». Pour lui, la condamnation de Calas est une erreur judiciaire due au fanatisme (= passion qui pousse les fidèles d'une religion ou d'une idéologie à l'imposer à d'autres par la force), et la lettre constitue un **réquisitoire violent** contre le Parlement de Toulouse. **Art de la concision** dans l'exposé des faits, résumés en une seule phrase (la première du deuxième paragraphe). Le mot « accusé » (l. 6) est placé au milieu de la phrase : on a d'abord les faits (un suicide), qui basculent en infanticide. Pourtant certains indices peuvent accréditer la thèse du suicide : le fils était un « garçon très mélancolique » (l. 4-5). L'incise « dit-on » (l. 7) montre qu'il n'y a pas de preuve et que tout est fondé sur une rumeur (seul élément retenu pour condamner Calas).

4. Voltaire souligne le caractère paradoxal des cérémonies organisées à la mémoire du fils, érigé ironiquement en « martyr » (l. 9) et en « nouveau saint » (l. 10). Les excès du zèle religieux pour l'occasion sont ridiculisés (les processions des pénitents blancs, qui désignés métonymiquement par « les pieds nus » (l. 9), sont aussi les juges du Parlement). Le caractère absurde est mis en valeur par la concessive : « tout huguenot qu'il était » (l. 8). Enfin, les protestations du supplicié accompagnées des pleurs (pathétique de la scène) sont pour Voltaire une preuve de sincérité, d'autant plus que le père prend Dieu à témoin : c'est là un véritable argument d'autorité que cet appel au « jugement de Dieu » (l. 12) pour lui (qui clame son innocence) et les juges (qui ne sont pas unanimes cf. début du paragraphe, d'où le doute sur la culpabilité de Calas).

5. L'indignation devant l'injustice et l'émotion suscitée par la mort de Calas (tableau d'un père expirant, innocent qui laisse cinq enfants) constitue la réaction naturelle d'un « homme » (l. 14). Mais plus que cela, il s'agit d'une tragédie du fanatisme. En philosophe des Lumières, Voltaire dénonce l'injustice et défend une cause universelle. La vérité doit triompher contre toute forme d'intolérance. Toutes les ressources de l'écriture (concision, hyperbole, ironie, puissance de suggestion) sont réunies pour persuader le lecteur du bien-fondé de sa démarche, qui va bien au-delà de la réhabilitation de Calas.

5 **1.** *L'Encyclopédie* est un vaste projet initié par Diderot et d'Alembert (cf. ch. XVIIIe siècle). **Dénotation** : « protestants français » (l. 1), « révocation de l'édit de Nantes » (l. 2), « sortir de France » (l. 2), « pays étrangers » (l. 3). **Connotation** : termes pas neutres, « forcés » (l. 2) renvoie au vocabulaire de la violence comme « persécutions » ; le terme « asile » (l. 2) est plus fort que le mot « réfugiés » (nom de l'article). « Zèle aveugle et inconsidéré » (l. 3-4) : adjectifs très péjoratifs, « aveugle » renvoie à l'**obscurantisme** et « inconsidéré » à l'**irrationnel** (à l'opposé des Lumières).

2. Ce n'est pas un article objectif de dictionnaire, qui fournit une définition. Dès le départ, les termes évoquent un jugement. Engagement de Diderot. Le thème porte sur la fuite des protestants hors de France en raison de la révocation de l'édit de Nantes (événement marquant à connaître).

Diderot s'engage et prend position sur un problème qui touche son siècle : la fuite de cerveaux et de capitaux provoquée par l'édit de Nantes. Le repérage lexical va permettre d'affiner la stratégie d'argumentation.

Les protestants : « grand nombre de citoyens qui ont porté des arts, des talents et des ressources » (deuxième phrase), « tant de sujets utiles » (troisième phrase), « près d'un million d'hommes industrieux » (cinquième phrase). Diderot insiste à la fois sur le nombre et les talents. Le lexique est exclusivement appréciatif et souligne la qualité et l'efficacité des protestants pour l'économie de la France.

Les adversaires des protestants sont quant à eux la cible des critiques : « un zèle aveugle et inconsidéré » (par le passé cf. temps verbaux), « des hommes assez aveugles et impudents » (l. 9), « de nos jours » (l. 9), « vues intéressées et ambitieuses de quelques mauvais citoyens » (l. 13), « ennemis de toute liberté de penser » (l. 13-14), « à l'ombre de l'ignorance » (l. 14). Il fait référence à deux reprises à l'aveuglement, c'est-à-dire à l'obscurantisme. La sottise, l'absence de raison caractérisent ces « ennemis de toute liberté de penser » (l. 14). Jugement moral : ce sont de « mauvais citoyens » (l. 13), « impudents » (l. 9), des perturbateurs qui créent la discorde. Quant à Louis XIV, sa « démarche est la plus funeste qu'ait jamais pu entreprendre le conseil d'un souverain » (l. 9-10) (superlatif renforcé par l'adverbe « jamais » = un jour). Il a agi « en persécutant les protestants » (l. 11), « il les a sacrifiés » (l. 12). Violente mise en accusation du choix du roi. Le pouvoir absolu est ébranlé dans ses fondements. L'adjectif funeste renvoie à la mort : elle donne une dimension tragique aux faits. Figure mythique d'un roi monstrueux qui sacrifie ses citoyens. Un roi qui favorise une minorité n'est pas un roi juste. L'image effraie et le lexique prend une **force persuasive**.

La révocation de l'édit de Nantes, désignée par une métaphore, « plaie profonde causée au royaume » (l. 17), rejoint la représentation « funeste » (l. 10) du pouvoir royal.

4. Diderot souligne l'opposition radicale entre ces deux groupes de citoyens et dénonce l'obscurantisme. Engagement des Lumières : combat pour la raison et la tolérance. Il participe de son temps et nous donne une vision très économique d'un État qui repose sur la productivité des citoyens, qui ne sont plus des sujets.

5. Le texte est fortement structuré par les compléments de temps qui ouvrent les phrases : « depuis ce temps » (deuxième phrase), « depuis longtemps » (troisième phrase), « Cependant, à la honte de notre siècle » et « de nos jours » (quatrième phrase). Les temps verbaux éclairent aussi l'argumentation : le passé composé renvoie à l'examen d'un passé avec conséquences sur le présent. Le présent évoque une permanence dans le comportement humain et une projection dans l'avenir (« quelques mauvais citoyens qui sont ennemis de toute liberté de penser, parce qu'ils ne peuvent régner qu'à l'ombre de l'ignorance » (l. 13-14)). Diderot analyse les événements passés pour proposer un autre avenir. Implicitement, on devine le rêve, celui d'une **cohésion sociale** par delà les différences d'opinion, fondée sur la tolérance et le **respect réciproque**, fondement même de la stabilité et de la richesse (« des arts, des talents et des ressources » (l. 5-6)). La **tolérance** est source de cohésion sociale et de prospérité : les rois et les princes ont tout intérêt à œuvrer pour cette harmonie.

Diderot est soucieux d'inventer un nouveau mode de fonctionnement social reposant sur un contrat social qui garantit à la fois les droits des citoyens et la fonction royale. Contrat fondé sur une démarche rationnelle, expression de la confiance en la raison humaine. Texte rhétorique et polémique.

6 Question sur le corpus

Il s'agit d'un corpus sur la portée de la lecture et de la création dans notre vie. Simone de Beauvoir et François Mauriac (XXe siècle) témoignent d'une expérience double : celle d'écrivain et de lecteur. Victor Hugo fait l'éloge du livre, trésor sacré pour l'humanité. Les œuvres littéraires défient le temps : le **texte 2** est dominé par les références temporelles qui convergent vers le présent, ce « temps où nous vivons » (l. 5), nourri de l'Antiquité et de l'âge classique, mais aussi de l'époque contemporaine, renvoyant à la fois à la création littéraire en voie d'achèvement (dont François Mauriac est un représentant) et à la relève qui piaffe d'impatience. Cette compression de la durée révélatrice de l'universalité de la création littéraire se retrouve dans le texte de Simone de Beauvoir pour qui « la joie de lire ne s'est pas émoussée » (l. 7) depuis son jeune âge. Chez Victor Hugo, le livre vit dans le présent, il est l'esprit du monde, grandi du passé et ouvert sur l'avenir (« Lis ces prophètes » (v. 2)).

Les temps verbaux expriment le glissement vers un présent qui s'enrichit des expériences du passé (« nous passons notre temps à retrouver des mots oubliés, à ramasser des bagues perdues », (l. 11-12), François Mauriac). Pour Simone de Beauvoir, la continuité est assurée par un émerveillement « toujours » intact : de l'imparfait (sa jeunesse), elle glisse insensiblement vers le passé composé qui a des retombées sur le présent, plein de trésors à découvrir. Le temps se prolonge chez François Mauriac, dans un avenir qui néglige encore les enseignements du passé. En face des écrivains de 1940 (« nous »), « un garçon » (l. 15), champion de la jeune génération qui en appelle à une « Saint-Barthélemy littéraire » (l. 16), n'inquiète pas la sagesse de « nos prédécesseurs » (l. 24), pour qui la personne s'efface devant le caractère intemporel du « génie » ou de la « dignité humaine » (l. 28). Cette valeur universelle leur permet de « survole(r) les siècles, les périodes et les écoles », valeur que Victor Hugo érige en sanctuaire dans lequel il invite le communard à pénétrer. Simone de Beauvoir la retrouve avec « jouissance » (l. 18) (*cf.* lexique de la joie et de la fascination) dans la lecture et la création, le lecteur et l'auteur s'unissant dans une étroite « collaboration ». Lecture « divertissement », jeu de signes, moyen de découvrir le monde ; l'enchantement est sans cesse renouvelé, comme dans un « miracle ». Il y a du divin dans cette expérience : « le thaumaturge, c'est moi » (l. 12-13). À rapprocher de la lumière qui tombe du ciel par la fenêtre dans *La Liseuse* de Renoir, inondant un côté du visage et la chevelure qui ruisselle et se reflète dans le livre grand ouvert : symbiose avec le monde des mots. Même lumière intérieure et universelle chez Victor Hugo (v. 4-6-8-12-15). On comprend pourquoi « le génie » qui efface toute limite « est toujours contemporain », couronné par un présent de permanence et d'universalité.

Commentaire du texte 3

Plan non détaillé

I. Le livre comme trésor, « richesse »

a. Témoin de la pensée des Anciens.
b. Transmission des valeurs du passé.
c. Accès au savoir.

Le livre pour tous

a. Surtout pour les communards, les ignorants.

b. Source d'intelligence (lumière) ***vs*** ignorance (obscurité).
c. Arme de tous les combats.

Le livre sacré

a. Lutte contre le mal.
b. Lieu des rêves.
c. Temple de la connaissance et donc liberté.

Conclusion : La réponse du communard n'est pas aveu d'échec. Victor Hugo a confiance en l'homme et en l'éducation qui assure le progrès. Il reste un espoir de salut pour cet esprit simple : le livre est gage de liberté, et donc de bonheur.

Dissertation

Plan détaillé

Introduction : Dans une époque vouée à l'**hégémonie de l'image**, la lecture reste une référence, même si certains la considèrent désuète, réservée aux intellectuels. Entrer dans une œuvre littéraire semble être pour l'écrivain comme pour le lecteur une manière d'exister, de se construire dans un rapport singulier au monde, ce que suggère Simone de Beauvoir dans *Tout compte fait* : « La lecture était [...] la clé qui m'ouvrait le monde » (l. 1). La littérature serait-elle un sésame pour comprendre le monde? Quel rapport Simone de Beauvoir établit-elle entre l'œuvre littéraire et la vie ? Si la littérature semble être un moyen de connaissance, elle est aussi un moyen d'interrogation et une source de plaisir.

I. La littérature : moyen de connaître

a. Le monde, le passé, l'ailleurs, le présent.
b. Soi et autrui : lire et écrire, c'est se rechercher, c'est observer l'autre, se confronter à l'homme.
c. Se forger une culture, une formation intellectuelle et morale (Rabelais).

II. La littérature : moyen de s'interroger

a. Fait sortir de la banalité, accès à l'inconnu à interpréter (écriture à trous de Sarraute).
b. Quête et défi : rire (comédie), catharsis (tragédie).
c. Engagement : Voltaire, Camus.
La littérature interroge le monde et lui donne sens.

III. La littérature : source de plaisir (cf. *La Liseuse*)

a. Évasion, « divertissement ».
b. Plaisir spirituel, à la fois sentiment d'harmonie et rappel que la vie est destin.
c. La littérature = source de plaisir esthétique, quête du beau ; Simone de Beauvoir, « miracle » des signes, exploration des possibilités du langage (Rimbaud, Bonnefoy) ; « Les mots sont les passants mystérieux de l'âme. » (Hugo).

Magie du livre évoquée par Victor Hugo dans « Les Feuillantines », trésor de savoir ***vs*** un monde sans livre (nazisme, *Fahrenheit 451*) = sans liberté. Élargir aux autres arts.

Écriture d'invention

Un article de magazine : adopter plutôt une **écriture objective**. Attention : pas des impressions, mais une **argumentation**, une **réaction** (cf. arguments de la dissertation).
Replacer l'article dans son contexte (salon du livre ou parution).
Registre épidictique (éloge).
Fin : inviter les lecteurs à se rendre au salon du livre/à acheter l'œuvre parue.

CORRIGÉS

5 Vers un espace culturel européen : Renaissance et humanisme

❶ **1. ; 2. ; 3.**

❷

- Humaniste → Lettré
- Pléiade → Groupe de sept poètes
- Maniérisme → Jeu artistique sur les codes
- Édit de Villers-Cotterêts → Texte royal définissant la langue officielle

❸ **1.** Au **centre** : la tour de Babel, inachevée, naturellement, composée d'**éléments hétéroclites**, s'élevant **verticalement**.

Le **fond**, **l'arrière-plan** : un ciel, seulement éclairé à gauche, et comportant quelques nuages.

Au **premier plan**, sol sombre, terre peu visible, les humains situés à gauche sont de dos, démesurément petits, afin de rappeler la dimension de la tour.

Les **lignes de fuite** mènent vers le centre du tableau, les portiques et les colonnades, une partie écroulée de la tour.

2. Les **couleurs** sont ternes : tour ocre, ciel bleu et gris, sol dans des tons marron et vert sombre.

La **reprise du thème** biblique est nette : l'impossibilité de communiquer entre eux a poussé les hommes à construire n'importe quoi un édifice monstrueux (qui ne correspond pas aux normes) et composé d'éléments hétéroclites).

Cette impossibilité est liée à un **orgueil** aussi gigantesque que la tour : les hommes veulent rejoindre le royaume divin, prétention punie par Dieu. Rompant l'**unicité linguistique**, il les empêche de parvenir à leurs fins. Le peintre, ici, s'appuie sur cette conception de la **démesure**, en proposant un édifice surprenant, dont la base rappelle l'harmonie initiale, dont le haut est incohérent et représente la mésentente humaine.

Mais aucun **tragique** : les hommes, debout, contemplent leur échec, mais n'ont pas une posture accablée, ils semblent prêts à recommencer une entreprise. Le travail des hommes est magnifié par l'ampleur du bâtiment, même raté, il manifeste les capacités techniques des hommes, utilisées dans un but différent, elles pourraient être bénéfiques.

❹ **1.** Ce sonnet régulier propose un itinéraire précis, de l'**éloge à l'hymne**.

Les deux quatrains présentent un **blason de Cassandre**, décrite selon les différentes parties du corps. L'attaque du texte *in medias res* peut paraître étonnante à cause de l'emploi initial du démonstratif, cela valorise la jeune femme observée et analysée en vertu des canons esthétiques du temps. Les **enjambements**, l'utilisation **anaphorique** des « et » créent une femme-fleur, séduisante et fascinante. Il s'agit de Cassandre mais aussi, plus largement, de la femme inspiratrice, d'amour comme de **lyrisme**. Les tercets disposés selon l'agencement italien (ou **marotique**), en tirent la conséquence naturelle. **La pointe** expose le sens essentiel du sonnet. Le pluriel utilisé pour caractériser l'amour, la dualité « éclos et couvés » portent donc la signification du texte : permanence du sentiment amoureux, possibilité d'aimer une personne, mais aussi d'envisager d'autres passions, pour d'autres partenaires peut-être.

2. La forme a un rôle très net : il s'agit de valoriser la progression de l'éloge, usuel, ordinaire, présenté dans la première strophe, vers l'hymne exposé dans la dernière. Pour cela, l'ouverture, qui surprend, met en lumière les qualités exceptionnelles de la femme. La strophe centrale, en développant la tradition poétique du « blason » et en valorisant les éléments féminins qui ont donné naissance à l'amour du poète, prépare le tercet final, qui apparaît alors comme une conséquence logique : une telle beauté ne peut être oubliée, négligée, personne, un poète surtout, ne peut vivre sans aimer, sans souffrir d'amour.

3. Les quatrains, construits sur deux **rimes douces**, **embrassées**, font alterner rimes masculines et féminines et construisent un portrait élogieux.

Les rimes des tercets sont intéressantes : les **rimes suivies** montrent l'effet immédiat produit (la naissance de l'amour), puis le poète analyse les origines et les conséquences de cette création. Les **rimes croisées** renforcent l'expression de l'amour, qui prépare à d'autres sentiments amoureux à venir, mais aussi, sans doute, de poèmes en gestation.

4. Les allusions mythologiques : mettent en valeur l'admiration amoureuse : l'Aurore, **personnifiée**, devient une **allégorie** qui évoque Homère et les textes antiques. Amour, lui aussi, revivifie l'image d'Éros, fils de Vénus. La couvaison et l'œuf évoquent Léda qui, enceinte de Zeus (qui avait pris la forme d'un cygne pour la séduire), accoucha de jumeaux, les Dioscures, Castor et Pollux, dont les statues (du IVe siècle) ornent le Capitole.

5 **1.** Montaigne veut faire **disparaître la méthode scolastique**. Il conçoit un enseignement par précepteur, un professeur par élève. L'attention à l'enfant est évidente, il faut travailler à son rythme. L'image de l'équitation révèle la volonté de suivre son « train ». C'est l'élève qui est au centre du projet. Il faut son bien-être intellectuel et on rejette l'apprentissage répétitif sans compréhension.

2. L'apprentissage doit être complet et personnel, réciter ne suffit pas, il faut **comprendre**, **adapter** et **utiliser**. L'élève ne peut tirer bénéfice de son éducation que s'il est amené à utiliser son savoir dans toutes sortes de situations. C'est en manipulant qu'il assimile (« fait sien » (l. 9)).

6 **Question sur le corpus**

Ces peuples mettent en relief des qualités intellectuelles (bon sens, logique), morales (innocence, bonté, générosité, franchise). Ils ont du courage, ne sont pas intéressés. Ils sont, en outre, physiquement résistants, doués de savoir-faire, et simples. Ils sont capables d'accéder au bonheur. Ils correspondent aux idéaux humanistes.

Commentaire du texte A

Plan détaillé

I. Un récit de voyage caractéristique qui porte sur la rencontre

a. Les figures en présence : un Européen et un autochtone, un lieu identifié (le Brésil), un témoignage rapporté (temps du passé).

b. Un univers exotique : une langue différente et qui nécessite un interprète, des usages à expliciter (« c'est-à-dire » (l. 2)), grande surprise (hyperboles).

c. Une discussion qui débute par la surprise : questions rhétoriques, onomatopées, guillemets, traductions et explications ; un univers de qualité : des valeurs humaines, utilisation raisonnée du milieu, qualités de cœur, respect des traditions, de l'autre.

Transition : C'est un récit de voyage qui a toutes les caractéristiques du genre. Il analyse des coutumes encore inconnues et, s'interroge, ensuite, sur les mœurs européennes et dénonce les travers d'une société qui se croit meilleure.

II. Une dénonciation des mœurs européennes

a. Deux sociétés : parallélisme en antithèse : les Européens présentés comme obsédés par l'argent : énumération des biens matériels, opposition présent (= Européens) et futur (= Indiens).

b. Excès des Européens : le mépris et l'orgueil : marques de supériorité de l'Européen sur l'Indien (« mon sauvage » (l. 14) ; « pauvre sauvage américain » (l. 29)), lexique dévalorisant. Il ne lui parle que de ce qu'il connaît.

c. Mais relation d'égalité en fait : la stupidité des coutumes européennes est mise au jour par le bon sens du sauvage : **parallélisme syntaxique de l'amour**, qualités humaines supérieures chez l'indien, **contraste** entre l'ingénuité de l'Indien et les informations apportées par l'Européen en guise de réponse.

Conclusion : il s'agit d'**un texte humaniste** qui utilise le genre apprécié et à la mode du récit de voyage pour mieux mettre en parallèle deux manières de vivre. Le « cannibale » est, comme le dit Montaigne, plus humain et finalement proche de nous. **Préparation nette du mythe du « bon sauvage »** que développera le siècle des Lumières (cf. le *Supplément au voyage de Bougainville,* de Diderot).

Dissertation

Plan détaillé

I. L'humanisme, une période de découvertes et de rencontre de l'autre

a. Les grandes découvertes ouvrent l'Européen sur le monde, les récits de voyage lui présentent « l'autre ».

b. Ces nouveaux savoirs lui permettent de se « frotter » à des civilisations différentes et de **dépasser la conception anthropocentrique européenne**.

c. L'autre n'est plus seulement le prochain, différent mais de même culture, mais l'exotique, le surprenant.

Transition: Ces découvertes conduisent à une interrogation sur soi et sur les valeurs européennes.

II. L'autre conduit à s'analyser soi-même

a. La découverte d'autres peuples conduit à s'interroger sur les croyances : religieuses, (l'homme à l'image de Dieu), scientifiques et morales.

b. Les êtres différents sont pourtant physiologiquement identiques : la science se met au service de la prise de conscience d'une identité humaine.

c. Ces « sauvages » représentent à la fois un exotisme contemporain mais aussi un passé, l'origine des sociétés, ce qui conduit à des analyses sociologiques et ethnologiques.

Transition : Le « **programme humaniste** » est donc né de ces rencontres. Mais il est aussi contraint de composer avec le réel.

III. L'humanisme ne conduit pas à la tolérance ni à l'égalité totales

a. Ces « sauvages » sont remarquables mais comme **antithèse** ou **contrepoint** permettant de se corriger.

b. Les préjugés ne disparaissent pas et si la supériorité morale est affirmée, l'exploitation (et l'esclavage) sera la suite de ces découvertes.

c. La guerre des valeurs est aussi un combat de la foi, la supériorité du chrétien continue à être affirmée, les sciences ne suffisent pas à remettre en cause les dogmes, le cannibale est proche, mais il n'est pas civilisé.

Conclusion : L'ethnocentrisme demeure, l'Européen s'intéresse aux sauvages parce qu'ils le conduisent à s'analyser, à rêver d'un passé mythique, d'un âge d'or révolu. L'ouverture à l'autre est réelle mais il n'est pas question d'égalité.

Écriture d'invention

On attend un discours présentant une **narration, à la première personne**. Le locuteur est un témoin qui **rapporte un fait précis**, comme une rencontre.

Cela impose des **descriptions**, des **explications**, des **retranscriptions de mots** et leurs traductions.

Mais le récit est aussi **rétrospectif**, le passé s'impose, la **chronologie** doit être précise.

Enfin, il faut ajouter au récit des actions et à la description de l'apparence, du langage, des usages, une **analyse critique** des buts, mœurs et résultats de cette visite.

Il faudra donc **débuter par une apostrophe au public**, annoncer le contenu du récit, utiliser une langue simple et claire, impliquer régulièrement les auditeurs, utiliser le texte de Léry, en évitant anachronismes et banalités.

6 Les réécritures, du XVIIe siècle jusqu'à nos jours

❶ Définition de l'intertextualité : Il s'agit d'une notion qui analyse les relations qu'entretiennent les textes entre eux.

❷
- Réécriture comique → Parodie
- Texte imité d'un autre → Pastiche
- Réécriture qui exagère les procédés → Charge
- Utilisation d'un style bas pour un sujet noble → Burlesque
- Utilisation d'un style noble pour un sujet insignifiant → Héroï-comique

❸ La chevelure, naturellement, constitue un élément thématique repris dans les deux extraits. Mais la couleur est différente : le noir océan du poème versifié ouvre sur les « cheveux bleus » (v. 8), **notation métaphorique** que le poème en prose n'accomplit pas de la même manière. L'« ardent foyer » (l. 9) des tresses « noires » (l. 12) ouvre bien sur le bleu, mais c'est celui d'un « espace » (l. 4).

Le voyage, qui ouvre le poème en prose, structure également les deux textes. Évoqué par les noms des continents (« Asie », « Afrique » (v. 3)) dans le texte en vers et évoqué par les bateaux dans le poème en prose, les éléments exotiques (« monde lointain » (v. 4), « huile de coco » (v. 12 ; l. 11) apparaissent dans les deux textes, tout comme les parfums, le souvenir, l'azur.

Le port et les navires sont doublement utilisés, mais la mer d'ébène des cheveux les contient tandis que l'« océan » (l. 8) de la chevelure les donne à voir. Dans le premier cas, c'est la chevelure qui est observée et devient **source de métaphores**, comme le titre l'indique. Dans le second, c'est la vision qu'elle fait naître qui passionne le poète. Le divin peut s'y ajouter, la rêverie se développer. **La chevelure fait de la femme une source de réminiscences** pleine du vin des souvenirs dans le premier texte (« oasis » (v. 16) et « gourde » (v. 16)), réceptacle de souvenirs que l'on mange dans le second.

❹ **1.** Il faut d'abord établir le genre et comparer les contextes de chaque texte. **Horace exprime un idéal de la philosophie épicurienne**. Pour lui, savoir choisir ses plaisirs, modérer ses désirs est nécessaire. En revanche, la fable de La Fontaine appartient au premier Livre, et correspond à l'ensemble dit de la fable « ornée ». Elle est donc plus narrative et plus légère que profonde.

Les deux textes sont des **apologues** composés d'une narration simple avec un **objectif démonstratif**. Les animaux, fortement humanisés par le principe de l'**anthropomorphisme**, permettent ainsi d'illustrer une **morale.**

Il faut donc comparer les éléments de la narration : le **pittoresque**, la **caractérisation** et le **dialogue**. Horace adopte une structure narrative complète il commence par raconter le repas à la campagne, puis celui à la ville. La Fontaine se contente quant à lui du repas en ville, suivi d'une invitation du rat des champs. Les détails sont plus complets dans le poème latin : on a les deux menus, les deux décors, et l'activité de chacun des animaux dans les deux scènes. Les personnages sont également plus caractérisés chez Horace : le rat des champs est un hôte attentif, se privant des meilleurs morceaux en faveur de son invité. Les dialogues sont plus nuancés et riches chez Horace : le rat de ville s'appuie sur des préceptes philosophiques élevés. Le **mélange des notations matérielles et des maximes morales** donne ce ton **héroï-comique** qui fait le charme de la satire du poète latin, et fait défaut à La Fontaine.

2. Tous deux sont des moralistes qui veillent à instruire plaisamment. Or, Horace se montre plus habile dans la narration. Par ailleurs, sa visée philosophique est plus nette : en insistant sur les plaisirs du luxe et de la ville, il en souligne la fragilité et montre la supériorité de la vie simple. La leçon est donc celle du vrai **épicurisme** : faire un choix intelligent dans les plaisirs, écarter ceux qui peuvent générer des souffrances. Les deux rats sont d'accord sur la belle leçon sur la brièveté de la vie qu'assène le rat de ville, mais seul le « paysan » sait en jouir, puisqu'il vit conformément à la nature. La Fontaine privilégie l'amusement, le jeu sur une morale plus pragmatique.

5 Jacques Géraud joue sur l'**intertextualité** d'abord par le titre qui renvoie clairement au modèle référentiel (« petits proustillants »), puis en donnant à son personnage le prénom de « Marcel ». Il rend ce jeu évident grâce à l'appellation **néo-Marcel**. Celui-ci se trouve face à des jeunes filles inaccessibles pour lui dans les deux textes. Sous la plume de Proust, il est un observateur timide et conscient (« j'avais cru, [...] moi spectateur » (l. 9-10)) alors qu'il est décidé à les séduire, en apprenant à nager, dans le texte de 2005. L'écrivain fin analyste de la psychologie devient un « petit jeune homme » qui finira par réussir à les approcher.

Le **lexique est extrêmement relâché**, moderne dans le **premier extrait** (« mortifié grave » (l. 1)), joue sur le langage « jeune » mais aussi sur les approximations comiques du directeur (« sylphilles » (l. 7) ; « censurations » (l. 7) ; « goncourir » (l. 8) ; « graines de beauté » (l. 8) ; « Miss Onde ou de Miss Unilever » (l. 9)). Le texte est drôle parce qu'il révèle les **erreurs d'audition et de prononciation**, il est ancré dans **l'époque moderne**. Et, bien que le narrateur demeure maître de la langue (naïades, ondines, images finales), il dévalorise l'ensemble : la piscine est un monde verdâtre et les jeunes filles forment une « bande » (l. 4). Le narrateur de 1919 multiplie les images valorisantes (« effet de soleil sur un mur » (l. 3) ; « une alchimie miraculeuse » (l. 4) ; « devant quelque frise [. . .] divines processionnaires » (l. 8-9)). Son langage est recherché (« ineffables » (l. 5) ; « transpénétrer » (l. 4), etc.), les phrases sont longues, précises, l'ensemble appartient au registre élevé.

Mais Jacques Géraud joue aussi sur des références plus subtiles : « goncourir » est à la fois un jeu sonore, une faute amusante, mais rappelle de cette manière qu'*À l'ombre des jeunes filles en fleur* obtint le prix Goncourt. « Miss Unilever » (l. 9) évoque les lessives et non l'univers tandis que « Miss Onde » (l. 9) la piscine plus que le monde et le « cavalier savant » (l. 8) rappelle les chevaliers servants des romans médiévaux. Le **pastiche** contient

donc une **critique plus nette de la société de consommation**, des usages de notre monde moderne.
La syntaxe du pastiche est complexe, à l'image de la grammaire de Proust. Elle **accumule les subordonnées**, révèle l'esprit calculateur du héros. La situation d'énonciation est identique : le jeune homme, dans les deux cas, est un apprenti en matière amoureuse, mondaine et sportive.

6 Le premier poème est une réécriture d'« El Desdichado » de Nerval (« je suis le ténébreux, - le veuf,- l'inconsolé ») dans *Les Chimères* (1854).
Le second renvoie à Musset (« Poète, prends ton luth et me donne un baiser [...] ») dans *La Nuit de Mai* (1835).
La technique adoptée ici est la **permutation** du premier substantif avec le second, du troisième avec le quatrième, etc. Il s'agit d'une **écriture surréaliste** qui vise à surprendre, parce qu'elle est **aléatoire**, **inattendue**. La poésie naît alors des images créées par des rencontres imprévues (« Le printemps d'Arabie à la tourbe abonnie » (v. 2 de « Le Desdonado ») ; « et les vents, en attendant les buissons, / à la première aurore verte commencent à se poser » (v. 4-5 de « Permutations plates »)).

7 Aragon affirme l'**intertextualité** qui nourrit son texte puisqu'il cite explicitement le texte de Flaubert. Cette référence exige un lecteur cultivé et complice qui connaisse la dernière page du texte de Flaubert. Notons d'ailleurs qu'il semble utiliser ici la technique surréaliste du **collage**, puisqu'il reprend le texte du roman. Il en conserve également la situation : une femme plus âgée, une dernière rencontre initiée par elle et une attention particulière accordée à la chevelure. Les cheveux sont essentiels dans la littérature du XIXe siècle (cf. Baudelaire, les romans, etc.). Mais ils marquent, ici, l'apparition de la vieillesse et le jeu des souvenirs. Quelques différences notables apparaissent : Blanche a été l'épouse de Geoff', elle l'a quitté, moins âgée que Mme Arnoux, elle a « le visage lisse encore » (l. 11) et les cheveux blancs lui donnent moins l'air vieille que doux (« cela lui donne une autre douceur » (l. 20-21)). Flaubert ancre la scène dans une volonté réaliste de montrer l'impossibilité d'une poursuite des relations. Il montre la tentative de Frédéric de « lui dire des tendresses » (l. 4) pour masquer son désarroi. L'auteur de *L'Éducation sentimentale* insiste aussi sur l'incapacité de son personnage à être heureux, à faire face au réel et sur son aptitude à toujours fuir « se grisant, il arrivait à croire à ce qu'il disait » (l. 16). Aragon ne se satisfait pas de ce « et ce fut tout » (l. 60) flaubertien et adopte un autre projet. Geoffroy est plus proche des surréalistes, il se demande s'il n'a « pas rêvé tout ça » (l. 2). Il a « un peu bu » (l. 2-3) et cherche « les cendres chaudes de l'oubli » (l. 42). Ses pensées sont décousues, il est plus un amateur d'art qu'un homme qui vit, il songe à Flaubert de manière « incroyable » (l. 27) en un pareil moment. Il ne vit pas la scène mais semble y assister, comme lecteur, il a vu Frédéric et Mme Arnoux. Il pense par associations d'idées et semble également réfléchir aux **liens intertextuels** et aux **topoï romanesques**. Il semble utiliser le roman de Flaubert pour expliciter les pensées décousues de son personnage, revenir sur la scène d'adieux et en montrer l'**inanité**. Il s'inscrit dans une démarche **métatextuelle** qui

commente la situation à partir d'un modèle littéraire.
On le voit, la réécriture n'est jamais une copie servile mais une **création originale**, le biographique devient un matériau littéraire dans le premier cas et la mise en valeur de l'**intertextualité**, dans le second, montre une analyse distanciée des procédés d'écriture et de composition du personnage et du roman.

8 Commentaire du texte B. Hypothèse de lecture : une scène qui réécrit la scène d'adieux.

Plan détaillé

I. Une scène typique d'adieux

a. La réapparition de Blanche détermine des réactions précises : face à un narrateur dont nous savons peu de choses (mis à part le fait qu'il a un « peu bu » (l. 2)), nous découvrons Blanche : cheveux blancs, yeux identiques mais qui paraissent emplis de regrets ou de peur, au visage « lisse encore » (l. 10) et aux « bras d'enfant » (l. 16). Les mots du narrateur renvoient au souvenir, image mentale épurée, d'où le recours aux **adverbes temporels** qui précisent la permanence de cette femme et de l'effet qu'elle produit (« encore » (l. 11), « toujours » (l. 16), etc.) une sorte de **fétichisme érotique**, attesté par « le souffle coupé » (l. 16). Le dévoilement soudain de la chevelure conduit à la commotion et à **l'incapacité de décrire** la réalité brutale perçue. L'écrivain reste en suspens dans l'implicite du regard affectif intérieur, de la secrète onde du désir déçu. « J'ai vu. Mon Dieu, mon Dieu. Est-ce possible ? C'est terrible, comme ça tout d'un coup. » (l. 18-20). L'écrivain montre que ce n'est pas la réalité de la femme qui importe, mais son image, le désir qu'elle lui inspire et dont il se sent toujours orphelin.

b. Pour rendre cette impression, le narrateur use d'une langue familière : **langage relâché** (« ça » (l. 2)), **question oralisée** (« est-ce que » (l. 2)), **formules de mises en valeur familières** (« J'ai beau la voir, Blanche. » (l. 3) ; « C'est terrible, comme ça, tout d'un coup » (l. 19-20)). Emploi de l'adjectif pour l'adverbe (« Les deux, probable » (l. 13-14)), lourdeur des constructions (« Je dis : Alors, nous allons nous quitter comme ça ? » (l. 15) ; « D'où j'étais, d'ailleurs, dans la pièce, j'ai vu tourner les phares. » (l. 40-41), etc.), **apocope du prénom** (Geoff'). Tous ces procédés révèlent une **sensibilité brute**, une volonté de rendre compte au plus près des sentiments éprouvés (surprise, malaise).

c. Une scène d'adieux : toutes ces réactions sont liées à l'**ambivalence du moment**. La réapparition de la jeune femme évoque la durée de séparation (« Je suis restée très longtemps à t'attendre », (l. 3-4)), l'existence d'un nouvel amant, un « il » apparemment nerveux (« Il s'impatiente » (l. 8)), et peut-être dangereux (« regret » (l. 13) et « peur » (l. 13)) et un départ clairement exposé (« non – dit Blanche – ne m'accompagne pas » (l. 33)). La **scène d'adieux** évoque aussi la traditionnelle remise de mèche en souvenir, avec l'épisode des ciseaux, (« tu as des ciseaux » (l. 22)) et, surtout, le rapport immédiat avec le texte de Flaubert : les citations (remise de la mèche, adieux, et départ), **une scène finalement menée par le personnage féminin**, etc. En outre, bien qu'il la voie, il ne la reconnaît pas, le souvenir refuse la vieillesse, l'oubli devient souhaitable.

Transition : Une scène traditionnelle de séparation, mais étrange parce qu'ancrée dans le flou, l'indécis…

II. Une scène onirique

a. Les circonstances mêmes font planer l'indécision sur la scène : il a bu, il s'interroge (« rêvé tout cela » (l. 2)). En outre, la rencontre a lieu de nuit (les phares de la voiture le rappellent), la jeune femme évoque les dames blanches des légendes, les revenantes. Or, ici, elle ne semble pas réelle, et surtout, elle est à la fois la même et très différente (« dans ses yeux, les mêmes ? » (l. 12-13)). La maison est « noire » (l. 4), le klaxon qui appelle est à la fois celui d'une voiture mais évoque aussi les appels des morts, l'amant est dangereux (« tourner […] comme un fou dans les montagnes » (l. 8-9) ; « capable de toutes les folies » (l. 9)). Bref, l'ambiance évoque le cauchemar (il cesse de l'entendre, se cache les yeux dans les mains).

b. Certains détails paraissent étranges : elle sait où trouver les ciseaux, elle a des gestes incongrus (« Qu'est-ce qu'elle fait ? » (l. 17) ; « Je ne comprends pas » (l. 27)), elle l'a quitté et affirme être restée à l'attendre, elle a peur, mais de qui (« ce n'est pas de moi qu'elle a peur. Plus de moi. Ni pour moi » (l. 14)) ? Les questions se multiplient, le romancier semble ignorer ce qui se passe. La scène semble totalement insensée, littéraire en fait, d'où l'apparition des citations de Flaubert.

c. Enfin, la temporalité est étrange : la narration semble obéir à un **rythme oscillant**. Le récit passe du présent (« je cesse » (l. 1)) au passé composé (« elle a arraché » (l. 18)), puis fait alterner présent et imparfait pour rendre compte d'un même moment (« la voiture là-bas démarrait » (l. 39) ; « Je ne suis pas si sourd » (l. 41)). Le « tout d'un coup » (l. 1) initial semble faire basculer la scène dans un univers hésitant. Interrogations et points de suspension rendent difficile à cerner le déroulement temporel et la durée de la scène. Le présent est-il celui de l'énonciation, celui de la scène ou un présent de permanence qui évoquerait un rêve ? Ce que les négations finales pourraient confirmer (« Je **n'ai pas** reconduit Blanche à la porte, je **n'ai pas** soulevé le rideau de la fenêtre. Je **ne lui avais pas** demandé […] » (l. 37-38)).

Transition : Un jeu, donc, sur la réécriture d'une scène convenue, et d'un modèle hypertextuel assumé.

III. Une réécriture en miroir

a. Les collages : Aragon joue sur les usages surréalistes et **colle des idées**. Il associe alors des images précises à des émotions : la personnification du klaxon évoque un univers infernal possible, comme la revenante peut y faire songer, à la fois identique et différente. Le geste théâtral du dénouage des cheveux évoque un abandon final (« arraché le voile » (l. 18) ; « mon Dieu. Est-ce possible ? » (l. 19), etc.). Tous ces éléments font songer à une réécriture du **mythe des Parques**, à une forme de relecture de la vie humaine, condensée ici dans la chevelure, les images de la vieillesse, de la mort et la récapitulation du passé. Le collage est aussi celui qui porte les images implicites de l'amant « fou » (l. 8), furieux, qui tourne seul dans la montagne, qui « est un fou » (l. 33). Aragon, en surréaliste, joue bien ici sur l' « automatisme psychique pur, par lequel on se propose d'exprimer, soit verbalement, soit par écrit, soit de toute autre manière, le fonctionnement réel de la pensée » (*Manifeste du surréalisme*, André Breton, 1924). Mais le jeu est démultiplié.

b. L'intertextualité assumée : Mais Aragon parvient aussi à s'éloigner du surréalisme ici en introduisant consciemment la référence à Flaubert. Il renvoie à l'un des maîtres du réalisme et du désenchantement. Remarquons que les ciseaux, aussi instrument du collage, permettent d'introduire la citation. Hommage ou décalage ? Il cite le texte de Flaubert, mais sépare les deux phrases par son propre texte, et modifie quelque peu la dernière citation : Aragon oublie les virgules qui séparaient Mme Arnoux du trottoir. Elle est ici montrée non isolée, mais intégrée dans le lieu. **Il insère le texte flaubertien, mais en modifie légèrement l'effet final**. La référence n'est pas insensée ni même « incroyable » (l. 31), c'est une scène célèbre, présente dans toutes les anthologies. La culture est assimilée, elle sert d'arrière-plan explicatif ou illustratif. C'est l'allusion qui instaure une connivence avec le lecteur (les noms des personnages, le topos, etc.) et qui invite à relire la scène de Geoff' et Blanche à sa lumière.

c. Flaubert, plus ancien, célèbre, est le modèle référentiel, de même que, pour le lecteur averti, les pensées de Geoffroy sont éclairées par le discours de Frédéric. Veule, déçu mais tentant de cacher sa désillusion, Geoff', lui aussi, renonce à lutter, ne cherche pas d'explication (il ne demande pas si elle l'aime). La dernière phrase, nominale, renferme la leçon à retenir : cette scène, pénible, surprenante pour le narrateur, n'est bonne qu'à oublier ou à utiliser dans un projet artistique. **Blanche est la page de l'écrivain**, c'est la couleur du néant, des limbes, de l'oubli. Il faut écrire son destin, son roman, sans se soucier du passé. Les cendres sont grises, elles mêlent l'intertextualité dans un ensemble qui va donner naissance au texte que nous lisons.

Conclusion : une page intéressante parce que, outre une scène convenue d'adieux, un moment banal. Elle révèle la **profondeur d'un projet littéraire**. Tout a déjà été dit, mais chacun construit sur le passé, en l'intégrant, en l'assimilant et en l'oubliant. Cette scène est aussi **le miroir de la création littéraire**. L'amoureux et l'écrivain sont ceux qui se souviennent, mais pour mieux dépasser, se nourrir de ces souvenirs et évoquer ce que, plus tard, en 1980, Aragon appellera le « **Mentir-vrai** ».

Dissertation

Plan non détaillé, utilisez le cours pour le compléter.

I. Réécrire, c'est chercher à dépasser le modèle

a. Passer de l'oral à l'écrit conduit à créer une littérature et des styles. Se réécrire, c'est s'améliorer.

b. Réécrire permet d'enrichir et d'adapter à son époque.

c. Réécrire, c'est rendre un hommage, tout en dépassant le modèle.

II. Réécrire, c'est innover

a. Réécrire, c'est élaborer des formes totalement nouvelles.

b. Réécrire, c'est se différencier et trouver son originalité.

c. Réécrire, c'est refuser les limites.

III. Réécrire, c'est être original et créer

a. Réécrire, c'est regarder différemment le monde.

b. Réécrire, c'est inventer une nouvelle esthétique.

c. Réécrire, c'est se créer en tant qu'écrivain.

Écriture d'invention : quelques pistes d'analyse de l'énoncé

Il s'agit d'une réécriture à contraintes.

Il faut reprendre tous les éléments du texte de Flaubert, sans les recopier.

Réécrire, donc, en utilisant un lexique et une syntaxe convenables, mais personnels.

La forme attendue est celle d'un **monologue intérieur**, ce qui impose de mettre en lumière les indices donnés par l'auteur (volonté de se griser de mots, de cacher sa déception, masque et jeu adoptés par le personnage). Cela vous oblige également à intégrer les paroles de Mme Arnoux dans ce monologue et à les commenter.

La double précision de ses sentiments et de ses pensées contraint à travailler sur les deux domaines : **affectivité** (déception, regret, amour) et **analyse fine et intellectuelle de la situation** (commentaire sur Mme Arnoux, sur le temps, réflexion sur la vieillesse, la versatilité de l'amour, etc.).

7 Notions de rhétorique et de langue

1

Il vend du Limoges à Paris → Métonymie
C'est un jeune vieillard → Oxymore
Il nage bien, c'est un véritable poisson → Métaphore
« Va, cours, vole. » → Gradation

2 Une phrase peut être simple, complexe, nominale, averbale, une période.

3 **1.** Les parallélismes de construction d'ensemble sont nets : sujet/verbe **être**/destinataires (« les paroles publiques sont pour la foule, les paroles secrètes sont pour le vote » (l. 2-3)). La mise en relief de l'objet (« les paroles » (l. 2) + adjectif) est également mise en parallèle, comme la structure des phrases : je + COD + verbe (je les dévoile/démasque » (l. 5)).
Les répétitions sont **sémantiques**, par synonymes (« dévoile » / « démasque » (l. 5)), par mots (« paroles », « publiques », « secrètes » (l. 2-3)), faites par développements sémantiques (« secrètes » entraîne « influences cachées »). Enfin, Hugo développe la même idée sous plusieurs formes : il se place en révélateur, en personnage lucide qui « donne à voir » le réel (« je ne veux pas » (l. 3) ; « je les dévoile » (l. 5) ; « je démasque » (l. 5) ; « mon devoir » (l. 6)). Les oppositions sont claires : les **antithèses** (« publiques/secrètes » (l. 2-3) ; « foule/vote » (l. 2-3)) font apparaître deux lignes directrices : la **manipulation du peuple** par la dissimulation, son éducation et sa **prise en compte grâce à la révélation**.
2. Le passage débute par une introduction qui situe l'auditoire (les députés, désignés par « Messieurs » (l. 1)), l'implique par la **fonction conative** et la mise en valeur de son savoir (« vous le savez » (l. 1)), puis l'objet du discours est annoncé (« les choses qu'on ne dit pas tout haut sont souvent celles qui font le plus de mal. » (l. 1-2)). La formule sonne comme une **maxime** (présent de vérité générale, universalisation (« les choses » (l. 1) ; « on » (l. 1)), insistance sur la fréquence (« souvent » (l. 1)). Ensuite, le développement est logiquement organisé : rappel du débat et du lieu où l'on se trouve, « Ici» (l. 2), qui annonce la situation présente et l'ambiguïté du cas. S'y ajoute la valorisation, par le **parallélisme**, de la manipulation du peuple (« les paroles publiques sont pour la foule, les paroles secrètes sont pour le vote. » (l. 2-3)). La mise en valeur par l'**interjection** (« Eh bien ! » (l. 3)), la **modalité affective** (!) et l'**ordre des mots**, rompu par le détachement du pronom tonique « moi » (l. 3), témoignent de l'affirmation d'une volonté personnelle forte, d'un refus engagé (« Je ne veux pas, moi, de paroles secrètes » (l. 3-4)). Cette volonté est liée à des circonstances immédiates et actualisées précises (la conjonctive temporelle « quand il s'agit de l'avenir du peuple » (l. 4)), ancrées dans un lieu défini, et porte sur la justice (« lois de mon pays. » (l. 4)). Ensuite, la conséquence du refus fortement exprimé se développe dans les parallélismes qui déterminent en fait une action unique, celle de la révélation (« Les paroles secrètes, je les dé-

voile ; les influences cachées je les démasque : c'est mon devoir. »). Cet engagement est, dans la **clausule**, précisé comme une obligation interne (une volonté personnelle) et externe (le devoir).

4 **1.** Le sonnet débute par la conjonctive circonstancielle de temps, fait ensuite apparaître le complément de lieu du verbe « mettre » (v. 2), avant de présenter la principale (« Pallas dit » (v. 3)). L'**antéposition** du complément circonstanciel de lieu « sous tes lois » (v. 5), en **contre-rejet**, valorise Pâris. La séparation du verbe et de son complément d'objet par l'**incise** « si tu veux » (v. 6) invite à s'intéresser à l'importance du choix exigé de Pâris. L'épisode de la **pomme d'or** qui déclencha la guerre de Troie est ici présenté comme le résultat de tentatives de séduction des déesses qui lui promettent le pouvoir.

2. Les **discours sont rapportés directement**, mais les guillemets n'apparaissent pas. Pourtant, les paroles sont présentées telles qu'elles ont été prononcées (les déictiques en témoignent : « je » (v. 4 ; v. 6) ; « tu » (v. 6 ; v. 7), possessif de deuxième personne, emploi du futur). Ces paroles prennent ainsi tout leur poids, toute leur valeur. Quand une déesse parle, on l'écoute, on subit son influence, parce que chacun de ses mots est fort et signifiant. Banville montre ainsi pourquoi Pâris a hésité, puis a choisi la suivante, Vénus.

5 **1.** Figures remarquables : la **comparaison** (« pareille/au doux ciel de la nuit » (v. 1-2)), la **périphrase** (« l'astre qui sommeille » (v. 3)), la **synecdoque** (« L'âme » (v. 1)), la **personnification** (« sur ses pas » (v. 7)), l'**hyperbole** (« mille étoiles » (v. 8)).
L'ensemble est **descriptif :** il s'agit de mettre en place un « paysage-état d'âme ». La comparaison établit une **analogie explicative** entre l'âme, la nuit, la tristesse, et aussi les éléments lumineux qui leur sont liés (étoiles / poèmes, vers ou idées).

2. Deux phrases constituent l'extrait. La première débute par la principale annonçant la **comparaison *in praesentia*** puis, s'ajoute une circonstancielle temporelle (« quand » (v. 3)) qui précise le moment. La seconde propose une principale, suivie d'une infinitive dont le sujet est « Mille étoiles » (v. 8), puis d'une relative (« qu'à... » (v. 9)) qui explique l'importance surprenante de cette éclosion.
À l'intérieur de ces structures, l'**ordre des mots est perturbé** : le complément (« de la voûte vermeille » (v. 4)) est antéposé à son verbe (« a fait tomber » (v. 5)) et le comparatif qui qualifie « l'âme triste » (v. 1) est rejeté à la fin de la phrase (« plus » (v. 6)). La seconde propose une antéposition du sujet de l'infinitive (« Mille étoiles » (v. 8)) et sépare donc cet antécédent de la relative qui suit. À l'intérieur de cette dernière, en outre, le complément temporel est antéposé au verbe. Il semble donc que Lamartine ait privilégié les éléments essentiels, les déplaçant sciemment afin de la valoriser et de proposer une **progression** qui s'appuie sur les effets de la tristesse.

8 Maîtriser la rédaction

❶ Les phrases **2**, **3** et **4**.

❷ Il faut cocher C pour les phrases **1**, **3**, **5**, **7**. Il faut cocher I pour les phrases **2**, **4**, **6**, **8**, **9**.

❸ Il faut cocher les phrases **1**, **2**, **3**, **6**, **7**, **8**.

❹ **1.** I : On **n**'attend personne ; **2.** C ; **3.** C ; **4.** I : On **n**'entend rien ; **5.** I : On **n**'entrera pas.

❺ **1.** a ; **2.** a ; **3.** b ; **4.** a.

❻ **1.** I ; **2.** C ; **3.** I ; **4.** C.

❼ **1.** Aimez-vous le cinéma ? **2.** Est-il arrivé de bonne heure ? **3.** Attends-tu quelqu'un ? **4.** L'avion sera-t-il à l'heure ? **5.** Peuvent-ils terminer ce soir ? **6.** L'autocar est-il déjà passé ? **7.** Est-ce qu'elle conduit bien ? **8.** Est-ce que tu m'as téléphoné hier ? **9.** A-t-il déjà oublié ?

❽ **1.** Je ne sais pas si on peut visiter la maison de Victor Hugo à Paris. **2.** Demande-lui quand part le prochain train pour Fontainebleau. **3.** Il veut savoir si tu es volontaire. **4.** Je me demande s'il répondra à toutes les questions. **5.** Nul ne sait si on a averti les pompiers. **6.** Tous se demandent s'il y aura un contrôle vendredi prochain.

❾ **1.** faits ; **2.** dressés ; **3.** approchée, tombée.

❿ **1.** Tu ne te laves jamais les mains. **2.** Je n'écoute personne. **3.** Tu ne sais rien. **4.** Je n'y crois guère. **5.** Nous n'y allons plus.

⓫ **1.** chantes ; **2.** se posent ; **3.** sommes.

⓬ **1.** Les vacances dont nous avons tous envie. **2.** La maladie dont les hommes ont peur. **3.** Les chiens dont il a la garde. **4.** Le dictionnaire dont vous avez besoin.

⓭ **1.** Quoi que ; **2.** quoique ; **3.** Quoiqu' ; **4.** quoi que ; **5.** Quoique ; **6.** quoiqu' ; **7.** quoiqu'.

⓮ **1.** Nous, nous ; **2.** On, on ; **3.** Nous, nos ; **4.** On, soi, son ; **5.** On, soi, son ; **6.** nous, nos, nôtres.

⓯ aperçu ; gaufré ; eu ; arrêtés ; osé ; cachées.

⓰ **1.** quelque ; **2.** quelque ; **3.** quelle que ; **4.** quelque ; **5.** quelques ; **6.** quelle que ; **7.** quelque ; **8.** quelque ; **9.** quelque ; **10.** Quelque.

⓱ **1.** livre (ancienne unité de mesure de poids) ; **2.** vert ; **3.** tendre (verbe) ; **4.** court ; **5.** conte ; **6.** sens (tu sens) ; **7.** prêt ; **8.** une tour/un tour ; **9.** terme (élément entrant en relation avec d'autres)/terme (fin) ; **10.** sûr ; **11.** mûre.

⓲ **1.** Alors que Charlotte était en train de lire, Lucas sonna avec impatience parce qu'il avait peur d'être en retard. – **2.** Quand (/si/dès que l') on se fatigue d'être assis, on se lève. – **3.** Il bavarde trop, de sorte qu'il se fait des ennemis.

SUJET 2013

Sujet du Bac supplémentaire

Avril 2013, Pondichéry, Inde 4 heures 20 points

Objet d'étude : Le texte théâtral et sa représentation, du XVIIe siècle à nos jours.
Corpus

Texte A : Pierre Corneille, *Horace*, acte IV, scène 5, extrait, 1641.

[Deux Romains, Horace et Camille, sont frère et sœur. Par un tragique hasard, Horace doit combattre l'époux de Camille, un guerrier issu de la cité voisine, Albe. N'écoutant que son devoir patriotique, il tue cet ennemi provoquant la colère de sa sœur Camille.]

HORACE

Suis moins ta passion, règle mieux tes désirs,
Ne me fais plus rougir d'entendre tes soupirs ;
Tes flammes désormais doivent être étouffées ;
Bannis-les de ton âme, et songe à mes trophées :
Qu'ils soient dorénavant ton unique entretien[1].

CAMILLE

Donne-moi donc, barbare, un cœur comme le tien ;
Et si tu veux enfin que je t'ouvre mon âme,
Rends-moi mon Curiace[2], ou laisse agir ma flamme :
Ma joie et mes douleurs dépendaient de son sort ;
Je l'adorais vivant, et je le pleure mort.
Ne cherche plus ta sœur où tu l'avais laissée ;
Tu ne revois en moi qu'une amante offensée,
Qui comme une furie attachée à tes pas,
Te veut incessamment reprocher son trépas[3].
Tigre assoiffé de sang, qui me défends les larmes,

1. Horace reproche à sa sœur Camille de pleurer la mort de son époux, et lui ordonne de se réjouir plutôt de sa victoire.
2. Curiace : époux passionnément aimé de Camille.
3. Trépas : mort violente.

Qui veux que dans sa mort je trouve encor des charmes
Et que jusques au ciel élevant tes exploits,
Moi-même je le tue une seconde fois !
Puissent tant de malheure accompagner ta vie,
Que tu tombes au point de me porter envie[4] ;
Et toi, bientot souiller par quelque lâcheté
Cette gloire si chère à ta brutalité !

HORACE

Ô ciel ! qui vit jamais une pareille rage !
Crois-tu donc que je sois insensible à l'outrage,
Que je souffre en mon sang ce mortel déshonneur ?
Aime, aime cette mort qui fait notre bonheur,
Et préfère du moins au souvenir d'un homme
Ce que doit ta naissance aux intérêts de Rome.

CAMILLE

Rome, l'unique objet de mon ressentiment !
Rome, à qui vient ton bras d'immoler mon amant[5] !
Rome qui t'a vu naître, et que ton cœur adore !
Rome enfin que je hais parce qu'elle t'honore !
Puissent tous ses voisins ensemble conjurés
Saper ses fondements encor mal assurés !
Et si ce n'est assez de toute l'Italie,
Que l'Orient contre elle à l'Occident s'allie ;
Que cent peuples unis des bouts de l'univers
Passent pour la détruire et les monts et les mers !
Qu'elle-même sur soi renverse ses murailles,
Et de ses propres mains déchire ses entrailles !
Que le courroux du ciel allumé par mes vœux
Fasse pleuvoir sur elle un déluge de feux !
Puissé-je de mes yeux y voir tomber la foudre,
Voir ses maisons en cendre, et tes lauriers en poudre,

4. Puisse ta vie être plus malheureuse que la mienne.
5. Horace a tué l'époux de Camille, Curiace, pour honorer Rome.

Voir le dernier Romain à son dernier soupir,
Moi seule en être cause, et mourir de plaisir !

HORACE, *mettant l'épée à la main, et poursuivant sa sœur qui s'enfuit.*
C'est trop, ma patience à la raison fait place ;
Va dedans les enfers plaindre ton Curiace !

CAMILLE, *blessée derrière le théâtre*[6].
Ah ! traître !

HORACE, *revenant sur le théâtre*[7].
Ainsi reçoive un châtiment soudain
Quiconque ose pleurer un ennemi romain !

Texte B : Alfred de Musset, *Lorezaccio,* acte IV, scène 11, 1834.

[Le Duc de Florence, un débauché tyrannique, est craint et détesté par tous les habitants de la ville. Lorenzo, surnommé Lorenzaccio, a gagné la confiance du Duc pour l'assassiner. Il lui a donné rendez-vous dans sa chambre, lui faisant croire que sa tante Catherine est prête à passer la nuit avec lui. Il est accompagné de son valet Scoronconcolo.]

Scène 11

La chambre de Lorenzo. Entrent LE DUC et LORENZO.

LE DUC : Je suis transi, – il fait vraiment froid. *(Il ôte son épée.)* Eh bien, mignon, qu'est-ce que tu fais donc ?

LORENZO : Je roule votre baudrier[8] autour de votre épée, et je la mets sous votre chevet. Il est bon d'avoir toujours une arme sous la main.
Il entortille le baudrier de manière à empêcher l'épée de sortir du fourreau.

6. Camille, assassinée dans les coulisses.
7. Horace, revenant sur scène.
8. Sangle qui permet de porter une arme en bandoulière.

LE DUC : Tu sais que je n'aime pas les bavardes, et il m'est revenu que la Catherine était une belle parleuse. Pour éviter les conversations, je vais me mettre au lit. – À propos, pourquoi donc as-tu fait demander des chevaux de poste à l'évêque de Marzi ?

LORENZO : Pour aller voir mon frère, qui est très malade, à ce qu'il m'écrit.

LE DUC : Va donc chercher ta tante.

LORENZO : Dans un instant.
Il sort.

LE DUC, *seul* : Faire la cour à une femme qui vous répond « oui » lorsqu'on lui demande « oui ou non », cela m'a toujours paru très sot et tout à fait digne d'un Français. Aujourd'hui surtout que j'ai soupé comme trois moines, je serais incapable de dire seulement : «Mon cœur », ou « Mes chères entrailles », à l'infante d'Espagne[9]. Je veux faire semblant de dormir ; ce sera peut-être cavalier[10], mais ce sera commode.
Il se couche. Lorenzo entre l'épée à la main.

LORENZO : Dormez-vous, seigneur ?
Il le frappe.

LE DUC : C'est toi, Renzo ?

LORENZO : Seigneur, n'en doutez pas.
Il le frappe de nouveau. Entre Scoronconcolo.

SCORONCONCOLO : Est-ce fait ?

LORENZO : Regarde, il m'a mordu au doigt. Je garderai jusqu'à la mort cette bague sanglante, inestimable diamant.

SCORONCONCOLO : Ah ! mon Dieu ! c'est le duc de Florence !

---

9. Titre donné à une princesse d'Espagne.
10. Se comporter de façon cavalière signifie se comporter avec sans -gêne.

LORENZO, *s'asseyant sur le bord de la fenêtre :* Que la nuit est belle ! Que l'air du ciel est pur ! Respire, respire, cœur navré[11] de joie !

SCORONCONCOLO : Viens, maître, nous en avons trop fait ; sauvons-nous.

LORENZO : Que le vent du soir est doux et embaumé ! Comme les fleurs des prairies s'entrouvrent ! Ô nature magnifique, ô éternel repos !

SCORONCONCOLO : Le vent va glacer sur votre visage la sueur qui en découle. Venez, seigneur.

LORENZO : Ah ! Dieu de bonté ! quel moment !

SCORONCONCOLO, *à part :* Son âme se dilate singulièrement. Quant à moi, je prendrai les devants.
Il veut sortir.

LORENZO : Attends ! Tire ces rideaux. Maintenant, donne-moi la clef de cette chambre.

SCORONCONCOLO : Pourvu que les voisins n'aient rien entendu !

LORENZO : Ne te souviens-tu pas qu'ils sont habitués à notre tapage ? Viens, partons.
Ils sortent.

Texte C : Jean Giraudoux, *Électre*, acte II, scène 9, extrait, 1937.

[Clytemnestre, aidée de son amant Égisthe, a assassiné son mari le roi Agamemnon. Un tel crime, commis à l'insu de tous, leur a permis d'usurper le pouvoir. Vers la fin de la pièce, le Mendiant dévoile aux personnages présents les circonstances de ce meurtre encore impuni.]

11. Cœur blessé par la joie.

LE MENDIANT

Alors le roi des rois[12] donna de grands coups de pied dans le dos de Clytemnestre, à chacun elle sursautait toute, la tête muette sursautait et se crispait, et il cria, et alors pour couvrir la voix, Égisthe poussait de grands éclats de rire, d'un visage rigide. Et il plongea l'épée. Et le roi des rois n'était pas ce bloc d'airain et de fer qu'il imaginait, c'était une douce chair, facile à transpercer comme l'agneau ; il y alla trop fort, l'épée entailla la dalle. Les assassins ont tort de blesser le marbre, il a sa rancune : c'est à cette entaille que moi j'ai deviné le crime. Alors il cessa de lutter ; entre cette femme de plus en plus laide et cet homme de plus en plus beau, il se laissa aller ; la mort a ceci de bon qu'on peut se confier à elle ; c'était sa seule amie dans ce guet-apens, la mort : elle avait d'ailleurs un air de famille, un air qu'il reconnaissait, et il appela ses enfants, le garçon d'abord, Oreste, pour le remercier de le venger un jour, puis la fille, Électre, pour la remercier de prêter ainsi pour une minute son visage et ses mains à la mort. Et Clytemnestre ne le lâchait pas, une mousse à ses lèvres, et Agamemnon voulait bien mourir, mais pas que cette femme crachât sur son visage, sur sa barbe. Et elle ne cracha pas, tout occupée à tourner autour du corps, à cause du sang qu'elle évitait aux sandales, elle tournait dans sa robe rouge, et lui déjà agonisait, et il croyait voir tourner autour de lui le soleil. Puis vint l'ombre. C'est que soudain, chacun d'eux par un bras l'avait retourné contre le sol. À la main droite quatre doigts déjà ne bougeaient plus. Et puis, comme Égisthe avait retiré l'épée sans y penser, ils le retournèrent à nouveau, et lui la remit bien doucement, bien posément dans la plaie.

1 Vous répondrez d'abord à la question suivante :

40 min 4 points

Après avoir précisément déterminé les raisons pour lesquelles les meurtriers commettent leur crime, vous examinerez comment les trois extraits du corpus parviennent à représenter ou évoquer ces actes violents.

12. Cette expression désigne Agamemnon.

2 Vous traiterez ensuite, au choix, l'un des trois sujets suivants :

3 h 20 16 points

- **Vous ferez le commentaire du texte C** (texte de Giraudoux).

- **Dissertation**

La représentation de la violence peut provoquer une certaine fascination chez le spectateur. Vous montrerez que le théâtre peut être le reflet d'une telle fascination, mais aussi que cet art peut utiliser la violence à des fins plus profondes.

Vous développerez votre argumentation en vous appuyant sur les textes du corpus et sur votre culture personnelle.

- **Invention**

Dans un dialogue de théâtre, deux personnes délibèrent : la violence sur scène peut-elle constituer un spectacle acceptable ?

Ce dialogue argumenté entre les deux personnes qui s'affrontent sur cette question s'enrichira de votre connaissance du corpus et d'autres références au genre théâtral.

Lexique

Voici, pour vous aider, quelques définitions. Ajoutez, à ce lexique, les définitions des mots que vous découvrirez au cours de l'année.

A

Abstrait : nom qui désigne une entité appartenant au domaine des idées, des sentiments.

Abyme (mise en) : représentation qui se donne elle-même en représentation (théâtre dans le théâtre).

Acrostiche : poème ou strophe dans lequel les initiales de chaque vers forment, quand elles sont lues verticalement, un nom.

Acte : partie d'une pièce de théâtre, définie par une partie de l'action, de l'intrigue.

Adjuvant : personnage secondaire qui a pour fonction d'aider le héros.

Alexandrin : vers de **douze syllabes**.

Allégorie : procédé de style qui consiste à représenter, de manière concrète, une entité, une idée abstraite (Ex. : la mort peut être représentée par un squelette armé d'une faux).

Allitération : répétition de sons consonnes.

Alternative : situation présentant deux possibilités imposant un choix.

Anacoluthe : rupture dans la construction syntaxique d'une phrase.

Anagramme : mot forgé à partir des lettres d'un autre (Ex. : chez Ronsard, Marie/aimer)

Analepse : retour en arrière dans un récit.

Anaphore : répétition, en début de phrase ou d'un groupe de mots, d'un terme, d'une expression ou d'un tour pour renforcer ou créer un **effet de symétrie**.

Antonyme : mot de sens opposé.

Antinomie : opposition, contradiction.

Antiphrase : procédé qui consiste à dire le contraire de ce que l'on pense. Il a pour effet l'ironie.

Antithèse : figure de style **soulignant fortement l'opposition** entre une idée ou un élément que l'on rejette et l'idée ou l'élément que l'on veut mettre en relief et défendre (Ex. : « C'est le jour et la nuit »).

Aparté : paroles prononcées sur scène par un acteur, que les autres personnages n'entendent pas et que seuls les spectateurs entendent.

Apocope : suppression d'une ou de plusieurs syllabes à la fin d'un mot (Ex. : stylo pour stylographe).

Apologue : petit texte visant à illustrer une leçon morale. Il s'agit souvent d'une fable.

Apostrophe : figure qui consiste à interpeller avec solennité quelqu'un ou une réalité abstraite.

Argument : élément du raisonnement destiné à prouver une thèse.

Argument d'autorité : idée, prise de position, jugement d'un écrivain ou provenant d'une institution reconnue (Ex. : la Bible) que l'on cite pour servir de garantie, de caution, d'appui à sa propre argumentation.

Argumenter : présenter des arguments pour défendre ou réfuter une idée. Choisir et organiser ces arguments pour emporter l'adhésion du destinataire.

Assonance : répétition de sons voyelles vocaliques.

Asyndète : absence de liaison syntaxique entre deux propositions. L'asyndète produit une accélération ou une opposition.

Autobiographie : récit biographique et rétrospectif qu'une personne réelle fait de sa propre vie.

Autofiction : écrit biographique qui mêle roman et compte-rendu autobiographique.

Auteur : personne réelle qui rédige un ouvrage.

B

Baroque : style qui tire son nom du portugais, *barroco,* qui désignait une perle de forme irrégulière. Il désigne aussi un courant littéraire et culturel du XVIIe siècle. Ce style est marqué par l'exubérance, le mouvement ou encore le contourné.

Bienséance : règles, interdits imposés aux auteurs classiques afin de ne pas choquer le public ou la morale.

Blâme : jugement défavorable.

Burlesque : forme de comique s'appuyant sur la parodie, la bouffonnerie, les répétitions, etc. Il s'agit, à l'origine, d'une parodie du style épique.

C

Calembour : jeu de mots fondé sur des **analogies phonétiques**, mais sur des différences sémantiques.

Calligramme : poème dont les mots sont disposés de manière à représenter l'objet décrit sous la forme d'un dessin.

Classique : mouvement culturel et artistique du XVIIe siècle, marqué par la recherche de la mesure, de l'harmonie et de la simplicité.

Catharsis : réaction de libération, de purgation de sentiments longtemps refoulés et enfin exprimés.

Césure : **coupe forte** dans un vers, marquée par une pause.

Champ lexical : ensemble de mots qui désignent la même réalité ou la même idée.

Chiasme : figure de rhétorique proposant des **termes croisés** (Ex. : « Il faut manger pour vivre et non vivre pour manger. »).

Cliché ou stéréotype : image, rapprochement analogique ou formule toute faite si courants ou usés qu'ils ont perdu toute originalité ou saveur.

Comédie : pièce de théâtre définie par une fin heureuse et qui a pour but de divertir en ridiculisant des caractères ou des travers sociaux.

Comique : registre qui vise à provoquer le rire.

Comparaison : rapprochement de deux éléments à partir d'un point qui leur est commun au moyen d'un terme comparatif.

Conative (fonction) : voir injonctive.

Concret : nom qui désigne des éléments tangibles et visibles, que les sens peuvent distinguer.

Connecteur (logique) : outil grammatical qui exprime un lien logique.

Connotation : sens associé à un mot et que son usage et le consensus imposent.

Concession : stratégie argumentative qui consiste à accorder un certain crédit à la thèse adverse avant de mieux la réfuter.

Consensus : accord unanime.

Conte : récit fictif, marqué par le merveilleux. Il peut acquérir une portée philosophique.

Contexte : ensemble de toutes les circonstances qui entourent l'écriture et la réception d'un texte.

Contre-argumenter : donner des arguments qui démontrent que la thèse adverse n'est pas valide, n'est pas acceptable.

Convaincre : amener quelqu'un à reconnaître la validité d'une idée en faisant appel à son intelligence, en lui donnant des preuves intellectuellement acceptables.

Crescendo : en augmentant. Gradation en crescendo : mots dont le sens est de plus en plus fort (Ex. : Corneille, dans *Le Cid,* fait dire à Don Diègue « Va, cours, vole »).

Croisées (rimes) : rimes qui s'enchaînent en alternance (Ex. : abab).

D

Décasyllabe : vers de **dix syllabes**.

Déduire : tirer une conclusion générale à partir de prémisses.

Délibérer : réfléchir, peser le pour et le contre avant de prendre une décision.

Démontrer : proposer une argumentation organisée, à partir d'une opinion, d'une thèse que l'on veut prouver (par déduction).

Dénotation : sens du mot renvoyant au réel, que l'on trouve dans le dictionnaire.

Dénouement : fin d'une pièce de théâtre, moment où le **nœud** se défait, où tous les problèmes se résolvent.

Dérivation : procédé d'enrichissement de la langue par l'ajout d'éléments à partir d'un radical (préfixes devant/suffixes derrière).

Dialectique : organisation argumentative qui consiste à opposer une thèse à une antithèse, avant de proposer une synthèse.

Dialogue : échange de paroles entre interlocuteurs. Ses codes diffèrent selon les genres où il apparaît.

Didactique : registre d'un texte qui vise à instruire.

Didascalie : indications de jeux de scène ou du ton à prendre. Les didascalies données par l'auteur aux acteurs figurent dans son texte (au théâtre). Ce sont des **indications scéniques**.

Diérèse : prononciation décomposée d'un groupe de voyelles en deux syllabes (Ex. : li/on).

Digression : propos qui s'écarte du sujet traité.

Dilemme : choix à effectuer entre deux positions, deux thèses, également négatives.

Discours : 1. Développement oratoire. 2. Genre littéraire et argumentatif. 3. Mise en œuvre du langage selon des registres et des formes. 4. Propos rapportés, directement ou indirectement, dans une forme indirecte libre. 5. Énoncé ancré dans l'énonciation (opposé au récit).

Distanciation : fait de prendre du recul à l'égard d'un personnage ou d'un énoncé.

Distique : strophe composée de deux vers.

Dithyrambe : poème élogieux et lyrique (adj. dithyrambique : élogieux à l'excès).

Dramaturge : auteur de pièces théâtrales.

Dramaturgie : art de composer des œuvres théâtrales ; principes qui régissent l'art dramatique.

Dramatique : 1. Qui se rapporte au théâtre. 2. Qui provoque une forte émotion, qui crée le pathétique.

Drame : action, au sens étymologique. Pièce de théâtre apparue dès l'époque baroque en Angleterre (avec Shakespeare) et, en France, à la fin du XVIIe siècle (avec *La Mère coupable* de Beaumarchais). Le drame mêle tragédie et comédie. Très développé par les romantiques (Musset, Hugo, notamment).

E

Élégiaque : l'élégie, ou poésie élégiaque, exprime essentiellement la plainte et porte sur un sujet douloureux, un amour malheureux, la nostalgie du pays natal, le deuil, etc.

Élision : suppression d'une voyelle.

Ellipse : 1. Figure de style qui consiste à ne pas exprimer un ou plusieurs mots, qui donne de la force au propos. 2. Moment passé sous silence dans un récit ou dans un texte théâtral.

Élocution : 1. Manière de s'exprimer à l'oral. 2. En rhétorique, il s'agit de l'art de convaincre grâce à des phrases efficaces (écriture du texte).

Éloge : célébration, mise en valeur des qualités.

Embrassées (rimes) : rimes organisées selon le schéma **abba**.

Emphase : expression exagérée des sentiments (Adj : emphatique).

Encyclopédie : ouvrage collectif publié sous l'égide de Diderot et d'Alembert, visant à proposer la somme de toutes les connaissances.

Encyclopédistes : ensemble des auteurs qui ont contribué à sa rédaction.

Enjambement : procédé poétique qui consiste à rejeter un élément assez long sur le vers suivant.

Énonciation : acte de production d'un énoncé, système qui permet de situer l'énonciateur, la situation, etc. Ce système énonciatif est composé de pronoms, d'adverbes, de modes, de temps, etc. Au théâtre, on parle de **double énonciation** : les personnages se parlent, mais l'auteur s'adresse aussi au public.

Épidictique : genre de discours argumentatif qui consiste à émouvoir le destinataire en faisant l'éloge ou le blâme d'une personne. Registre qui correspond au blâme ou à l'éloge.

Épigramme : poème bref qui se termine par une pointe et vise à proposer une satire.

Épique : adjectif correspondant à l'**épopée** et registre qui consiste à relater les exploits d'un héros en utilisant notamment les figures d'amplification.

Épistolaire : adjectif qui concerne les lettres. Un roman épistolaire est un roman uniquement composé des lettres que s'écrivent les personnages.

Épître : lettre, souvent en vers, contenant un enseignement.

Épopée : récit littéraire, en vers, d'exploits héroïques, mêlant le réel et le surnaturel.

Essai : genre argumentatif dans lequel un écrivain exprime ses réflexions et ses idées.

Étayer ou soutenir une thèse : apporter des arguments qui vont dans le sens de la thèse défendue, qui montrent sa validité.

Étymologie : recherche de l'origine des mots.

Euphémisme : procédé de style, manière d'exprimer de façon adoucie, pour ne pas choquer, une idée. Proche de la **litote** qui, elle, suggère peu pour exprimer plus.

Euphonie : harmonie sonore, s'oppose à la **cacophonie**.

Exagération : façon de rendre le texte plus expressif, en utilisant du vocabulaire ou des procédés de style qui intensifient l'expression.

Explicatif : type de texte qui apporte des explications.

Exposition : partie d'une pièce de théâtre, ouverture qui présente les personnages, la situation, et annonce l'intrigue.

Expressive (fonction) : fonction du langage qui consiste à manifester les sentiments et les émotions d'un locuteur.

F

Fable : petit texte, souvent en vers, qui est destiné à illustrer un précepte ou une morale.

Fantastique : récit ou genre dans lequel surviennent des événements étranges, inexplicables ou surnaturels.

Farce : pièce dont le comique repose sur des procédés simples et souvent grossiers, comme des coups, des gifles, des insultes, etc.

Fiction : invention, ensemble des productions de l'imagination.

Figure de rhétorique : procédé de style qui représente la pensée de l'énonciateur et qui produit un effet sur le destinataire.

Focalisation : point de vue adopté par le narrateur pour rapporter son récit. Lorsque la focalisation est **interne**, le récit est assuré par un personnage. Quand elle est **externe**, le narrateur n'est que témoin des faits évoqués. Enfin, dans la focalisation **zéro**, le narrateur peut être omniscient et adopter le point de vue des personnages.

G

Genre : groupement des textes littéraires selon leurs caractéristiques (poésie, théâtre, essai, roman, etc.).

Gnomique : à valeur généralisante, comme dans les maximes ou dans les proverbes (Ex. : présent gnomique = présent de vérité générale).

Gradation : procédé de style qui consiste à enchaîner des mots de sens croissant ou décroissant.

Grotesque : risible, caricatural. Employé comme nom, le grotesque désigne un comique poussé à l'excès, parfois jusqu'au fantastique.

H

Hagiographie : récit biographique qui raconte de manière élogieuse la vie d'un saint, d'un roi, d'une personne célèbre.

Harmonie imitative : les sons utilisés reproduisent les sonorités produites par la réalité décrite (Ex. : Racine imite le bruit des serpents dans *Andromaque* : « Pour qui **s**ont **c**es **s**erpents qui **s**ifflent **s**ur vos têtes »).

Hémistiche : partie d'un vers délimitée par la césure.

Hiatus : rencontre de deux voyelles à l'intérieur d'un mot ou entre deux termes (Ex. : a<u>é</u>rer), généralement proscrit dans la poésie classique.

Histoire : événements racontés.

Homonyme, homonymie : mots ayant des sens différents mais des sonorités identiques (temps/tant/taon/tend...).

Humanisme : courant littéraire, intellectuel et artistique du XVIe siècle qui s'intéresse à l'homme, tente d'en définir la nature et d'en exalter les valeurs.

Humour : façon de susciter le rire, présentation plaisante d'une situation comique.

Hybris (ou *hubris*) : mot grec signifiant « démesure » et caractérisant l'orgueil des héros qui se révoltent, oublient les limites ou les interdits divins.

Hyperbole : figure de style ; exagération (Ex. : « Verser des torrents de larmes. »).

I

Icône : en linguistique, l'icône est un signe qui traduit une **réalité**.

Identification : fait de se reconnaître dans un personnage, de s'identifier à lui.

Idéogramme : signe graphique qui représente ce qu'il signifie par son dessin même.

Image : 1. Dessin, peinture, photographie. 2. Figure de style qui repose sur une **analogie** et qui met en valeur des rapprochements, des points communs (Ex. : métaphore, comparaison, allégorie, métonymie).

Imbroglio : situation qui semble inextricable, intrigue complexe.

Implicite : qui n'est pas exprimé mais qui est clairement suggéré. L'implicite s'oppose à l'**explicite**.

Incipit : début d'une œuvre, incipit signifie « il commence » en latin.

Induction, induire : type de raisonnement qui consiste à partir d'un cas concret pour aboutir à une loi générale ; dégager une loi générale à partir de faits, d'exemples.

Informatif : type de texte qui apporte des renseignements, des informations.

Injonctive (fonction) : mise en cause, implication du destinataire (= conative).

Intertextualité : mise en relation de deux ou plusieurs textes, par plusieurs modes (citation, parodie, modification, réécriture, etc.).

Intrigue : ensemble des actions et des conflits qui constituent une pièce de théâtre.

Ironie : effet qui résulte de l'**antiphrase**, moquerie fondée sur l'expression du contraire de ce que l'on pense.

J

Jargon : langage propre à un groupe, à un métier.

Journal : récit biographique, écrit au jour le jour, dans lequel on note ses actions, ses pensées, etc.

Jugement de valeur : appréciation fondée sur le seul critère affectif (Ex. : « j'aime », « je n'aime pas ») et traduite par des **modalisateurs**.

L

Lapsus : erreur involontaire de langage qui consiste à employer un mot pour un autre (orale : *lapsus linguae* ; écrite : *lapsus calami*)

Libelle : petit écrit satirique.

Litanie : forme de prière constituée d'invocations brèves et de réponses répétitives ; longue énumération de noms, de demandes ou de griefs.

Légende : **1.** Texte court explicitant une illustration. **2.** Récit transmis par la tradition orale, fondé sur une déformation et un embellissement du réel.

Lexique : **1.** Ensemble des mots employés dans un texte, vocabulaire. **2.** Répertoire, dictionnaire succinct.

Litote : procédé de style qui consiste à dire moins pour suggérer plus.

Locuteur : personne qui parle ou écrit.

Logorrhée : flot ininterrompu de paroles, besoin maladif de parler sans s'arrêter.

Lumières : philosophes du XVIIIe siècle, courant de pensée marqué par les valeurs de tolérance, de respect, d'égalité, de justice et de vérité, ainsi que par la recherche de l'éducation du peuple et du progrès.

Lyrique : qui exprime des sentiments, des émotions.

Lyrisme : expression de sentiments personnels.

M

Maïeutique : méthode d' « accouchement » des idées, série de questions qui consiste à conduire l'interlocuteur à déduire lui-même, à trouver seul des réponses (Ex. : Socrate).

Maniérisme : style affecté.

Manifeste : déclaration solennelle (écrite ou orale) par laquelle un groupe affirme et définit ses positions, ses principes (Ex. : *Manifeste du surréalisme*).

Marivaudage : style créé par Marivaux dans ses pièces ; langage raffiné et complexe mis au point pour définir et présenter les sentiments amoureux dans une société rigide où les convenances réduisent la liberté d'expression.

Maxime : brève formule qui énonce une règle de conduite à adopter ou un principe moral.

Mélodrame : genre théâtral fondé sur le pathétique et sur de nombreux rebondissements.

Mémoires : récit biographique dans lequel une personne consigne ses actions, ses pensées et les événements importants dans lesquels elle a joué un rôle essentiel.

Métaphore : procédé stylistique à la fois très complexe et très courant qui consiste à désigner par **analogie** un élément comparé au moyen d'un comparant, **sans outil de comparaison** ; lien analogique qui crée une identification entre les deux éléments (Ex. : « Tu es un âne. ») et qui permet d'enrichir et de mieux visualiser le comparé. Elle peut être ***in praesentia*** (tous les termes de l'analogie sont présents. Ex. : « dans le petit lait du jour », Saint-John Perse) ou, plus fréquemment, ***in absentia*** (le terme évoqué n'est pas présent dans l'énoncé. Ex. : « Cette faucille d'or (jetée) dans le champ des étoiles » = le croissant de la lune, Hugo).

Métaphore filée : lorsque le lien analogique établi par la métaphore est repris plusieurs fois, on dit que cette métaphore est filée.

Métonymie : procédé de style qui consiste à désigner un objet par un élément qui lui est associé (contenant/contenu, matière, origine...). La **synecdoque** est une sorte de métonymie qui désigne un objet par l'une de ses parties.

Mètre : le mètre est l'unité syllabique choisie pour composer des vers : octosyllabe, décasyllabe, alexandrin, etc.

Métrique : calcul du vers en poésie (accent, cadence, rime).

Modalisateurs : tous les termes qui expriment la modalisation.

Modalisation : marque de jugement du locuteur.

Monologue : paroles prononcées au théâtre par un personnage seul en scène.

Mythe : récit fictif et universel, à valeur explicative ou illustrant une vérité.

N

Narrateur : personnage qui, à l'intérieur d'un écrit, raconte l'histoire. Il est différent de l'auteur dans tous les récits qui ne sont pas autobiographiques.

Narrataire : destinataire d'une narration.

Narratif : forme de discours qui consiste à raconter une action.

Narration : manière de raconter une histoire.

Narratologie : étude de l'art du récit.

Naturalisme : mouvement littéraire de la fin du XIXe siècle marqué par la volonté de représenter la réalité en appliquant aux sciences humaines les procédés et les méthodes des sciences expérimentales.

Néologisme : création d'un mot qui n'existe pas ou emprunt d'un mot nouveau à une autre langue.

Nouvelle : récit fictif court, distinct du roman par sa brièveté et sa volonté de présenter une narration emblématique et différente du conte par son réalisme et son souci de vraisemblance.

O

Occurrence : cas, circonstance. En linguistique, l'occurrence est l'apparition d'un mot dans le discours.

Octosyllabe : vers composé de huit syllabes.

Ode : poème fondé sur des strophes régulières.

Omniscient : point de vue de narration dans lequel le narrateur sait tout et peut tout dire d'un personnage et de ses pensées.

Oxymore ou alliance de mots : rapprochement de deux termes de sens contraires, mais liés par un auteur pour produire un effet (Ex. : « obscure clarté »).

P

Palindrome : mot que l'on peut lire dans les deux sens.

Palinodie : changement brusque d'avis.

Pantomime : forme de théâtre qui s'appuie sur le geste et les mimiques, mais exclut tout discours.

Pantoum : poème à forme fixe d'origine asiatique fondé sur la répétition de certains vers.

Pamphlet : texte argumentatif satirique, polémique et violent.

Panégyrique : discours qui fait l'éloge d'une personne, d'une ville, etc. C'est un **éloge exagéré.**

Parabole : sorte d'apologue, **court récit allégorique** qui illustre une morale, religieuse le plus souvent.

Paradoxe : opinion qui s'oppose aux idées habituellement admises.

Paraphrase : répétition, sans analyse, des idées d'un texte.

Parataxe : construction de phrases par juxtaposition, sans outil de liaison.

Paratexte : toutes les indications qui accompagnent le texte proprement dit (Ex. : titre du recueil, dates, chapeaux et introductions, notes, etc.).

Parodie : imitation, sous une forme moqueuse ou comique, d'un texte, d'un genre, d'un courant, etc.

Paronomase : figure qui consiste à rapprocher des **paronymes**.

Paronymes : mots dont le son est proche mais dont le sens est très différent. (Ex. : éruption/irruption).

Pastiche : texte dans lequel un auteur imite le style d'un écrivain.

Pathétique : registre d'un texte, qui exprime des souffrances et cherche à susciter des réactions et des émotions.

Période : longue phrase, composée de plusieurs propositions, ayant un rythme équilibré.

Périphrase : procédé de style qui consiste à désigner en plusieurs mots une réalité qui pourrait être présentée avec un seul terme.

Péroraison : conclusion d'un discours (symétrique à l'exorde, qui le débute).

Personnification : procédé de style qui consiste à attribuer des caractéristiques humaines à un objet, à un être ou à une entité.

Persuader : s'adresser aux sentiments du destinataire pour obtenir de lui un changement concret (une attitude, un comportement, etc.).

Phatique (fonction) : fonction du langage qui consiste à établir et/ou maintenir le contact avec le destinataire.

Phonème : unité sonore.

Plagiat : copie d'un texte qui cherche à passer pour authentique.

Plates (rimes) ou suivies (rimes) : rimes qui se suivent selon le schéma aa bb cc…

Plaidoyer : discours qui défend avec vigueur et éloquence.

Pléiade : groupe de **sept poètes de la Renaissance**, qui présentent une poésie largement inspirée des thèmes et des procédés antiques, mais de structure et d'expression françaises.

Pléonasme : mot ou groupe de mots qui répète un sens déjà présenté.

Poétique (fonction) : fonction du langage qui consiste à jouer sur la langue comme matériau, à rechercher un plaisir esthétique en travaillant sur les mots.

Polémique : (du grec *polémos* = guerre) discussion très serrée, souvent violente. Un ton polémique est vif, agressif et emporté.

Polysémie : multiplicité de sens pour un même mot.

Poncif : forme d'expression banale.

Préciosité : forme d'expression recherchée et raffinée, développée à la fin du XVIIe siècle par les précieux dans les salons mondains.

Présupposé : sens implicite que l'on peut logiquement déduire de ce qui est dit.

Problématique : ensemble des problèmes qui concernent un sujet ou un débat.

Prolepse : projection vers l'avenir dans un récit.

Protagoniste : personnage principal dans une action.

Q

Quatrain : strophe de **quatre vers**.

Quintil : strophe de **cinq vers**.

Quiproquo : erreur, au théâtre, qui consiste à prendre une personne pour une autre.

R

Réalisme : 1. Mouvement littéraire qui veut reproduire fidèlement le réel. Pour le réalisme, le vrai est le réel. 2. Conception romanesque qui vise à représenter le réel.

Récit : texte à dominante narrative.

Redondance : répétition, sous une autre forme, de la même idée.

Référent : élément auquel renvoie un mot dans la réalité ou la fiction.

Référentielle (fonction) : fonction qui met l'accent sur le contenu du message.

Réfuter : proposer des arguments qui prouvent qu'une thèse est fausse.

Registre : mode d'expression correspondant à une manière d'envisager le réel et qui repose sur la sensibilité du locuteur et sur la recherche de l'émotion à provoquer chez le destinataire.

Règle des trois unités : règle du théâtre classique composée de l'**unité d'action** (une seule action importante, à laquelle se rattache toutes les actions secondaires), l'**unité de temps** (l'intrigue doit se dérouler en « une révolution de soleil », 24 heures), l'**unité de lieu** (en un seul endroit même s'il est vaste (une ville)).

Rejet : procédé poétique qui consiste à rejeter un élément bref au début du vers suivant.

Réplique : partie de texte prononcée par un acteur dans un dialogue théâtral.

Réquisitoire : discours qui attaque et critique avec force.

Rhétorique : discipline qui étudie les figures et les procédés stylistiques qui composent l'art d'argumenter.

Rime : retour sonore à la fin de deux ou de plusieurs vers.

Romantisme : courant littéraire et artistique du début du XIXe siècle qui veut mélanger les genres et exprimer librement tous les sentiments.

Rondeau : poème à forme fixe, trois strophes sur deux rimes et un refrain à la fin des strophes.

S

Satire : écrit littéraire, en prose ou en vers, qui dénonce des vices ou critique des ridicules.

Scène : 1. Au théâtre, une partie d'un acte, définie par l'entrée ou la sortie d'un personnage 2. Un passage narratif dans lequel le temps de l'histoire et le temps de la narration sont équivalents.

Sémantique : qui concerne le sens d'un mot (champ sémantique).

Sentence : jugement moral exprimé dans une formule brève et généralisante **Sentencieux :** caractère solennel, sérieux d'un propos moralisateur.

Signe : unité de sens, composé d'un **signifiant** (élément sonore et / ou graphique) et d'un **signifié** (contenu linguistique).

Sonnet : poème à forme fixe composé de **quatorze vers**, groupés en deux quatrains et deux tercets, généralement construit pour aboutir à la « chute » du dernier vers.

Sous-entendu : implicite, qui peut être deviné.

Stichomythie : échange rapide de courtes répliques au théâtre, s'enchaînant de vers en vers.

Stratégie (argumentative) : démarche organisée pour mieux convaincre.

Strophe : ensemble de vers réunis.

Surréalisme : mouvement artistique et littéraire du XXe siècle, marqué par la volonté de revendiquer la liberté de création, de combattre toute contrainte et d'exprimer le rêve, la folie, etc.

Syllogisme : raisonnement par déduction fondé sur deux prémisses dont on tire une conclusion.

Symbole : objet concret, qui représente une idée abstraite (Ex. : la colombe figure la paix).

Symbolisme : mouvement littéraire et artistique de la fin du XIXe siècle, opposé au naturalisme qui veut, grâce à l'art, atteindre des vérités cachées.

Synecdoque : procédé de style qui consiste à désigner un être par l'une de ses parties.

Synérèse : prononciation en une syllabe de deux voyelles.

Synonyme : mot de même sens.

Synthèse : moment du raisonnement qui permet d'accorder la thèse et l'antithèse. Attention, il s'agit de nuances, d'un passage à un niveau supérieur de réflexion ; on ne peut pas, en effet, affirmer une chose et son contraire sans variations.

T

Tautologie : raisonnement qui veut démontrer ce qui est admis au départ, cercle vicieux.

Ternaire : composé de trois éléments. (Ex. : « Liberté, égalité, fraternité »). La période ternaire est une phrase qui repose sur une succession de trois groupes.

Thème : sujet abordé, objet du discours.

Tirade : longue suite de phrases, de vers, prononcée au théâtre par un personnage.

Tragédie : pièce de théâtre durant laquelle la vie du protagoniste est en danger et où les personnages sont confrontés au destin, aux dieux.

Tragi-comédie : pièce de théâtre sérieuse, dont les personnages peuvent risquer leur vie (= tragédie), mais au dénouement heureux pour les personnages sympathiques (= comédie) (cf. *Le Cid*).

Tragique : registre qui inspire la terreur et la pitié face à des forces supérieures invincibles.

Typologie des arguments : on distingue des arguments **logiques** qui s'inspirent de la démarche scientifique, on procède par **induction** (on part de faits particuliers pour conclure sur une vérité générale) ou par **déduction** (on part de principes dont on tire une conclusion). Le **syllogisme** en est un exemple : de deux **prémisses** que l'on ne démontre pas (Ex. : Les hommes sont mortels/ Socrate est un homme), on tire une **conclusion** (Ex. : Socrate est mortel). On trouve aussi parmi les arguments des liens de cause à effet, des comparaisons, des concessions. On peut également s'appuyer sur **l'autorité**, l'histoire, l'exemple concret, etc.

Thèse : idée ou position que l'on défend (qui s'oppose souvent à une thèse adverse, même si celle-ci est **implicite**).

U

Utopie : lieu qui n'existe pas, représentation dans un endroit clos et coupé du monde d'un pays imaginaire dans lequel se développe un idéal politique ou social.

V

Vaudeville : comédie (du XIXe siècle essentiellement) au rythme rapide, aux rebondissements comiques nombreux.

Versification : art d'écrire des vers.

Vers blancs : vers qui ne riment pas.

Vers libres : vers libérés de la rime et des contraintes.

Vraisemblance : caractéristique de ce qui paraît vrai (sans l'être nécessairement), principe du théâtre classique (Ex. : Boileau, « Le vrai peut quelquefois n'être pas vraisemblable »).

Z

Zeugma : procédé qui rattache deux noms (ou plusieurs) à un adjectif ou à un verbe qui, habituellement, ne pourrait être lié qu'à l'un des deux.

NOTES

NOTES

Édition : Anne Demarty assistée d'Olivia Germande ; **Conception graphique :** Yannick Le Bourg ; **Mise en pages :** Nord Compo, Villeneuve-d'Ascq.

www.magnard.fr
www.specialbac.magnard.fr

Achevé d'imprimer en juin 2013 par Loire Offset TITOULET - France
Dépot légal : juin 2013 - N° éditeur : 2013_0207

PEFC
10-31-1421